U0084247

古典文獻研究輯刊

三九編

潘美月・杜潔祥 主編

第64冊

理雅各《孟子》英譯本注引用儒家《五經》文獻考述（上）

梁鑑洪 著

國家圖書館出版品預行編目資料

理雅各《孟子》英譯本注引用儒家《五經》文獻考述（上）
／梁鑑洪 著 -- 初版 -- 新北市：花木蘭文化事業有限公司，
2024〔民 113〕
序 4+ 目 6+228 面；19×26 公分
（古典文獻研究輯刊 三九編；第 64 冊）
ISBN 978-626-344-984-8（精裝）
1.CST：孟子 2.CST：五經 3.CST：注釋 4.CST：研究考訂
011.08 113009900

古典文獻研究輯刊
三九編 第六四冊 ISBN：978-626-344-984-8

理雅各《孟子》英譯本注引用儒家《五經》文獻考述（上）

作 者 梁鑑洪
主 編 潘美月、杜潔祥
總 編 輯 杜潔祥
副總編輯 楊嘉樂
編輯主任 許郁翎
編 輯 潘玟靜、蔡正宣 美術編輯 陳逸婷
出 版 花木蘭文化事業有限公司
發 行 人 高小娟
聯絡地址 235 新北市中和區中安街七二號十三樓
電話：02-2923-1455／傳真：02-2923-1400
網 址 http://www.huamulan.tw 信箱 service@huamulans.com
印 刷 普羅文化出版廣告事業
初 版 2024 年 9 月
定 價 三九編 65 冊（精裝）新台幣 175,000 元 版權所有 • 請勿翻印

理雅各《孟子》英譯本注引用
儒家《五經》文獻考述（上）

梁鑑洪 著

作者簡介

梁鑑洪，男。華中師範大學中國語言文學博士，樹仁大學中文系兼任講師。著作有《中國基督教史——唐代至清代南京條約》，已發表的論文：〈被忽略的唐詩英譯里程碑——理雅各唐詩英譯考察〉、〈論翟理斯對柳宗元散文的創意詮釋〉、〈從《抱朴子》探究《孟子》對葛洪的影響〉、〈理雅各英譯二言詩商榷〉、〈析論理雅各《孟子譯注》對漢學研究的重要性〉、〈宗教背境對語言文化理解的影響——以理雅各《孟子譯注》為例〉、〈析論理雅各《中國經典》對香港語言文化教育的意義〉。

提　要

本書原是華中師範大學中國語言文學系 2017 年的博士畢業論文。研究理雅各的《中國經典》，通常從翻譯著手，本書專門研究理雅各相當重視的英譯《孟子》的注解，為研究西方漢學開闢另一條路向。理氏英譯《中國經典》對西方漢學界有相當影響，所以本書可說是一部漢學研究著作，同時也是《孟子》的選注，並且也對引述的儒家《五經》的經文作出討論，所以本書也有儒家《五經》選注的元素。本書查找出理氏引用了《易經》一篇文獻共兩段經文，引用《尚書》十六篇文獻共四十四段經文，引用了《詩經》廿六篇文獻共卅五段經文，引用了《周禮》、《儀禮》、《禮記》廿八篇文獻共六十七段經文，引用了《春秋左傳》三段經文，合計引用了《五經》一百五十一段經文。本書分析出理氏的註解可歸納為六個方向，分別是歷史人物生平溯源，文字訓詁，歷史事件探源，政治思想尋源，社會與家庭倫理探索，政治制度淵源探討。而且也指出理氏使用了各種研究方法，包括多音字的審音別義法，譯注互補法，新舊注解並存法，經典文字對比法等。筆者力求不偏不頗，實事求是的指出理氏注解優點與不足之處，客觀地剖析西方漢學界巨擘的著作。

序

張三夕

記得從 2013 年開始，為了幫助香港地區培養研究中國文化方面的高級人才，華中師範大學文學院、歷史文化學院等學院開始在香港招收博士研究生班，博士班的教學點設在位於上環鬧市區的香港金融管理學院。華師負責博士生的專業培養全過程，香港金融管理學院負責招生、學籍管理、教學安排以及接待華師來面授的教授住宿等日常工作。這個博士生培養計畫是經過我國教育部正式批准的項目，申請參加博士班的學員必須是香港本地居民且獲得國家承認的碩士學位，同時要經過正式的入學考試。從某種意義上講，香港金融管理學院就是與華師合作辦學的機構。據我數年在香港博士班的教學經驗看，香港金融管理學院是盡職盡責的。

我有幸被華師文學院指派為中國古典文學專業香港博士班首位授課教授，我擔任的課程是「國學典籍」。2013 年 12 月 14 日上午，我講了半天的課，頗受香港同學們的歡迎。起初有些學員抱著試聽的態度來聽我講課，等到下午上課的課間，我教的班上馬上就有七、八個同學去交學費。我教的第一批博士班共有 12 位學員，其中就有梁鑑洪。12 月 15 日上午，香港博士班舉行隆重的開學典禮，合作辦學雙方的主要領導（如楊宗凱校長和王中英董事長等）及相關部門負責人以及華師一批傑出校友都出席了開學典禮。當日下午繼續上課，我講《周易》，就在課間，研究神學出身的梁鑑洪主動和我談了他的課程論文設想，我給他提出一些修訂意見。梁鑑洪看上去略顯老沉，給我的第一印象就是基礎較好，很好學，在學術研究方面頗有想法。到了後來選導師環節，梁鑑洪希望我做他的導師，我自然樂於接受。

梁鑑洪的博士論文是研究理雅各《孟子》英譯本注釋的引用文獻，具體地講就是研究該英譯本注引用儒家《五經》文獻。大家知道，理雅各（1815～1897）（James，Legge）是近代英國著名漢學家，曾任香港英華書院校長。英華書院於 1843 由馬六甲遷至香港，理雅各在兩處皆有任職。在此期間，他曾陸續譯注中國先秦典籍，大都成為外國學生學習中國文化的範本。其譯本體例包括中文原文，英文譯文，評述注釋與序言。其中評述注釋是譯本中的重要組成部分。我手頭有一部梁鑑洪送給我的理氏英譯《中國經典》，包括《四書》，即《論語》《大學》《中庸》《孟子》（臺灣南天書局，2001 年），我看到其版式頗有特點，每一頁均為三欄，上欄是《四書》繁體漢字原文，豎排，中間是英譯，下面是注釋評述，兩部分皆橫排，版式很直觀，很醒目。理氏英譯《中國經典》，對西方漢學界影響很大。

梁鑑洪經過認真細緻的研究，發現理氏引用了《易經》一篇文獻共兩段經文，引用《尚書》十六篇文獻共四十四段經文，引用了《詩經》廿六篇文獻共卅五段經文，引用了《周禮》、《儀禮》、《禮記》廿八篇文獻共六十七段經文，引用了《春秋左傳》三段經文，合計引用了《五經》一百五十一段經文。這樣細緻的譯注引用文獻的梳理，應該是理氏英譯《中國經典》研究的首次。梁鑑洪並不是簡單地羅列理雅各《孟子》英譯本注釋引用文獻的條目，而是對每一種引用都有較深入的分析，如引《書經》即《尚書》，梁鑑洪經過研究後得出結論：理雅各沒有考慮《偽古文尚書》的篇目問題。理氏引用《書經》解釋《孟子》，通常都只是指出《孟子》所引的文句出自《書經》的那一篇，並沒有列出經文與《孟子》的引述做對比，遇到《孟子》與《書經》相關的文字有不同，就會指出彼此的用字不同之處。而且，理氏沒有引用過《夏書》。從《孟子》引用《書經》的方式，可以知道，孟子的目的不是解釋《尚書》，而是引用《尚書》的經文表達其思想，加強其辯論的說服力。這樣的分析和結論，對於《尚書》和《孟子》接受史都有一定的參考價值。

梁鑑洪研究的重點是把理氏的註解概括為八個方向，分別是歷史人物生平溯源，文字訓詁，歷史事件探源，政治思想尋源，社會與家庭倫理探索，政治制度淵源探討，古代禮制探討，古代人性論哲學思想探討。他系統地分析理氏使用了各種研究方法，包括破音字的審音別義法，譯注互補法，新舊注解並存法，經典文字對比法等。梁鑑洪力求實事求是的指出了理氏注解的優點與不足，客觀地剖析這部西方漢學界名著的得失。相信對於閱讀和研究理氏英譯《中國經典》的讀者是有幫助的。另外，本書的附錄二「理雅各《中國經典》

英譯本引用中國古典文獻目錄」，對於我們瞭解 19 世紀中葉理雅各所能掌握的中國古典文獻全貌也具有工具書的檢索功能。

2017 年 11 月 27 日，梁鑑洪通過博士論文答辯會，順利畢業，拿到博士學位。畢業後，他又不斷地修訂、完善博士論文，我去年推薦他聯繫臺灣花木蘭出版公司出版這部著作，感謝花木蘭出版公司在華人學術著作出版方面的鼎力支持，現在這部著作終於要出版了。儘管這部著作還有瑕疵或不足，但我感到很欣慰。因為我歷來主張，博士論文是能代表一個人求學經歷中最高學術水準的研究成果，博士畢業後其博士論文經過修訂應該出版，以便在學術界進行交流，並獲得時賢的批評與指正。尤其在香港地區，港人博士論文的公開出版更顯學術交流的意義。

2017 年 6 月，我在香港講學期間，鑑洪陪我到他在元朗的老家考察，我去看了他的書房。1998 年，鑑洪花了 60 萬港幣，在這裡買了一套約 30 平米的房子（兩小間），做他的書房。書房在一棟三層樓村屋的一樓，門牌號是某某村 67A。裡面擺滿了書架和書，看了鑑洪的藏書，感覺到他真是一個讀書人。當時他正在研究唐代景教的文獻《一神論》。小書房裡面開了電扇和空調，但還是覺得很悶熱。梁鑑洪讀博期間其夫人身患癌症，他每週都用最少兩天時間陪太太到醫院看醫生、複診、檢查等，他的精神壓力和經濟壓力之大可想而知，但他終於克服重重困難，在比較艱苦的環境下完成博士論文的寫作與修訂，這讓我不得不對他一心向學、刻苦鑽研精神大大點贊。

鑑洪擔任樹仁大學中文系兼任講師有年，教學頗受學生歡迎。已出版學術著作《中國基督教史——唐代至清代南京條約》，並發表多篇有關理雅各研究的論文，如《被忽略的唐詩英譯里程碑——理雅各唐詩英譯考察》《宗教背境對語言文化理解的影響——以理雅各〈孟子譯注〉為例》等，相信他在未來的教學與研究中，還會再接再厲，不斷進取。我期待他的新作出版。

是為序。

張三夕
2024 年 2 月 12 日，甲辰年正月初三
於武昌大華寓所

目次

上冊

下 冊

緒　論

一、本書的研究意義

在全球一體化的環境之下，中國文化研究已經不是中國人的專利，關於中國的儒學，日本與韓國都有相當豐富的研究成就。而在歐洲，從天主教耶穌會士利瑪竇於西元 1601 年到達北京開始計算，此後耶穌會士把中國經典帶回歐洲，譯成拉丁文，歐洲的漢學研究已經有四百年歷史。他們研究的成果，經過多年來的累積，是不容忽視的。

所以，研究中國儒學的學者，有必要對歐美的漢學研究有一些基本的了解。在歐美文化的影響下，他們的研究方法及研究方向，可能會有一些中國學者忽略了的東西。例如，西方社會對宗教文化相當重視，但中國近代學者卻相對重視不夠。諸如此類，研究西方漢學，應該會為中國學者帶來一些可資借鑒的新意。為中國傳統文化，賦予新的觀察視角，從而為中國儒學研究注入新的動力。

此外，自清朝中葉以來，中國人的崇洋媚外的態度從來沒有停止，有一些在國內研究中國文化的人士，其夢寐以求的事，就是到歐美的學府，跟隨歐洲的漢學大師研究漢學。如果歐美的頂級漢學大師真的學問高超，藏有「枕中祕笈」，用最好的版本，在分析與理解上有其超卓之處，那麼跟歐美的漢學家研究漢學倒也無妨。然而，作為一名研究中國文化的現代學者，必須客觀與持平，從歐美一般漢學家的作品入手，才可以知道他們的實際水平，避免受到「崇洋」陋習的影響。

（一）十七至十八世紀歐洲漢學發展

十七至十八世紀，歐洲的漢學可說是處於初創時期，也可稱為發軔時期。此一時期的歐洲漢學研究人員，主要是天主教的傳教士，也有一小部份的外交官、旅行家、商人，而此時期有一些中國經典被譯成歐洲語言，翻譯者通常是天主教傳教士，他們都以拉丁語作研究工具，因此主要以拉丁語翻譯中國經典。很多研究都以信札、回憶錄、報告等形式展開，而且譯介與述評比較簡單，此時缺乏卓越的漢學大家。

（二）十九世紀歐洲漢學發展

到了十九世紀，歐洲的漢學邁向了新里程，以基督教傳教士為主。隨著西方資本主義的發展與基督新教的傳教熱誠，歐洲的商人與傳教士進入亞洲。十九世紀對歐洲漢學的發展影響最大的是基督教的傳教士。基督教與天主教的傳教士最大的分別，是基督教的傳教士所講所寫的都是他們的母語，不再倚靠拉丁語，漢學研究已經不再局限於某一類階層的人士。此時期，研究漢學的歐洲國家中，以法國與英國影響最大。

英國之所以在十九世紀確立與發展漢學，仍然是由傳教士和外交官所起到的重要作用促成。當時，漢學方面的各類著作，大多出自傳教士和外交官之手，尤其是基督教傳教士。他們充當了中英文化交流的先鋒，負起向英國人民傳播中國文化的重任，為此作出了巨大貢獻。

傳教士中治漢學較早者當首推倫敦佈道會教士馬禮遜（Robert Morrison，1782～1834 年）和米憐（William Milne，1785～1822 年）。1812 年，馬禮遜用英語編成第一部《漢語語法》，兩年後又編成篇幅為六卷的第一部《華英詞典》。米憐曾任英華書院院長，他除了輔助馬禮遜翻譯《聖經》外，還於 1817 年獨立完成了《聖諭廣訓》的英譯。倫敦佈道會的麥都思分別於 1847 年及 1848 年編撰了《漢英字典》、《英漢詞典》。外交官方面有領事羅伯聃編寫了《漢英字彙》（1842 年）、《漢英會話》（1846 年）。

十九世紀來華的基督教教士，不單是在中國傳教的先鋒，也是把中國文化帶到西方的橋樑人物。其中影響最大的是理雅各（James Legge）。理雅各是英國牛津大學的第一位漢學教授。他系統地把中國經典翻譯成英文，為西方世界的學者提供了方便。本人選擇了理氏的《孟子註解》作為研究對象。之所以研究註解，是因為如果要有準確的翻譯就要對文字及文字背後的意義有準確的理解。研究中國經典不能脫離經典的註解，要明白理氏把中國經典翻譯成英文的準則，就必須先知道他對中國經典裏面的文字、歷史、典故、人物、地理、風俗、思想等是如何理解的。從理氏的註解之中，可以知道他是如何理解中國的文字，也可以知道他為何要這樣翻譯。

至於選用《孟子》一書的原因，是因為理雅各對《孟子》的評價甚高，他曾說：

> 在 1861 年撰寫有關孟子的論文時……無論在希臘還是羅馬的道德教師裏，都找不到我們在《孟子》裏所發現的如此莊嚴的道德感。所以，我在這裏幾乎用《孟子》代替了整個儒學。〔註1〕

可見，研究他的《孟子註解》是理解他的漢學觀念的基礎。

（三）《孟子》英譯本注的文學價值

孟子在先秦儒家諸子裏面，最有文采，〔註2〕《孟子》被公認是出色的文學作品之一。而《易經》、《書經》、《詩經》、《三禮》、《春秋》也是文學經典，劉勰《文心雕龍》謂：「三極彝訓，其書言經。經也者，恒久之至道，不刊之鴻教也。故象天地，效鬼神，參物序，制人紀。洞性靈之奧區，極文章之骨髓者也。」〔註3〕經書說明天地人之常道，是不可改變的教訓。因為經書取法於天地，徵驗於宗教鬼神，參透天地萬物的秩序，制訂出人類的規矩。對人性有深入了解，所以把握了文章的最重要處。〔註4〕所以，《五經》是文學思想與理論的經典。此外，劉勰《文心雕龍》又謂：「故論說辭序，則《易》統其首。詔策章奏，則《書》發其源。賦頌謌讚，則《詩》立其本。銘誄箴祝，則《禮》總其端。紀傳銘檄，則《春秋》為根。」〔註5〕各類文學體裁，都可以在經書找到例子。黃侃《文心雕龍札記》云：

> 宗經者，則古昔稱先王，而折衷於孔子也。夫六藝所載，政教學藝耳，文章之用，隆之至於能載政教學藝而止。挹其流者，必撢

〔註 1〕〔英〕海倫·蔼蒂絲·理著，段懷清、周琍玲譯：《理雅各：傳教士與學者》，〔美〕吉瑞德著，段懷清、周俐玲譯：《朝覲東方：理雅各評傳》本，廣西：廣西師範大學出版社，2011 年，第 515 頁。

〔註 2〕劉大杰：《中國文學發展史》，香港：學林有限公司，1979 年，上冊，第 76 頁。

〔註 3〕〔梁〕劉勰著，范文瀾註：《文心雕龍註》，香港：商務書館，1986 年，第 21 頁。

〔註 4〕陸侃如、牟世金：《文心雕龍譯注》，濟南：齊魯書社，1984 年，上冊，第 23～24 頁。

〔註 5〕〔梁〕劉勰著，范文瀾註：《文心雕龍註》，第 22 頁。

其原，攬其末者，必循其柢。此為文之宜宗經一矣。經體廣大，無所不包，其論政治典章，則後世史籍之所從出也；其論學術名理，則後世九流之所從出也；其言技藝度數，則後世術數方技之所從出也。不覩六藝，則無以見古人之全，而識其離合之理。此為文之宜宗經二矣。雜文之類，名稱繁穰，循名責實，則皆可得之於古。彥和此篇所列，無過舉其大端。若夫九能之見於《毛詩》，六辭之見於《周禮》，尤其淵源明白者也。此為文之宜宗經三矣。文以字成，則訓故為要；文以義立，則體例居先，此二者又莫備於經，莫精於經。欲得師資，舍經何適？此為文之宜宗經四矣。〔註 6〕

在《十三經》之中，《孟子》是最後被奉為經典之書。《孟子》一書，班固《漢書·藝文志》置於「諸子略」，〔註 7〕屬於儒家的子書，到了宋代，被抬舉成為儒家經典。

一因宋室帝王的重視。《孟子》立於學官，升為「兼經」，〔註 8〕於宋徽宗宣和年間（1119～1125），《孟子》被刻於石，正式成為儒家經典，與原來的十二經合成十三經。三山人黃唐把《十三經注疏》合刻出版，《孟子》得以經書身份在社會流傳。陳振孫《直齋書錄解題》增設「語孟類」，《孟子》得以經書身份進入目錄著作。〔註 9〕

二因社會學者的推崇。二程與朱熹把《孟子》與《論語》、《大學》、《中庸》合為四書，〔註 10〕廣為社會大眾接受，可說影響宋元以來的整個中國文化。理氏的《孟子》英文譯注，將《孟子》的影響帶到英語世界。

自宋以來，《孟子》已屬於經學之書，但在近代學術研究《孟子》也是一部文學作品。書中的哲理散文，充滿辯論色彩，靈活巧妙地運用邏輯推理的方法，運用文學藝術的表現能力。孟子的散文也常用比喻，把抽象的道理生動具體地表達出來。而且其散文氣勢浩然，用字明白曉暢，淺近平實，又精練準確。〔註 11〕劉大杰謂：「《孟子》文章文采華瞻，清暢流利，尤以氣

〔註 6〕黃侃：《文心雕龍札記》，香港：典文出版社，1970 年，第 13 頁。

〔註 7〕〔漢〕班固撰，〔清王先謙補注：《漢書補注》，北京：中華書局影印虛受堂刻本，1983 年，第三十卷，第二十八頁，上冊，第 879 頁。

〔註 8〕周淑萍：《兩宋孟學研究》，北京：人民出版社，2007 年，第 53～57 頁。

〔註 9〕周淑萍：《兩宋孟學研究》，第 63 頁。

〔註10〕周淑萍：《兩宋孟學研究》，第 58～61 頁。

〔註11〕袁行霈主編：《中國文學史》，北京：高等教育出版社，第 2 版，2005 年，第 1 卷，第 94～95 頁。

勝。」〔註 12〕這種立論行文注重文章氣勢的表達手法，成為後人評論議論文的一種標準。〔註 13〕

雖然理雅各《孟子》英譯本注解也是一部解經作品，但其注解也有不少涉及文學的內容，例如他的《孟子》英譯本的頁首已引述《孟子・萬章上》第四章第二節：「不以文害辭，不以辭害志；以意逆志，是為得之。如以辭而已矣。」〔註 14〕這是孟子的最重要文學主張，〔註 15〕理氏也有恰當的剖析。

此外，《孟子》一書的人物，不少都是中國文學的素材，例如神農氏是民間文學的素材，使用《易》、《書》、《詩》的經文都是為了加強其辯論的氣勢與說服力，使用這些經文做比喻，發揮了很高的文學技巧。理雅各對這些經文的闡釋，無疑是促使西方讀者更容易理解《孟子》的文學風格。

《五經》在文學思想，以致文學形式上都是文學典範。研究《孟子》與《五經》，無異於研究文學經典，而研究理氏《孟子》英譯本注解可以知道西方漢學家對中國文學經典的理解。

理氏的《孟子》英譯本注，引用的中國文獻包括經、史、子、集四部，限於時間和篇幅，本書只能集中研究其引述的儒家《五經》文獻，包括《周易》、《尚書》、《詩經》、《三禮》的《周禮》、《儀禮》、《禮記》與《春秋左傳》。

二、國內外的研究近況

本書「理雅各《孟子》英譯本注解引用儒家《五經》文獻考述」，試圖分三個方面討論與此題目相關的國內外研究近況。第一是關於理雅各生平研究；第二是理雅各翻譯《中國經典》的研究；第三是理雅各英譯《孟子》的研究。至於研究《孟子》英譯本注解的專著或論文則不在此討論。

（一）研究理雅各生平事蹟的著作及文獻

1. 西方學者的貢獻

第一個為理雅各立傳的人是偉烈亞力（Alexander Wylie），他的著作是《在華更正教士傳記及他們的著作目錄》（*Memorials of Protestant Missionaries to*

〔註 12〕劉大杰：《中國文學發展史》，上冊，第 77 頁。

〔註 13〕劉大杰：《中國文學發展史》，上冊，第 77 頁。

〔註 14〕《孟子注疏》，北京：中華書局影印〔清〕阮元刻《十三經注疏》本，嘉慶二十年江西南昌府學開雕版，2009 年，第九卷上，第十頁，總第五冊，第 5950 頁。

〔註 15〕王運熙、顧易生主編：《中國文學批評史》，上海：上海古籍出版社，新 1 版，1979 年，上冊，第 24 頁。

the Chinese: Giving a list of their Publication）。這本書於 1867 年由美國長老會傳道部出版社在上海出版，後來由臺北成文出版社於 1967 年再版，2013 年此書由趙康英中譯成《基督教新教傳教士在華名錄》，天津人民出版社出版。自第 117 頁至第 122 頁是理雅各的小傳，先簡介了理氏的生平，然後是介紹理氏在 1865 年之前的中英文著作，在其紀錄之中，理雅各共有八種不同類型的中文著作，八種不同類型的英文著作，包括《四書》及《書經》的英譯。

Norman J. Gorardot（吉瑞德），*The Victorian Translation of China, James Legge's Oriental Pilgrimage*. Helen Edith Legge（海倫・藹蒂絲・理），James Legge: Missionary and Scholar. 這兩本書都由段懷清、周俐玲合譯成中文譯本，書名是《朝覲東方：理雅各評傳》，其實是把上述兩本書中譯並合集，由廣西師範大學出版社出版。*Missionary and Scholars* 中譯名是《傳教士與學者》，合編成為外一種附於《朝覲東方：理雅各評傳》之後。《傳教士與學者》的作者（Helen Edith Legge）是理雅各的女兒。這是一本理雅各的傳記，由童年開始至生命結束。書中並沒有分析理氏的學術思想。這書最有價值之處，是引用並節錄了很多理雅各的信函，是用第一手資料編寫而成。雖然有些學者指出這些書信有些敘述錯誤，但其仍然不失為研究理雅各生平不可或缺的參考書。至於《朝覲東方：理雅各評傳》一書，將理雅各的生平分作八個段落，每個段落都用標題點出理氏在此階段的人生特徵，其中第三章「異端者理雅各打通儒教與基督教」與及第四章「闡釋者理雅各在《中國經典》中尋找聖經」，指出了理氏研究中國文化的目的。

Pfister, Lauren F.,（費樂仁）*Striving for*「*The Whole Duty of Man*」*James Legge and the Scottish Protestant Encounter with China*. 全書分兩冊，由德國 Peter Lang 出版社出版。費樂仁這套著作是當代西方學者研究理雅各的重要著作。這本書尚未有中文翻譯，香港浸會大學已成立了一個翻譯小組翻譯此書。此書用六個階段剖析理氏出生至 1873 年的生平，可說是研究理氏前半生的著作。其中第五章分析理雅各的《中國經典》比較多一些。

2. 中國學者的貢獻

雷雨田編的《近代來粵傳教士評傳》於 2004 年由百家出版社初版。第 281 頁至第 296 頁是理氏的小傳，題為《宗教與文化的雙重使者》。這篇小傳的著重點是理氏翻譯《中國經典》的貢獻與影響。雷雨田指出，此叢書的出版，引起西方社會的轟動，它使歐美人士可以了解東方文明及中國文化的根本，以及中國民族倫理道德的根本，體現了推行西方殖民主義的傳教士對中國優秀文化的尊崇，反映了中西文化合璧與交流。

顧長聲的《從馬禮遜到司徒雷登》，於2005年由上海書店出版社初版。第112頁到第129頁是理雅各的傳記，對其生平及事迹工作逐一考察，是綜合性的小傳。內容包括理氏的出生，在英國的工作，來華作宣教士，從事儒家典藉的翻譯及理氏與太平天國的關係等。

岳峰的《架設東西方的橋樑——英國漢家理雅各研究》，是福建師範大學的中外關係史的博士論文，此論文已於2004年由福州市福建人民出版社編印出版。是迄今為止，在華人研究理雅各生平，並且用中文發表的著作之中，最具份量及最詳細的作品。這份博士論文共分八章，以理雅各的事業作主題，側重於他對其身處社會的影響。作者根據牛津大學新彼得雷安圖書館檔案等原始資料，再加上多個學者的研究成果，通過歷史學、語言學、宗教學、教育學與報學等跨學科研究法，多角度又全方位地，闡述理雅各的漢學造詣和理氏在華的活動。論文指出理雅各忠實、嚴謹地譯介與研究中國文化典籍，對中國文化西傳起了重要作用。

宋新《理雅各——從傳教士到傳播中國文化的使者》，發表於《國際關係學院學報》，1997年第2期。這論文簡要論述了理雅各的貢獻，指出他翻譯《四書》、《五經》成英文，對東西方文化交流起了橋樑作用。

（二）研究理雅各英譯《中國經典》的文獻

華人學者之中，王韜是最先對理雅各英譯《中國經典》作出批評的學者。他指出與理雅各同時代的傳教士來到中國，同時把西學引入中國，而理雅各則是把中國經籍之精微介紹給西方世界。王韜稱讚理雅各云：

> 注全力于十三經，貫串考核，討流溯源，別具見解，不隨凡俗。其言經也，不主一家，不專一說，博采旁涉，務極其通，大抵取材于孔、鄭而折衷于程、朱，于漢、宋之學兩無偏袒。譯有《四子書》、《尚書》兩種。書出，西儒見之，咸歎其詳明該洽，奉為南針。〔註16〕

王韜是理雅各翻譯《中國經典》的助手，與理雅各可謂亦師亦友，他為理氏搜集中國經典的注釋，並協助理雅各使用這些經注，理雅各才得以完成這套

〔註16〕〔清〕王韜：《弢園文錄外編》，上海：上海書店出版社，2002年，第181頁。

翻譯巨著。

近二十餘年，當代華人學者綜合性地論述理雅各英譯《中國經典》的論文而且比較有份量的有以下十三篇，其中王輝有兩篇、岳峰發表了三篇、段懷清也有兩篇。

山青《漢英四書讀後》，發表於《上海科技翻譯》，1993 年，第 1 期。此論文所說的《漢英四書》是理雅各著，劉重德校注的版本。這一版本在舊版本的基礎上作了一些改動，例如用漢語拼音代替了原書中詞語的音譯。

王輝《理雅各與〈中國經典〉》，發表於《中國翻譯》，2003 年，第 24 卷第 2 期。此論文認為理雅各的《中國經典》是儒家典籍英譯的高峰，作者以《論語》為例，分析理氏學者型翻譯的特色與得失，指出理氏用直譯加注的方式翻譯，是以忠實為第一要義。

王輝《理雅各英譯儒經的特色與得失》，發表於《深圳大學學報》，2003 年，第 20 卷第 4 期。此論文的目的是批評理雅各英譯《中國經典》時存在的問題，例如指出理氏過於依賴朱熹的《四書集註》，而且用西方人的觀念曲解中國的經典。

岳峰《理雅各與牛津大學最早的漢語教學》，發表於《世界漢語教學》，2003 年，第 4 期。此論文並不是直接論述理氏的《中國經典》，而是討論理氏在牛津大學的漢語教育，為學生理解《中國經典》打下基礎。

岳峰《理雅各宗教思想中的中西融合傾向》，發表於《世界宗教》，2004 年，第 4 期。此論文使用《中國經典》各卷的前言以及理氏其他論述宗教的文章做基礎，討論理氏的宗教思想。

岳峰《關於理雅各英譯中國古經的研究綜述——兼論跨學科研究翻譯的必要性》，發表於《集美大學學報》，2004 年，第 7 卷第 2 期。這論文收集了大陸、香港、臺灣三地發表的中西學者研究理雅各《中國經典》的著作及論文目錄。

段懷清《理雅各〈中國經典〉翻譯緣起及體例考略》，發表於《浙江大學學報》，2005 年，第 35 卷第 3 期。此論文是以理氏《中國經典》每一卷的前言為研究資料，指出理氏翻譯緣起、翻譯方法體例及相關事宜。作者認為這些前言說明了英國維多利亞時代的英國傳教士兼漢學家走進中國古代思想文化經典的途徑，這方式有別於殖民主義的態度，是一種超時代的更深沉的跨文化交流的渴望與關懷。

段懷清《理雅各與儒家經典》，發表於《孔子研究》，2006年，第06期。此論文是就理氏所譯《中國經典》的翻譯體例、翻譯及出版過程以及理氏出任牛津大學中文教授之後公開舉行的講座及教學內容諸方面，對理雅各長達30多年的漢學生涯及其儒家經典的翻譯做研究，肯定了理雅各翻譯《中國經典》的意義與價值。

潘琳《比較宗教學的先期實踐——理雅各與〈中國信仰之旅〉》，發表於《雲南師範大學教育學報》（對外漢語教學與研究版），2006年，第4卷第1期。論文指出理雅各從基督教的立場出發，對儒家思想進行獨特的分析，又指出理氏用比較宗教學的立場比較儒家與基督教，說明他視儒家為宗教。

陳可培《理雅各研究綜述》，發表於《上海翻譯》，2008年，第2期。此論文是綜述近年研究理雅各《中國經典》的概況，全文將研究者區分為國際、香港與臺灣、中國大陸三個地區，列出他們的著作。

林寧《理雅各與王韜的對比研究》，華東師範大學中國古代文學2008年碩士論文。此論文以王韜與理雅各二人合作翻譯《中國經典》做學術背景，指出理雅各翻譯《中國經典》的過程與結果，都不能忽視中國學者王韜的幫助，並且藉分析二人的思想，研究儒學與基督教的異同點，以及二人思想間的互相影響。

陳振慧《信於本，傳以真——論理雅各的儒經翻譯觀》，發表於《河北工程大學學報》，2012年，第29卷第4期。此論文是論述理雅各的翻譯觀，作者認為理氏的觀點是立足於原文，探求經典的本義，揭示其真正意義，向西方傳播中國文化的真實狀況。

羅軍風《理雅各的〈中國經典〉與清代帝皇御纂經籍》，發表於《學術論壇》，2013年，第8期，總第271期。此文認為理雅各翻譯《中國經典》時的參考書，是清代皇帝御纂的經籍，包括參考了康熙經筵講義與及御纂七經。理氏重視清代皇帝的御纂經籍，有兩個原因，一是御纂經籍收輯完備，二是有途徑獲得御纂經籍。

（三）研究理雅各英譯《孟子》的文獻

1. 學位論文

研究理雅各英譯《孟子》的學位論文共有十一篇，其中劉單平所寫的是博士論文，其餘的是碩士論文。在這十一篇論文中，只有張靜與劉單平所寫的是中文論文，其餘全部都是英文論文。

劉單平：《〈孟子〉三種英譯本比較研究》，山東大學，專門史 2011 年博士學位論文。此論文是從思想史的跨文化比較角度，對詹姆斯·理雅各、賴發洛和劉殿爵的三種《孟子》英譯本進行比較研究，以審視譯者對原文中所包含的哲學思想和文化內涵的理解和譯介程度。通過對三種譯本進行全方位、多角度的比較研究，探討譯本在何種程度上體現了《孟子》思想的原貌，探求造成譯本多樣化的原因，尋找把典籍中包含的傳統文化以「準確真實的本來面貌」推向世界的方法。通過對三種《孟子》英譯本在編排體例和譯文內容兩個方面進行比較研究發現，理雅各的《孟子》譯本具有兩大特色。首先是處處彰顯學術性，但忽視了普通讀者的接受能力。其次，譯作充滿濃厚的基督教精神。

余敏《從理雅各英譯〈孟子〉看散文風格的傳譯》（*The Transfer of Prose Style —— A Tentative study of James Legge's English Version of Mencius*），華中師範大學英語語言文學 2001 年碩士論文。此論文以劉重德的翻譯原則「切」做依據，以理雅各英譯《孟子》為例子，分語音、詞滙、句法三個層面研究理氏譯文的好與壞。在語音層面，《孟子》原文的風格是節奏的平衡對稱及押韻兩方面。而詞滙層面，《孟子》的風格是善用簡潔凝煉的單詞及生動優美的比喻。句法層面上，《孟子》的風格是愛用簡略句、否定句、倒裝句、引喻、對偶、排比、設問句。這些風格特徵，理雅各的譯文都做了忠實而嫻熟的傳遞，然而礙於中英語言的差異，理雅各在《孟子》散文的翻譯上存在局限性。

陳琳琳《理雅各英譯〈孟子〉研究》（*Studies on James Legge's Translation of Mencius*），福建師範大學英語語言文學 2006 年的碩士論文。作者指出，翻譯《孟子》這種古典著作，應該在譯語語言文化及譯作讀者所能接受的範圍內，用各種翻譯技巧，保存原文的文化形象。作者用比較和分析等研究方法，系統地分析了理雅各的英譯《孟子》，對理氏英譯《孟子》作客觀的評價。全文分四章，第一章是綜述，包括簡述理雅各其人及其《孟子》譯本。第二及三章是全文的重心，通過理雅各的《孟子》英譯本的大量例子，分析了理雅各如何在詞滙、句法、修辭格三個層面與原文成功對應，貼切、自然地再現了原文的簡潔、凝煉、雄辯的風格。

張靜《理雅各〈孟子〉翻譯的研究》，是山東大學歷史文獻學 2008 年的碩士論文。此論文指出，理氏把中國儒家傳統的釋經方法運用到翻譯實踐中，而且主張儒家思想與基督教思想平等，互不矛盾，提出耶儒互補的思想。而理氏的譯注體現出理氏在翻譯中國古籍時所秉持的翻譯思想和方法。此文的第二章第二及第三節都有討論理雅各的「《孟子》注解」及其與英譯《孟子》的關係。

滕銳《理雅各英譯〈中國經典〉研究——以勒菲弗爾的理論為基礎》(*On James Legge's Translation of Chinese Classics: A Study Based on Lefevere's Theory*)，外交學院外國語言學與應用語言學 2008 年的碩士論文。此論文是用翻譯研究文化學派代表學者勒菲弗爾（Andre Lefevere）的三個要素作理論基礎，依次從意識形態、詩學及贊助人三個角度，探討理雅各宗教信仰、文化背景、翻譯動機、文學傳統等因素對理氏譯文的影響。

李亞麗《〈孟子〉英譯研究——兩個譯本的個案分析》(*A Study of Translating Mencius into English —— Exemplified by Two English Version*)，上海外國語大學英語語言文學 2012 年的碩士論文。此論文比較《大中華文庫》收錄趙甄陶的《孟子》英譯與及理雅各的英譯《孟子》，論述了兩者翻譯風格上的差異，包括措辭、句子結構、連貫等方面。此文第二章指出注釋在典籍翻譯中的重要性，趙氏譯本的文內注釋不夠，反之理氏的注釋就豐富得多。

唐文路《被操控的主體：以理雅各譯介〈孟子〉為例》(*A Manipulated Subject: Illustrated with James Legge's The Works of Mencius*)，湖南師範大學英語語言文學 2012 年碩士學位。此論文以理雅各的《孟子》譯本為例，探討理氏翻譯《孟子》時的主體性在翻譯中的彰顯，並以翻譯文化研究派代表人物勒菲弗爾的重寫理論為基礎，分別研究理氏的宗教信仰、文化背景、翻譯動機、文學傳統等相關因素對其譯文風格及特色形成的影響。

付平平《〈孟子〉兩部英譯本的比較研究》(*A Comparative Study on Two English Versions of Mencius*)，福建師範大學英語語言文學 2012 年碩士論文。此論文是比較理雅各與劉殿爵二人的《孟子》英譯。此論文的主體部份是第二和第三章，第二章分別從詞匯、句法、語言風格比較二個譯本的得失。第三章則指出文化與翻譯之間的關係，作者舉出三個例子來討論，「氣」、「言」及「仁」，不能單靠音譯表達其意義，需要藉兩者譯作的「引言」來說明。

李曉春《目的理論視角下的理雅各〈孟子〉英譯本研究》(*A Study of James Legg's Translation of Mencius from the Perspective of Skopos Theory*)，東華大學外國語言學及應用語言學 2012 年碩士論文。此文指出「目的論」的翻譯概念，是一項有目的的跨文化活動，以「目的論」批評譯文的三個原則分別是「目的原則」、「連貫原則」與「忠誠原則」。此文使用弗米爾的「目的論」作理論框架，而以理雅各的英譯《孟子》作研究對象，分析理氏為了實現其翻譯目的所使用的翻譯策略，證明理氏譯本的合理性，指出傳教士與漢學家的雙重身份，使理雅各的翻譯具有明確的目的性。而理氏的翻譯最大特色是「忠誠」。

劉張松《操縱理論視角下的理雅各〈孟子〉英譯研究》（*A Study of James Legge's Translation of Mencius from The Perspective of Manipulation Theory*），上海師範大學外國語學院，外國語言學與應用語言學 2013 年碩士學位論文。操縱理論是安德列．勒弗維爾（Andre Lefevere）的翻譯理論，他的主張被稱為「操縱理論」或「改寫理論」，此理論認為翻譯即是對原文本的操縱（Manipulation）與改寫（Rewriting）。此論文是從「操縱」理論的角度來研究理雅各的《孟子》翻譯。此論文指出，即使是以「忠實」著稱的理雅各譯本，其譯文也有明顯的「操縱」痕跡，理雅各的「操縱」使得《孟子》的原貌發生了改變。

干敏《析〈孟子〉理雅各英譯本中的語篇銜接手段》（*Analysis of Cohesive Devices in the English Version of James Legge's Mencius*），西南交通大學外國語言學及應用語言學 2014 年碩士論文。此論文以「語篇銜接」理論為基礎，分別從語法銜接和人際意義銜接兩個方向探討理雅各英譯《孟子》的銜接手法。因為漢語注重意合而英語則注重形合，理氏於翻譯過程中，增加了大量的銜接方法，使用大量的連接詞使譯文的語篇銜接。

2. 期刊論文

研究理雅各英譯《孟子》的期刊論文有五篇較有代表性，其中洪濤發表了兩篇。

楚至大《難能可貴與美中不足——評理雅各兩段〈孟子〉的譯文》，發表於《中國翻譯》，1995 年，第 6 期。這論文討論兩段《孟子》原文與理雅各英譯不妥善之處。第一段出自《滕文公》下第六章，楚氏認為，此段的「大夫」不應譯作「great officer」應該譯作「high ranking officer」或「minister」。而「齊語」之「語」不應譯作「speech」或「language」應譯作「dialect」。第二段出自《公孫丑》上第二章「揠苗助長」的故事，楚氏認為理氏譯「苗」作「corn」，倒不如譯作「corn shoots」或「wheat shoots」更為貼切。而原文的「芒芒然歸」的「芒芒」譯作「looking very stupid」並不貼切，譯作「being at a loss」或「perplexed」更切合原文。

洪濤《〈孟子〉英譯所涉及的字義問題和文化問題》，發表於《聊城大學學報》，2002 年，第 1 期。此文是從字義及文化差異兩個角度討論理雅各與劉殿爵等學者的英譯《孟子》。他認為理雅各譯《孟子》的「義」作「righteousness」是因時制宜的譯法，而且譯「孝」作「filial piety」具有濃厚的基督教思想。理氏譯《孟子．告子》上的「文」、「武」、「幽」、「厲」作「Wan」、「Wu」、「Yu」、「Li」，是音譯方式，但讀者因文化差異，不知道這些中國周朝王帝的意思，削弱了讀者的理解能力。

洪濤《〈孟子〉辯辭的英譯》，發表於《聊城大學學報》，2003 年，第 3 期。此論文用劉殿爵與理雅各的英譯《孟子》，討論翻譯《孟子》辯辭的困難，例如原文的偶句與排比句在譯文中都省略了。有些譯文因為英語文法的關係，譯文會比原文冗長。

潘琳《孟子與巴特勒：從中英近代思想史看理雅各「性善論」的再詮釋》，發表於《國際漢學》，2012 年，第 01 期，是作者在香港浸會大學林思齊東西學術交流研究所的項目研究成果。此論文是討論理雅各英譯《孟子》的緒論之中的「人性論」。作者參照了巴特勒的「人性論」當中的「自愛」與「自然法則」，也梳理了儒家「性善論」的觀念，從二者的理念釐清理雅各如何將基督教思想與中國儒家思想貫通的。

吳志剛《準確理解原作是典籍英譯的關鍵——理雅各英譯〈孟子〉指瑕》，發表於《重慶科技學院學報（社會科學版）》，2009 年，第 5 期。此文指出理雅各翻譯《孟子》時，因為不能準確理解《孟子》原文而造成誤譯。例如《孟子．梁惠王》上的「明足以察秋毫之末」，理氏譯「秋毫」做「autumnhair」是停留在詞語的表層意義，沒有準確理解詞語的實質意義。

上述各學者發表的論文，一是著重研究理雅各的生平事蹟，讚揚理氏在中西文化交流貢獻。二是著重研究理雅各《孟子》的英譯本，從不同的視角剖析譯文的好與壞。本書研究理氏《孟子》英譯本的注解，與上述各學者專家的研究路向不同，本書的價值就在於開拓這方面的新路向。

三、本書根據的版本

《中國經典》初版是中英對照本，共分五卷，第一卷是《四書》上卷包括《論語》、《大學》、《中庸》，第二卷《四書》下卷《孟子》，同於 1861 年出版，第三卷是《書經》附《竹書紀年》於 1865 年出版，第四卷《詩經》於 1871 年出版，第五卷《春秋》與《左傳》於 1872 年出版。這套《中國經典》版本全是中英雙語對照本，有詳細的緒論和注釋。《中國經典》的英文全名是 *CHINESE CLASSICS: WITH A TRANSLATION, CRITICAL AND EXEGETICAL NOTES, PROLEGOMENA, AND COPIOUS INDEXES*。所以這套著作稱為《中國經典譯注》較適宜，但一般都稱之為《中國經典》。

理雅各《中國經典》的《四書》曾經修訂成英語本出版，第一卷名為《孔子生平與思想》（*The Life and Teachings of Confucius*），於 1867 年出版，包括《論語》、《大學》、《中庸》的英譯木。第二卷名《孟子生平與著作》（*The Life and Works of Mencius*），於 1875 年出版。這版本同樣是有詳盡的緒論和注釋，是英語本，沒有中文字。

理雅各於 1873 回到英國，再將 1861 年出的《四書》修訂出版，第一卷於 1893 年出版，包括《論語》、《大學》、《中庸》。第二卷是《孟子》，於 1895 年出版。這版本同樣是中英對照本，有詳盡的緒論及注解。這個版本的《四書》是對 1861 年版作出修訂和補充，補充了一些參考文獻，修訂了一些錯誤。而最大的特色，是對一些中文字的標音方式改變，1861 年版的《四書》使用了粵音的標音方式，而由 1893 年至 1895 年的《四書》，轉用了官話的標音方式。

經修訂後的《中國經典》曾經由香港大學出版社於 1960 年再版，後由臺北南天書室出版的《中國經典》將《四書》合為一冊變成四大冊一套。

本書所使用的理雅各《孟子》英文譯注本的版本，以理雅各「《孟子》注解」的第三版——1895 年版做基礎，這版本由臺灣南天書局據牛津大學出版社的最後修訂本《中國經典》再版印刷的版本，而這版本曾由香港大學出版社於 1960 年出版。輔以第一版——1861 年版和第二版——1875 年版。至於引用理雅各《中國經典》的內文，同樣也是根據臺灣南天書局出版的《中國經典》。至於引用中國儒家的經典，本書的根據是清人阮元刻的《十三經注疏》，北京中華書局影印本。

第一章　理雅各生平及《中國經典》概述

第一節　理雅各生平簡介

理雅各（James Legge），1815 年 12 月 20 日出生於蘇格蘭亞伯丁郡的漢德利城（Huntly）。〔註 1〕十九歲時，即 1836 年，他大學畢業，成績為全班第一名。畢業後，他接受了布萊克本學校的聘請，擔任該校校長。〔註 2〕就在此時期，他正式公開承認自己是英國基督教聖公宗的信徒，並在 1837 年進入聖公會的海伯雷神學院（Highbury Theological College）學習，準備成為一位傳教士。〔註 3〕他接受了兩年神學訓練，被倫敦傳道差會派往馬六甲作傳教士，其職責是協助在該地設立的「英華書院」，他與太太二人於 1840 年 1 月 10 日到達馬六甲，並且開始學習中文。〔註 4〕

在馬六甲英華書院工作期間，理雅各認識到把被稱為中國人的福音書及中國的摩西五書的《四書五經》翻譯成英文的工作，是值得傾力去做的。譯本包括正文的翻譯及註釋，這些翻譯會成為外國學生學習中國文化的範本，也可以供那些需要了解中國哲學、宗教道德的讀者閱讀。〔註 5〕

〔註 1〕〔美〕吉瑞德著，段懷清、周俐玲譯：《朝覲東方：理雅各評傳》，第 2 頁。
〔註 2〕顧長聲：《從馬禮遜到司徒雷登》，上海：上海書店出版社，2005 年，第 112 頁。
〔註 3〕〔美〕吉瑞德著，段懷清、周俐玲譯：《朝覲東方：理雅各評傳》，第 16 頁。
〔註 4〕〔美〕吉瑞德著，段懷清、周俐玲譯：《朝覲東方：理雅各評傳》，第 17 頁。
〔註 5〕〔美〕吉瑞德著，段懷清、周俐玲譯：《朝覲東方：理雅各評傳》，第 27～28 頁。

第二節 《中國經典》的翻譯

到了 1843 年，理雅各奉命把英華書院遷到香港。〔註 6〕自此之後，就根據上述信念開始研究和英譯中國古代經典的工作。從 1861 年至 1886 年，他陸續翻譯出版了《論語》、《大學》、《中庸》、《孟子》、《春秋》、《禮記》、《書經》、《孝經》、《易經》、《詩經》、《道德經》、《莊子》等經典。〔註 7〕

而他翻譯中國經典的體例，也有新的開拓，他每一個譯本的體例，都包括該經典的中文原文，英文譯文，評述註釋和學術性的序言。〔註 8〕

他將翻譯計劃命名為《中國經典》（*The Chinese Classics*），在華人助手黃勝〔註 9〕和何福堂〔註 10〕的幫助下，他的《中國經典》第一卷於 1861 年出版，內容包括了《論語》，定名為《孔子論語》（*Confucian Analects*），〈大學〉（*The Great Learning*）、〈中庸〉（*The Doctrine of the Mean*），同年又出版第二卷《孟子》（*The Works of Mencius*），理雅各《中國經典》翻譯計劃的《四書》便完全出版了。

理雅各在《中國經典》第一卷的「序言」中，敘述了他翻譯的過程，出版計劃面對的困難，此困難得到解決的遭遇，現引述下列四段文字說明：

> The author arrived in the East as a Missionary towards the end of 1839, and was stationed at Malacca for between three and four years. Before leaving England, he had enjoyed the benefit of a few months' instruction in Chinese from the late Professor Kidd at the University of London, and was able in the beginning of 1840 to commence the study of the first of the Works in the present publication. 〔註 11〕

〔註 6〕〔英〕海倫·藹蒂絲·理著，段懷清、周俐玲譯：《理雅各：傳教士與學者》，〔美〕吉瑞德著，段懷清、周俐玲譯：《朝覲東方：理雅各評傳》本，第 509 頁。

〔註 7〕顧長聲：《從馬禮遜到司徒雷登》，第 115 頁。

〔註 8〕〔英〕海倫·藹蒂絲·理著，段懷清、周俐玲譯：《理雅各：傳教士與學者》，〔美〕吉瑞德著，段懷清、周俐玲譯：《朝覲東方：理雅各評傳》本，第 510 頁。

〔註 9〕熊文華：《英國漢學史》，北京：學苑出版社，2007 年，第 59 頁。

〔註 10〕熊文華：《英國漢學史》，第 60 頁。

〔註 11〕James Legge, "Preface" in *Confucian Analects, The Great Learning and The Doctrine of The Mean*, Vol. I. *The Chinese Classics with A Translation, Critical and Exegetical Notes, Prolegomena, and Copious Indexes*, Hong Kong: The Author's, 1861, p.vii.

理雅各意謂，他於 1839 年底以基督教的宣教士身份來到亞洲，在馬六甲居住了三至四年。離開英格蘭之前，在倫敦大學吉德〔註 12〕教授（已過世）指導下學習漢語，於 1840 年開始便著手研究本譯著（《中國經典》）的第一卷（《論語》）。

> As time went on, and he began to feel assured as to his own progress in the language, it occurred to him that he might venture on such an undertaking himself. He studied, wrote out translations, and made notes, with the project in his mind. He hopes he can say that it did not divert him from the usual active labours of Missionary in preaching and teaching, but it did not allow him to rest satisfied in any operations of the time then being.〔註 13〕

理氏意謂，經過多年的努力，他認為自己的漢語能力有良好的進展，便決定自己著手翻譯這部著作。他按照計劃，不停研究，寫出翻譯的文字，寫出注解，他認為這些翻譯工作，沒有影響他講道與教導的宣教工作，他也不容許自己浪費光陰。

> In 1856, he first talked with some of his friends about his purpose, and among them was the Rev. Josiah Cox, of the Wesleyan Missionary Society. The question of the expense of publication came up. The author's idea was that by-and-by he would be able to digest his materials in readiness for the press, and that then he would be likely, on application, to meet with such encouragement from the British and other foreign merchants in China, as would enable him to go forward with his plan. Mr. Cox, soon after, without the slightest intimation of his intention, mentioned the whole matter to his friend, Mr. Joseph Jardine. In consequence of what he reported of Mr. Jardine's sentiments, the author had an interview with that gentlemen, when he very generously undertook to bear the expense of carrying the Work through the press. …… Mr. Jardine expressed himself favourably of the plan, and said, "I know the

〔註 12〕本書採用顧長聲：《從馬禮遜到司徒雷登》的譯名，見該書第 115 頁。

〔註 13〕James Legge, "Preface", in *Confucian Analects, The Great Learning and The Doctrine of The Mean*, Vol. I. *The Chinese Classics*, 1861, p.viii.

liberality of the merchants in China, and that many of them would readily give their help to such an undertaking, but you need not have the trouble of canvassing the community. If you are prepared for the toil of the publication, I will bear the expense of it. We make our money in China, and we should be glad to assist in whatever promises to be of benefit to it."〔註 14〕

理氏意謂，於 1856 年，他首次向他的朋友們提及出版《中國經典》的計劃，朋友之中有一個循道會宣教士郭修理牧師〔註 15〕。但此時遇到了出版經費問題，理雅各的原本想法，不久之後，他便按次序把準備好的資料送往出版社，同時，會向在華英商和其他在華外商求助，使出版順利進行。不久之後，郭修理牧師悄悄地把出版的全盤計劃告訴了他的朋友約瑟・賈丁先生〔註 16〕。郭牧師將賈丁的意見告訴理雅各，理氏與賈丁這位紳士會面，賈丁慷慨地承擔這套《中國經典》的全部出版費用。賈丁向理雅各表示贊賞這個出版計劃，並說：「在華外商都是慷慨的，他們願意幫助這個出版使命，你也不要為游說他們而煩惱，你只要出力，我便會出錢。我們從中國賺錢，我們樂於幫助對此有益的事情。」

He has translated, annotated, and reasoned, always in the first place to satisfy himself. He hopes that the volumes will be of real service to Missionaries and other students of the Chinese language and literature.〔註 17〕

理氏意謂，他翻譯、注解、思考，最重要就是要自己滿意。他希望這套《中國經典》為來華宣教士和研究中國語言文學的學者們提供真正的幫助。

根據這個序言，可見理雅各早已有一套翻譯《中國經典》的全盤計劃。而翻譯這套經典的目的，是讓來華宣教士使用，有助理解中國語言和文化，也可以為那些研究中國文化的外國學者提供幫助。

其後，他得到中國學者王韜的幫助，先後出齊了《中國經典》。王韜原來

〔註 14〕 James Legge, "Preface" in *Confucian Analects, The Great Learning and The Doctrine of The Mean*, Vol. I. *The Chinese Classics*, 1861, vol. I. p.viii.

〔註 15〕 本書採用顧長聲：《從馬禮遜到司徒雷登》的譯名，見該書第 116 頁。

〔註 16〕 本書採用顧長聲：《從馬禮遜到司徒雷登》的譯名，見該書第 116 頁。

〔註 17〕 James Legge, "Preface" in Confucian Analects, The Great Learning and The Doctrine of The Mean, Vol. I. The Chinese Classics, 1861, p.ix.

在上海倫敦傳教會開辦的墨海書館工作，1863 年乘船來到香港，擔任理雅各的助手。當時理雅各的《中國經典》頭兩卷英譯本已經出版，他正在翻譯《書經》。由於王韜的具體幫助，給他解釋難懂之處，幫他寫注釋，使他得以順利地完成英譯《書經》和《竹書紀年》等，並把《書經》作為第三卷出版。隨後王韜又幫助理雅各英譯《詩經》，作為第四卷，於 1871 年出版。第五卷《春秋左傳》，於 1872 年出版。以上均在香港出版。

理雅各於 1873 年回到英國，並在翌年向倫敦傳道會申請退休，以便全心投入《中國經典》的翻譯工作。〔註 18〕而且，因為對中國語言文字的理解，日漸深厚，他也把過去的出版作修訂和更改。〔註 19〕他於 1875 年出版了經過修訂的《孟子生平與著述》。〔註 20〕後來王韜又到了英國，幫助理雅各譯《禮記》，是書於 1885 年在倫敦出版，這是王韜幫助理雅各英譯的最後一部書。〔註 21〕

理雅各的研究與翻譯事業，於 1876 年有了新的進展，他接受了牛津大學的邀聘，成為牛津大學的中文教授，並於是年舉行就職典禮。〔註 22〕在如此有利的形勢下，他的《中國經典》修訂版，於 1893 年至 1895 年間面世。〔註 23〕這個版本對羅馬注音方面作了一些修訂。〔註 24〕

除了翻譯《中國經典》之外，他亦接受了麥克思・繆勒的邀請，為麥克思所主編的《東方聖書》翻譯中國的經典包括：《道德經》、《莊子》、《書經》、《禮記》、《易經》、以及《詩經》中與宗教相關的部份。〔註 25〕

比較理雅各《中國經典》譯本與其他相關譯本比較，我們會發現理雅各譯本的最大特色是他的注解，一般學者都著重研究他的翻譯，而疏忽了他的注解，這是理雅各所預料到的，在他寫給其夫人的信件中，理雅各說：

> 我想對整個《中國經典》翻譯和注解工作作一完整評估。可能

〔註 18〕〔美〕吉瑞德著，段懷清、周俐玲譯：《朝覲東方：理雅各評傳》，第 92～93 頁。

〔註 19〕〔美〕吉瑞德著，段懷清、周俐玲譯：《朝覲東方：理雅各評傳》，第 96～97 頁。

〔註 20〕〔美〕吉瑞德著，段懷清、周俐玲譯：《朝覲東方：理雅各評傳》，第 133 頁。

〔註 21〕顧長聲：《從馬禮遜到司徒雷登》，第 116～117 頁。

〔註 22〕〔美〕吉瑞德著，段懷清、周俐玲譯：《朝覲東方：理雅各評傳》，第 117 頁。

〔註 23〕〔美〕吉瑞德著，段懷清、周俐玲譯：《朝覲東方：理雅各評傳》，第 359 頁。

〔註 24〕〔美〕吉瑞德著，段懷清、周俐玲譯：《朝覲東方：理雅各評傳》，第 360 頁。

〔註 25〕〔英〕海倫・藹蒂絲・理著，段懷清、周俐玲譯：《理雅各：傳教士與學者》，〔美〕吉瑞德著，段懷清、周俐玲譯：《朝覲東方：理雅各評傳》本，第 510 頁。

一百個讀者當中，九十九個絲毫不會對長長的評論性的注釋在意；但是，可能會有第一百個讀者，他會發現所謂長長的注釋其實一點也不長。就只為了這第一百個讀者，我也應該將這些注釋寫出來。〔註 26〕

這段話表明理雅各對他翻譯《中國經典》中所作的注釋是非常看重的。

第三節　理雅各傑作《孟子》譯注

本書的首要目的，就是研究他的《中國經典》之中的《孟子》。理雅各先後有三個《孟子》的英文譯注本，本書根據的版本是由臺灣南天書局（SMC Publishing Inc.）影印 1895 年版的譯注本。也會參考 1861 年和 1875 年這兩個版本。

理雅各英譯《孟子》一書可分三大部份：第一是「前言」（*Prolegomena*），討論不同的題目，包括《孟子流傳史》（*Of the Works of Mencius*），《孟子及其門徒的生平》（*Mencius and His Disciple*），《楊朱與墨翟》（*Of Yang Chu & Mo Ti*）。第二大部份是「正文」，就是《孟子》英譯及注解，內容分三部份〔註 27〕：一是《孟子》原文、二是英文譯文、三是注解。每一頁的內容都可分為三部份，排在最高位的是《孟子》原文，中間部份是《孟子》英譯，最下面是注解。注解部份主要用英語，但也有使用中文。《孟子》的注解部份，是根據中國古籍、《孟子》注解、《四書》注解等典籍解釋《孟子》。第三大部份是正文之後的「索引」，這個內容也是分三部份，一是主題索引（*Of Subjects*），二是專有名詞索引（*Proper Names*），三是中文字詞索引（*Of Chinese Characters and Phrases*），在每個中文字詞之後，都有英文解釋，可說是一部簡單的中英對照字典。

本書所研究的，是正文裏面的注解。研究注解的原因，因為要有準確的翻譯就要對文字及文字背後的意念有準確的理解。研究中國經典不能脫離經典的注解，要明白理氏把中國經典翻譯成英文的準則，就必須先知道他對中國經典裏面的文字、歷史、典故、人物、地理、風俗、思想等是如何理解。從理氏的注解之中，可以知道他是如何理解上述的概念，也知道他為何有這樣的翻譯。

〔註 26〕〔英〕海倫·藹蒂絲·理著，段懷清、周俐玲譯：《理雅各：傳教士與學者》，〔美〕吉瑞德著，段懷清、周俐玲譯：《朝覲東方：理雅各評傳》本，第 520 頁。

〔註 27〕參考《附錄》三的圖片。

理氏的《孟子》英文譯注本，有三個不同版本，分別是 1861 年版、1875 年版、1895 年版。1861 年版及 1895 年版是中英對照本，這兩個版本內容和形式相當接近，注解的重要字眼經常使用中文，但解釋則使用英語，例如《孟子・滕文公上》第二章第二節「然友」〔註 28〕理雅各的注解「I suppose that 然 is the surname.」〔註 29〕引用的文獻方面，1895 年版比較 1861 年版多。最特別的是 1861 年版的標音方式是粵音，而 1895 年版則轉用了官話（普通話）的標音方式，接近現時流行的「漢語拼音」。1875 年版是全英語本，沒有《孟子》中文原文，注解全用英語。三個版本的譯文，大部份相同。

三個版本的注解用字有些不同。例如《梁惠王上》第一章的注解，1861 年版說：「In the time of Confucius, Tsin（晉）was one of the great States of the empire.」〔註 30〕意謂孔子時代，晉國是「帝國（the empire）」內的一個諸侯國。1875 年版卻說：「In the time of Confucius, Tsin was one of the great States, perhaps the greatest State, of the kingdom.」〔註 31〕意謂孔子時代晉國可能是「王國（the kingdom）」裏面最大的諸侯國。1895 年版則說：「In the time of Confucius, Tsin（晉）was one of the great States of the nation.」〔註 32〕意謂孔子時代晉國是這「國家（the nation）」裏面的諸侯國。理雅各用了帝國（empire）、王國（kingdom）和國家（nation）形容孔子時代的中國地位越來越低。自理雅各於 1843 年來到中國直到 1895 年《孟子》第三個版本出版，這段時間是清代中國由盛而衰的時期。理雅各 1843 年來到中國，清代時期的中國仍然強大，到 1895 年，列強瓜分了中國很多地方，反而英國變成當時的世界強國，受到這個政治思想影響，把孔子時代的中國也稱為普通國家「nation」。根據這個例子，理雅各的《孟子》注解用字，是受到他身處時代的政治思潮影響的。

〔註 28〕《孟子注疏》，北京：中華書局影印〔清〕阮元刻《十三經注疏》本，第五卷上，第三頁，總第五冊，第 5875 頁。

〔註 29〕James Legge, *The Works of Mencius*, vol. II. *The Chinese Classics with A Translation, Critical and Exegetical Notes, Prolegomena, and Copious Indexes*, Hong Kong: The Authors, 1861, p.112.

〔註 30〕James Legge, *The Works of Mencius*, 1861, p.1.

〔註 31〕James Legge, *The Live and Works of Mencius*, Vol. II. *The Chinese Classics*, London: Trübner & Co, 1875, p.123.

〔註 32〕James Legge. James Legge, *The Works of Mencius*, vol. II. *The Chinese Classics with A Translation, Critical and Exegetical Notes, Prolegomena, and Copious Indexes*, 1895 version Re-printed by Tai Wan: SMC Publishing Inc., 2001, p.125.

第二章　引用《易經》文獻考述

《易經》是我國一部古老的典籍，但這類文獻在周代以前有三種名稱，《周禮．春官．宗伯》云：「掌三易之灋，一曰『連山』，二曰『歸藏』，三曰『周易』。」〔註 1〕可見《周易》是周代使用的名稱。在漢魏時期是六經之首，在宋代以後則是《十三經》之首。孔穎達《周易正義序》云：「《易緯．乾鑿度》云：『易一名而含三義，所謂易也、變易也、不易也。』……鄭玄依此義作《易贊》及《易論》云：『易一名而含三義，易簡一也，變易二也、不易三也。』」〔註 2〕是以《周易》一書，是講宇宙天地萬物與及人事演變的道理。

《易經》是一部卜筮之書，其內容易充滿巫術文學，這些文學篇章，把那些巫術史料系統化和哲理化的表達。〔註 3〕所以《易經》也可說是一部「文學化的哲學著作」。〔註 4〕《易經》言、象、意之間的關係，在中國古代是文論的重要內容，在現代是文學結構關係的理論基礎和權威解讀。在文學審美視域下，《易經》的言、象、意結構成份也具有語言的韻律性、音樂性，字詞含意的精練性、多義性，闡釋義理的形象性、生動性，載義寓理的蘊藉性、豐富性，這些都是文學審美品質，使《易經》有別於一般哲學著作，具有鮮明的文

〔註 1〕《周禮注疏》，北京：中華書局影印〔清〕阮元刻《十三經注疏》本，嘉慶二十年江西南昌府學開雕版，2009 年，第二十四卷，第十一頁，總第二冊，第 1733 頁。

〔註 2〕《周易正義》，北京：中華書局影印〔清〕阮元刻《十三經注疏》本，嘉慶二十年江西南昌府學開雕版，2009 年，《周易正義序》第三至四頁，總第一冊，第 15 頁。

〔註 3〕劉大杰：《中國文學發展史》，上冊，第 9 頁。

〔註 4〕劉秀玲、高曉華：《〈易經〉文學化品質的三維結構》，《北方論叢》，2016 年，第 1 期，總第 255 期，第 24 頁。

學化傾向。〔註5〕而且，《易經‧卦辭》與及各卦的爻辭，使用了一連串的象徵和比喻，這些都是文學的表達手法。〔註6〕

《周易》的基礎是陽爻「⚊」與陰爻「⚋」，三爻重疊就成為一卦，例如乾卦「☰」、坤卦「☷」由此而演成「八卦」。八卦再重卦就變成六十四卦。相傳伏羲作八卦，周文王將之演成六十四卦。

《周易》的作者不止一人，《易‧繫辭》云：「古者庖犧氏之王天下也……於是始作八卦，以通神明之德。」〔註7〕庖犧氏即伏犧氏，所以傳統認為伏犧是八卦的創始人。〔註8〕據傳統所說是文王把八卦重疊成六十四卦，《史記‧日者列傳》云：「自伏羲作八卦，周文王演三百八十四爻而天下治。」〔註9〕解釋「卦」與「爻」的有《卦辭》與《爻辭》，《卦辭》與《爻辭》的作者，舊說是文王作《卦辭》，周公作《爻辭》，孔穎達《周易正義序‧第四論卦辭爻辭誰作》云：「驗此諸說，以為卦辭文王，爻辭周公。馬融、陸績等並同此說。」〔註10〕新說則認為《卦辭》與《爻辭》都是孔子作。皮錫瑞《經學通論》云：

> 史遷、楊雄、班固、王充但云文王重卦，未嘗云作《卦辭》、《爻辭》。當以「卦」、「爻」之辭並屬孔子所作，蓋「卦」、「爻」分畫羲、文。而「卦」、「爻」之辭皆出於孔子。如此則與易歷三聖之文不背。〔註11〕

而支持這講法的有錢基博，其《周易解題及其讀法》云：「據此諸文，明是指《卦》《爻》辭，謂之《繫辭》，若謂《繫辭上、下》四處所云：『繫辭』即是今之《繫辭》，孔子不應屢自稱其所著之書，又自言其作辭之義，且不應自稱聖人。蓋《繫辭》即《卦辭》、《爻辭》，乃孔子所作。」〔註12〕蔣伯潛《十

〔註5〕劉秀玲、高曉華：《〈易經〉文學化品質的三維結構》，《北方論叢》，第24頁。

〔註6〕李玉昆：《試談〈易經〉的文學價值》，《河北師範大學學報》，1994年，第3期，第48頁。

〔註7〕《周易正義》，北京：中華書局影印〔清〕阮元刻《十三經注疏》本，第八卷，第四頁，總第一冊，第179頁。

〔註8〕蔣伯潛：《十三經概論》，上海：上海古籍出版社，1983年，第35頁。

〔註9〕〔漢〕司馬遷：《史記》，臺北：藝文印書館，影印《乾隆武英殿刻本二十五史》，1956年，第一百二十七卷，第三頁，總第二冊，第1319頁。

〔註10〕《周易正義》，北京：中華書局影印〔清〕阮元刻《十三經注疏》本，《周易正義序》第十頁，總第一冊，第18頁。

〔註11〕〔清〕皮錫瑞：《經學通論》，北京：中華書局，1982年，第一卷，第9頁。

〔註12〕錢基博：《周易解題及其讀法》，臺北：商務印書館，1978年，第13頁。

三經概論》折衷皮錫瑞與錢基博的講法。〔註 13〕

六十四卦與及《卦辭》、《爻辭》是經。對經的解說是「傳」，包括了《彖辭》上下，《象辭》上下，《繫辭》上下、《文言》、《序卦》、《說卦》、《雜卦》合稱《十翼》。〔註 14〕相傳《十翼》是孔子所作，《漢書・藝文志》云：「孔氏為之彖、象、繫辭、文言、序卦之屬十篇。」〔註 15〕在現時流行的《周易》，《彖辭》上下、《象辭》上下、《文言》都分別置於相關的卦象之下。而《繫辭》上下、《序卦》、《說卦》、《雜卦》則獨立成編，附於經後。

《周易》的版本與注本甚多，本書是根據清人阮元刻的《十三經注疏》本《周易正義》，嘉慶二十年江西南昌府學開雕版。

理雅各英譯的《易經》，使用了兩個英文名稱，第一是 *Yî-ching*，這名稱在其英譯的《中國經典》（*The Chinese Classics*）經常使用。第二是 *The Yî King*，是其《易經》英文譯本使用的書名，這部《易經》英譯本收錄在麥克思（Max Mûller）所編輯的《東方聖書》（*The Sacred Books of the East*）第十六冊，於 1882 年在英國倫敦由 Clarendon Press 出版。

理雅各英譯《孟子》注引用《易經》的文字共有 2 段。都是《易經・繫辭》中的文字。

第一節　「神農」考

理氏引用《繫辭》「神農氏作」解釋《孟子》「神農」的意思，作歷史人物溯源。《滕文公上》第四章第一節：「有為神農之言者，許行。」〔註 16〕

理雅各《孟子》英譯本注：

> Shăn-năng, "Wonderful husbandman", is the style of the second of the five famous 帝, or early "sovereigns," of Chinese history. He is also called Yen（炎）Tî, "the Blazing Sovereign." He is placed between Fû-hsî and Hwang Tî, though separated from the latter by an intervention of seven reigns, extending with his own over 515 years. If any faith could

〔註 13〕蔣伯潛：《十三經概論》，1983 年，第 39～40 頁。

〔註 14〕蔣伯潛：《十三經概論》，1983 年，第 41 頁。

〔註 15〕〔漢〕班固撰，〔清〕王先謙補注：《漢書補注》，虛受堂刻本，第三十卷，第四頁，上冊，第 867 頁。

〔註 16〕《孟子注疏》，北京：中華書局影印〔清〕阮元刻《十三經注疏》本，第五卷下，第一頁，總第五冊，第 5883 頁。

be reposed in this chronology, it would place him B. C. 3212. In the appendix to the *Yî-ching*, he is celebrated as the Father of Husbandry. Other traditions make him the Father of Medicine also.〔註 17〕

理氏的意思是說，神農「Shăn-năng」，「神妙農夫」，是中國歷史最初的五帝中第二帝的稱號。他也被稱為炎帝，「光輝之帝」，神農的時代是在伏犧與黃帝之間，雖然有些學者說到上古時期的皇帝，在神農之外加上了七個統治者〔註 18〕，神農統治時間應該是 515 年，如果這個帝王年表是可靠的，神農應該是西元前 3212 年的人。據《易經》的附錄，神農又被稱為農業之父，另外又有一個說法則指他是醫藥之父。

理氏所說的「《易經》附錄」，是指《周易・繫辭下》。茲引述《周易・繫辭下》的文字如下：「包犧氏沒，神農氏作。斲木為耜，揉木為耒，耒耨之利以教天下，蓋取諸《益》。日中為市，致天下之民，聚天下之貨，交易而退，各得其所，蓋取諸《噬嗑》。」〔註 19〕根據《周易》此段文字，神農氏製造了各式務農器具，教人民使用這些農具作耕稼之業。除此之外，神農也發展商業式經濟活動，通貨物之有無。但理氏則只看到神農的農業貢獻。

至於理氏所云另一種傳統是講神農嘗百草，此說可見諸西漢陸賈的《新語・道基》篇，其云：「至於神農，以為行蟲走獸，難以養民，乃求可食之物，嘗百草之實，察酸苦之味，教民食五穀。」〔註 20〕行蟲走獸是肉類，神農教百姓在肉類之外，可以選擇植物做糧食，在此所講「嘗百草之實」是指食物而非藥物，《新語》仍然是把神農氏描寫成農業之父的形象。

西漢淮南王劉安《淮南子・脩務》云：「古者民茹草飲水，採樹木之實，食蠃蠬之肉。時多疾病毒傷之害，於是神農乃始教民播種五穀，相土地，宜燥溼肥墝高下，嘗百草之滋味，水泉之甘苦，令民知所避就。當此之時，一日而遇七十毒。」〔註 21〕《淮南子》之文字，說到神農因為當時的百姓不懂分別食物的好與壞，經常吃野生植物，有中毒的危機。於是教人民以務農為生，又親

〔註 17〕James Legge, *The Works of Mencius*, p.246.

〔註 18〕這是指「三皇五帝」時期。

〔註 19〕《周易正義》，北京：中華書局影印〔清〕阮元刻《十三經注疏》本，第八卷，第五頁，總第一冊，第 180 頁。

〔註 20〕〔西漢〕陸賈：《新語》，上海：上海書店，《諸子集成》本，第七冊，1986 年，第 12 頁。

〔註 21〕〔西漢〕劉安著，高誘注：《淮南子》，上海：上海書店，《諸子集成》本，第七冊，1986 年，第 331 頁。

嘗百草與水，使百姓知道如何選取食物以避免中毒，《淮南子》仍然沒有將神農描寫成醫藥之父的意思。

直到唐朝的司馬貞，他寫了《三皇本紀》補充司馬遷的《史記》，出現了神農是醫藥之父的觀念，其文如下：

> 炎帝神農氏，姜姓。母曰女登，女媧氏之女，為少典妃，感龍而生炎帝。人身牛首，長於姜水，因以為姓。火德王，故曰炎帝。以火名官。斲木為耜，揉木為耒，耒耨之用，以教萬人。始教耕，故號神農氏。於是作蜡祭，以赭鞭鞭草木，始嘗百草，始有醫藥。又作五弦之瑟，教人日中為市，交易而退，各得其所。遂重八卦為六十四卦，初都陳，後居曲阜。立一百二十年崩。〔註 22〕

司馬貞用「始有醫藥」形容神農「嘗百草」的意義，使神農變成了醫藥之父。

理氏引《易經．繫辭》只是解釋「神農」此人的歷史，然而對《孟子．滕文公上》所講的「神農之言」卻沒有任何解釋，《孟子》所指者是神農之言，亦即神農氏的學說，所謂神農之言，是屬於農家之學說，這種學說主張藉農業解決衣食問題，但又主張君臣並耕，班固：《漢書．藝文志》云：「農家者流，蓋出農稷之官，播百穀，勸耕桑，以足衣食。故八政曰：一曰食，二曰貨，孔子曰：所重民食。此其所長也。及鄙者為之，以為無所事聖王，欲使君臣竝耕，誖上下之序也。」〔註 23〕又云：「《神農》二十篇。」〔註 24〕顏師古：《漢書注》云：「六國時，諸子疾時怠於農業，道耕農事，託之神農。師古曰：『劉向《別錄》云：疑李悝及商君所說。』」〔註 25〕《神農》二十篇之書，可能是商君及李悝假託是神農氏的作品，然而，在戰國時代，據《孟子》所載，「農家」已經建立了他們的理論系統是肯定的。即使《神農》二十篇是商君等人託名神農氏所作，也反映了戰國期間，已經有「農家」的理論流傳，商君等人才可以有資料編寫此書。焦循《孟子正義》云：

〔註 22〕〔唐〕司馬貞：《補史記．三皇本紀》，收入〔漢〕司馬遷：《史記》，臺北：藝文印書館影印乾隆武英殿刻本，1956 年，第一至二頁，總第二冊，第 1365 頁。

〔註 23〕〔漢〕班固撰，〔清〕王先謙補注：《漢書補注》，虛受堂刻本，第三十卷，第四十九頁，上冊，第 889 頁。

〔註 24〕〔漢〕班固撰，〔清〕王先謙補注：《漢書補注》，虛受堂刻本，第三十卷，第四十九頁，上冊，第 889 頁。

〔註 25〕〔漢〕班固撰，〔清〕王先謙補注：《漢書補注》，虛受堂刻本，第三十卷，第四十九頁，上冊，第 889 頁。

商子《畫策篇》云:「神農之世，公耕而食，婦織而衣，刑政不用而治。」《呂氏春秋·愛類篇》云:「神農之教曰：士有當年而不耕者，則天下或受其饑矣。女有當年而不績者，則天下或受其寒矣。故身親耕，妻親績，所以見致民利也。」神農之教，即所謂神農之言也。〔註26〕

可見《孟子》「神農之言」亦即是農家者流的學說主張，就是男耕女織，發展農業，男與女到了適當年齡就要參與這些工作，不能怠惰。這種理論的最終目的，是過自給自足的生活，這是典型的農家生活。〔註27〕

由此言之，理雅各的注解有兩點值得商榷，第一是把「神農」說成是五帝中的第二位，然而根據漢人司馬遷《史記·五帝本紀》所載，並無神農氏。唐代司馬貞撰《三皇本紀》一文，則把神農氏置於伏羲之後，軒轅之前。第二是把「神農」說是「醫藥之父」，也是由司馬貞的《三皇本紀》一文而來。上兩個描述神農的特點都是從《三皇本紀》而來，不是出自《易經》。再者，理雅各只解釋了神農，而沒有解釋「神農之言」，故此理氏的注解對《孟子》這段經文的思想沒有足夠的發明。

第二節 「抱關擊柝」考

理氏引用《易經·繫辭》「重門擊柝」解釋《孟子》:「抱關擊柝」。《萬章下》第五章第三節:「辭尊居卑，辭富居貧，惡乎宜乎？抱關擊柝。」〔註28〕

理雅各《孟子》英譯本注云:「抱關 (going round the barrier-gates,『embracing』them, as it were) and 擊柝 are to be taken together, and not as two things, or offices; see the *Yî-ching*, App. III. Sect. II. 18.」〔註29〕理氏之意是抱關，圍繞城門。與擊柝聯合一起解釋，不應分開。或可解作相關的小吏。參考《易經·附錄三》第二段，第十八節。

理氏的《孟子》英譯本此節是:「Such an one as that of guarding the gates,

〔註26〕〔清〕焦循:《孟子正義》，北京：中華書局，標點本，1987年，上冊，第365頁。

〔註27〕傅佩榮:《孟子新解》，南京：譯林出版社，2012年，上冊，第245頁。

〔註28〕《孟子注疏》，北京：中華書局影印〔清〕阮元刻《十三經注疏》本，第十卷下，第五頁，總第五冊，第5971頁。

〔註29〕James Legge, *The Works of Mencius*, p.383.

or beating the watchman's stick.」〔註 30〕可中譯為：「此人做守城門或擊打巡邏的木條。」亦把抱關擊柝看成是同一人的工作。可見理氏的《孟子》英譯與英註都是一致的把抱關擊柝看作是同一人的工作。

但是理氏如此解釋「抱關擊柝」，頗有問題。先引述他所引的《周易．繫辭下》的經文云：「重門擊柝，以待暴客，蓋取諸豫。」〔註 31〕，而理氏的《易經》英譯本則把這段文字譯成：「They made the (defence of the) double gates, and (the warning of) the clapper, as a preparation against the approach of marauding visitors. The idea of this was taken, probably, from Yü (the sixteenth hexagram).」〔註 32〕中文意思是：「他們作出雙重門作防禦，並以撞鐘作警號，目的是抗拒來搶掠的暴客。這個理念是從第十六卦「豫卦」得來的。」

據韓康伯的注解「豫卦」有預備的意思。〔註 33〕《繫辭》這句話可解作設置重門，擊柝巡夜，防備盜賊的侵襲，是從豫卦取象的。〔註 34〕所以，重門與擊柝是不同的，不能合而為一解釋，這一點理氏的《易經》英譯的意思也是分開的。

至於《孟子．萬章下》的「抱關擊柝。」參考《荀子》與王先謙的《荀子集解》會有清楚的理解。《荀子．榮辱篇》云「監門、御旅、抱關、擊柝而不自以為寡。」〔註 35〕王先謙：《荀子集解》云：「監門，主門也。御旅，御讀為迓，迓旅，逆旅也。抱關，門卒也。擊柝，擊木所以警夜者，皆知其分，故雖賤而不以為寡也。」〔註 36〕據此而言，抱關與擊柝明顯是兩個不同的小吏，職位的性質明顯不同。況且，《孟子．萬章下》此章最後一句是「位卑而言高，罪也。立乎人之本朝，而道不行，恥也。」其意是每個職位都有其分。故此，抱

〔註 30〕James Legge, *The Works of Mencius*, p.383.

〔註 31〕《周易正義》，北京：中華書局影印〔清〕阮元刻《十三經注疏》本，第八卷，第七頁，總第一冊，第 181 頁。

〔註 32〕James Legge, trans. *The Yî King*, in *The Sacred Books of the East* Vol. XVI, Oxford, Clarendon Press, 1882, P.384.

〔註 33〕《周易正義》，北京：中華書局影印〔清〕阮元刻《十三經注疏》本，第八卷，第七頁，總第一冊，第 181 頁。

〔註 34〕南懷瑾、徐芹庭註譯：《周易今註今易》，臺北：商務印書館，1977 年，第 400 頁。

〔註 35〕〔先秦〕荀卿撰、王先謙集解：《荀子集解》，臺北：藝文印書館，1967 年，第二卷，第二十四頁，總第 103 頁。

〔註 36〕〔先秦〕荀卿撰、王先謙集解：《荀子集解》，臺北：藝文印書館，第二卷，第二十四頁，總第 103 頁。

關與擊柝應該是兩個職位，兩位小吏，才合乎《孟子》之意。理氏之解釋把兩職合為一人，並不合理。

第三節　理雅各引用《易經》文獻的文學技巧

理氏運用「神話人物闡述」的文學進路解釋「神農」。理氏沒有解釋「神農之言」，卻解釋「神農」，把「神農」形容作「農業之父」、「醫藥之父」，趨向了「神話人物闡述」的路向。「神農」是中國神話的人物，因此，也是中國民間文學的人物。

中國神話，是指古往今來生活於這片土地之上的各個民族創造的全部神話的集合。中國神話按照其表現的內容，可以分為六大類，分別是宇宙起源神話、人類起源神話、洪水再生神話和其他災難神話、族群起源神話、文化發明神話、戰爭神話。〔註 37〕

文化發明神話是原始人關於自己生活使用的重要物品、技術，以及各種文化制度的發明過程的神話。其主角可以是神靈，也可以是半人半神的文化英雄、遠古聖賢。中國自古以來一直以農業為本，被視為「農業之父」的神農一直備受崇拜。神話中的神農是一位神聖的人類導師。〔註 38〕

神話在流傳過程中，一直受宗教觀念的變化、文化環境的變化、人類意識形態的變化等因素影響，所以神話人物的形象也隨之改變。〔註 39〕神話發展到文學也有一過程，神話的內在流動變化，使得主角、配角的形態逐漸人性化，也從而使這些神話獲得更多藝術和文學的氣氛與性質。因為神話的流動變化，一個神話又會吸收了異質神話的內容，使其內容趨向多元性，由原來的簡約發展至多元錯綜的藝術美。〔註 40〕神話到文學的過程，許多獨立存在的個別神話在某種機緣下被形成若干有共同中心的神話羣。

「神農」神話也是朝著上述方式演變。理氏沒有詳細剖析神農神話的改變，只是概括式的講出神農身份與角色的演變，這種演變，恰恰是神話演變文學的過程。

〔註 37〕劉守華、陳建憲主編：《民間文學教程》，武漢：華中師範大學出版社，2013 年，第 36 頁。

〔註 38〕劉守華、陳建憲主編：《民間文學教程》，第 41 頁。

〔註 39〕王孝廉：《中國的神話與傳說》，香港：文化社，1976 年，第 2～4 頁。

〔註 40〕王孝廉：《中國的神話與傳說》，第 5～6 頁。

第四節　小結

理雅各英譯的《易經》名稱，共有兩個，第一是 *Yî-ching*，第二是 *The Yî King*。

理雅各一共引用了《易經・繫辭》兩段文字解釋《孟子》，第一段是用來解釋神農氏，但理氏只是做了歷史人物的考察，對《孟子》「神農之言」並無闡述與研究，神農之言是戰國時期的「農家」學說，主張人人勞力，自給自足。

第二段是用來解釋「抱關擊柝」，是防禦的行政與設施的考察。理氏認為「抱關」與「擊柝」是同一人的工作，即守門與打更是同一人，這個解說與《孟子》原意不合。實際上，抱關是守門的門卒，而擊柝則猶如打更者，是兩個不同的職位與工作，把兩個職位分開才符合《孟子》的原意。

理氏引《易經》「重門擊柝」解釋《孟子》的「抱關擊柝」其實並不貼切，因為重門者是指雙重的門，是防禦設施，相對於「抱關」是門卒小吏，兩者並不對稱。

理氏考究了政治制度，包括了人事行政上的抱關、擊柝，設施制度上的重門，可惜其理解《孟子》有所偏差。

理氏闡釋神農，概述了在不同時代環境的神農，神農身份的演變，可說是由神話人物轉移至文學人物。

第三章　引用《書經》文獻考述

《書經》又稱《尚書》，在秦漢以前簡稱《書》，《論語·為政》云：「《書》云：『孝乎惟孝、友于兄弟，施於有政。』是亦為政，奚其為為政？」〔註1〕在漢代已稱之為《尚書》，《史記·五帝本紀》載：「然《尚書》獨載堯以來」。〔註2〕《尚書》是古代相傳的史料，經孔子編修而成，此說可信。〔註3〕

《尚書》是經書，也是一部記言的史料文獻滙編，《漢書·藝文志》云：「古之王者，世有史官，君舉必書。所以慎言行，昭法式也。左史記言，右史記事。事為《春秋》，言為《尚書》」〔註4〕《尚書》也是中國最古的散文集，〔註5〕是中國記言文學的鼻祖。〔註6〕文字古雅，文學技巧超過了較早時代的甲骨卜辭和銅器銘文，每篇文誥單獨成篇，結構完整，文學思想與藝術已頗為成熟，對先秦歷史散文有重大影響。〔註7〕

《尚書》的文學語言結構，形體上是較成熟的語錄體，按時間順序方式、編次、整理和歸納虞、夏、商周各代的重大歷史事件。而且，《尚書》的文學語

〔註1〕《論語注疏》，北京：中華書局影印〔清〕阮元刻《十三經注疏》本，嘉慶二十年江西南昌府學開雕版，2009年，第二卷，第七頁，總第五冊，第5349頁。

〔註2〕〔漢〕司馬遷：《史記》，臺北：藝文印書館，影印《乾隆武英殿刻本二十五史》，第一卷，第二十九頁，總第一冊，第40頁。

〔註3〕蔣伯潛：《十三經概論》，第96頁。

〔註4〕〔漢〕班固撰，〔清〕王先謙補注：《漢書補注》，虛受堂刻本，第三十卷，第十八頁，上冊，第874頁。

〔註5〕劉大杰：《中國文學發展史》，上冊，第66頁。

〔註6〕袁行霈主編：《中國文學史》，第1卷，第75頁。

〔註7〕袁行霈主編：《中國文學史》，第1卷，第75頁。

言，多數採用對話體形式，言簡意賅，論述精闢，具有很強的說服力。〔註 8〕書中各篇，不少三字與四字式語句，是對仗方式，如《舜典》的「直而溫，寬而栗。剛而無虐，簡而無傲。」〔註 9〕又使用大量的比喻，把抽象的思想具體化，〔註 10〕例如《盤庚》的「若網在綱，有條不紊。若農服田力穡，乃亦有秋。」〔註 11〕這裏用了兩個比喻教人君施政的原則，一是「若網在綱，有條不紊。」就是把網繫在綱上，才能有條理而不紊亂，比喻人君施政要「有條不紊」。〔註 12〕二是「若農服田力穡，乃亦有秋。」藉農民稼穡有時，力役有時，順著大自然的規律而行，比喻人君施政要知所先後。這是也成語「有條不紊」的出處，可見《書經》文學藝術對後世的影響。以史為鑒，以歷史事實做證據的「事實論證」方法，也是《書經》的文學手法，〔註 13〕例如《酒誥》〔註 14〕是周公向康叔解釋衛國實行戒酒的原因和意義，周公舉了一正一反兩個歷史事件作例子，解釋不沉湎於酒則國家興旺，反之則終至敗亡。〔註 15〕

理氏《孟子英譯》本注解，對《孟子》與《書經》都有所闡釋，顯示出文學語言與文學典故的意義。

《尚書》自漢代以來，引起很大爭論，就是今古文之爭。《今文尚書》簡單而言，是從伏生傳下來的《尚書》，秦始皇焚書時期，伏生把其收藏的《尚書》偷偷地藏在牆壁裏。〔註 16〕漢文帝派遣時任太常掌故的鼂錯跟隨伏生學習《尚書》，《史記・儒林傳》云：「伏生者，濟南人也，故為秦博士。孝文帝時，欲求能治《尚書》者，天下無有，乃聞伏生能治，欲召之。是時，伏生年九十餘，老不能行，於是乃召太常，使掌故鼂錯往受之。」〔註 17〕班固：《漢書・

〔註 8〕楊樺：《〈尚書〉德政思想及其文學表述》，東北師範大學，碩士學位論文，2010 年，第 19 頁。

〔註 9〕《尚書正義》，北京：中華書局影印〔清〕阮元刻《十三經注疏》本，第三卷，第二十六頁，總第一冊，第 276 頁。

〔註 10〕楊樺：《〈尚書〉德政思想及其文學表述》，第 21 頁。

〔註 11〕《尚書正義》，北京：中華書局影印〔清〕阮元刻《十三經注疏》本，第九卷，第五頁，總第一冊，第 358 頁。

〔註 12〕屈萬里：《尚書今註今譯》，臺北：商印書館，1969 年，第 54 頁。

〔註 13〕張宜斌：《〈尚書〉論說文研究》，中南民族大學，碩士學位論文，2009 年，第 33 頁。

〔註 14〕《尚書正義》，北京：中華書局影印〔清〕阮元刻《十三經注疏》本，第十四卷，第十四至二十四頁，總第一冊，第 436～441 頁。

〔註 15〕張宜斌：《〈尚書〉論說文研究》，第 33 頁。

〔註 16〕錢穆：《中國史學名著》，臺北：三民書局，重印第二版，2002 年，第二頁。

〔註 17〕〔漢〕司馬遷：《史記》，臺北：藝文印書館影印清乾隆武英殿刊本，第一冊，

爰盎、鼂錯列傳》所載，與《史記》相差不遠，其云：

> 鼂錯，潁川人也。學申商刑名於軹張恢生所。與雒陽宋孟及劉帶同師。以文學為太常掌故。……孝文時天下亡治《尚書》者，獨聞齊有伏生，故秦博士，治《尚書》，年九十餘，老不可徵。迺召太常，使人受之。太常遣錯受《尚書》伏生所，還，因上書稱說，召以為太子舍人，門大夫。〔註18〕

伏生的《尚書》原本是用篆體文字書寫，但對漢代人而言，不易認識，晁錯將之改寫成漢代通行的隸書，因此，晁錯從伏生所受的《尚書》稱今文《尚書》。〔註19〕

古文《尚書》是從孔安國傳下來的，班固《漢書．藝文志》云：古文《尚書》者，出孔子壁中。武帝末，魯宮王壞孔子宅欲以廣其宮，而得古文《尚書》及《禮記》、《論語》、《孝經》凡數十篇，皆古字也。……孔安國者孔子後也，悉得其書以考二十九篇，得多十六篇。安國獻之，遭巫蠱事，未列于學官。」〔註20〕這部從孔子宅中發現的《尚書》，原本是用「古籀」文字寫成，〔註21〕故班固稱之為「古文」。

據此，《書經》有不同的版本。《尚書》的今古文之爭，是非常重大的課題，近年出土的郭店楚簡、上博簡、清華簡等文獻，有些與文獻與《尚書》有關，也許藉出土文獻及文物的幫助，對《尚書》今古文之爭的研究有新的啟發。本書的目的是研究理雅各《孟子》注引用的儒家《五經》文獻，《尚書》今古文的爭論不是本書討論的範圍。

本書的《尚書》版本，是清人阮元刻《十三經注疏》本《尚書正義》，嘉慶二十年江西南昌府學開雕版。雖然有不少學者認為，這個《尚書》版本不是孔子所編訂，也不是西漢末年晚出的《古文尚書》，而被稱為《偽古文尚書》，但自唐代孔穎達撰《五經正義》，採用了這個被稱為《偽古文尚書》及《偽孔

第一百二十一卷第八頁，總第一冊，第1276頁。

〔漢〕司馬遷：《史記》，香港：中華書局，1975年，第六冊，第3124頁。

〔註18〕〔漢〕班固撰、〔清〕王先謙補注：《漢書補注》，虛受堂刻本，下冊，第四十九卷第八頁，下冊，第1072頁。

〔註19〕〔清〕皮錫瑞：《經學通論》，第一卷，第48～49頁。

〔註20〕〔漢〕班固撰、〔清〕王先謙補注：《漢書補注》，虛受堂刻本，上冊，第三十卷第七頁，上冊，第868頁。

〔註21〕〔清〕皮錫瑞：《經學通論》，第一卷，第48～49頁。

傳》的版本，唐以後遂成為定本，而成為今本《尚書》。〔註22〕本書講到《尚書》時，會稱作《尚書》或《書經》，而講到所謂《偽孔傳》時，一律稱作孔安國《尚書傳》。

理氏翻譯《書經》就是用了《十三經・尚書》，即所謂《偽古文尚書》理氏使用的中文名稱是《書經》，英文名稱就有好幾個，第一是 *Shû-ching*，第二是 *Shoo King*，第三是 *The Book of Historical Documents*。

理氏引用《書經》解釋《孟子》的方式，並無直接列出《書經》整段經文，只說明出自《書經》的卷數、篇數及章數，理氏所指的卷數與篇數都是根據他的《書經》英文譯本的卷數與篇數而言。所以在本書翻譯理氏的英文注解時，就把卷數與篇數的名稱據阮元刻《十三經注疏・尚書》列出卷數、篇數和名稱。

第一節　理雅各引用《書經》篇名及分類考論

理雅各翻譯《書經》有其獨自的體例，首先仿效孫星衍：《尚書今古文注疏》，把《書序》獨立成章，但卻放在《書經》本書之前。〔註23〕第二是把《堯典》歸類作《唐書》。〔註24〕

理氏《尚書》英文譯注本，第一部份是《唐書・堯典》〔註25〕；第二部份是《虞書》〔註26〕，包括《舜典》、《大禹謨》、《皐陶謨》、《益稷》。第三部份是《夏書》〔註27〕，包括《禹貢上》、《禹貢下》、《甘誓》、《五子之歌》、《胤征》。第四部份是《商書》〔註28〕，包括《湯誓》、《仲虺之誥》、《湯誥》、《伊訓》、《太甲上》、《太甲中》、《太甲下》、《咸有一德》、《盤庚上》、《盤庚中》、《盤庚下》、《說命上》、《說命中》、《說命下》、《高宗肜日》、《西伯戡黎》、《微子》。第五部份是《周書》〔註29〕，包括《泰誓上》、《泰誓中》、《泰誓下》、《牧誓》、《武成》、《洪範》、《旅獒》、《金縢》、《大誥》、《微子之命》、《康誥》、《酒誥》、《梓材》、《召誥》、《洛誥》、《多士》、《無逸》、《君奭》、《蔡仲之命》、《多

〔註22〕蔣伯潛：《十三經概論》，第 96 頁。
〔註23〕James Legge, *The Shoo King*, in *The Chinese Classic* vol. II, Re-prented 1865 version by Tai Wan: SMC Publishing Inc., 2001, vol. II. pp.1~14.
〔註24〕James Legge, *The Shoo King*, p.15.
〔註25〕James Legge, *The Shoo King*, pp.15~27.
〔註26〕James Legge, *The Shoo King*, pp.29~90.
〔註27〕James Legge, *The Shoo King*, pp.91~171.
〔註28〕James Legge, *The Shoo King*, pp.173~279.
〔註29〕James Legge, The Shoo King, pp.281~630.

方》、《立政》、《周官》、《君陳》、《顧命》、《康王之誥》、《畢命》、《君牙》、《冏命》、《呂刑》、《文侯之命》、《費誓》、《秦誓》。

理氏這個《尚書》文獻分類，有些問題值得討論，主要是《堯典》與《舜典》的分類。阮刻《十三經注疏》，把《堯典》與《舜典》都歸入《虞書》，而沒有《唐書》。理氏把《堯典》歸於《唐書》，《舜典》歸於《虞書》，表面上是把這種分法按歷史分期而歸類，但實際上是不理解中國傳統分法所致。唐、虞是堯、舜的兩個歷史年代，周秉鈞：《尚書易解》云：「堯與舜，相傳為我國原始社會後期部落聯盟之兩位著名首領。堯屬陶唐氏，名勳，史稱唐堯。舜屬有虞氏，名重華，史稱虞舜。」〔註30〕自漢朝以來，研究《尚書》的學者，都把《堯典》、《舜典》稱為《虞書》，而由《堯典》至《胤征》又合稱虞夏之書。因為《堯典》是由舜的史官所撰寫，而且《堯典》的結束部份，是說堯起用舜的歷史，孔穎達《尚書正義》云：「堯典雖曰唐事，本以虞史所錄，末言舜登庸由堯，故追堯作典，非唐史所錄，故謂之虞書也。鄭玄云：『舜之美事，在於堯時，是也。』案馬融、鄭玄、王肅別錄題，皆曰虞夏書，以虞同科，雖虞事，亦連夏。」〔註31〕孔穎達之言，可謂代表了《尚書》的傳統觀念。

理氏將《堯典》稱作《唐書》，是根據《說文解字》而來，其《書經》英譯本注云：「《唐書》—— In so denominating this portion of the work, I follow the authority of Hea Shin（許慎，of the 2nd cent.），who in his dict.（the《說文》）quotes part of par. 8 as from the《唐書》。」〔註32〕理氏意謂，把《堯典》這卷書歸類作《唐書》，這個分類方式是根據許慎《說文解字》而來。因為，這字典的《禾部・稘》字引用《堯典》經文時，是說從《唐書》而來。

今考之《說文》，理氏講的理據，出自《說文・禾部》之稘字，《說文》云：「稘，復其時也。从禾，其聲。《唐書》曰：『稘三百有六旬』。」〔註33〕許氏所引者，乃見諸《堯典》。而《說文》另一稱《唐書》之文，乃出自心字部之愻字，其文云：「愻，順也。从心，孫聲。《唐書》曰：五品不愻。」〔註34〕此

〔註30〕尚秉鈞：《尚書易解》，湖南：嶽麓書社，1984年，第1頁。

〔註31〕《尚書正義》，北京：中華書局影印〔清〕阮元刻《十三經注疏》本，嘉慶二十年江西南昌府學開雕版，2009年，第二卷，第二頁，總第一冊，第247頁。

〔註32〕James Legge, *The Shoo King*, p.15.

〔註33〕〔漢〕許慎著，〔清〕段玉裁注：《說文解字注》，上海：上海古籍出版社影印經韻樓藏版，1981年，第七篇上，第五十四至五十五頁，總第328～329頁。

〔註34〕〔漢〕許慎著，〔清〕段玉裁注：《說文解字注》，第十篇下，第二十九至三十頁，總第504～505頁。

引文見諸今本《舜典》。此一問題，段玉裁：《說文解字注》禾部之稘字之注解頗詳，其云：

> 《唐書》大徐作《虞書》。考心部稱「《唐書》五品不遜」，大小徐本同。此則小徐作《唐書》，大徐作《虞書》。他稱堯典者凡二十五，皆云《虞書》不云《唐書》。參差不畫一，未得其解。竊謂《尚書》鄭贊云：「三科之條、五家之教」。三科者，古文家說，《虞夏書》、《商書》、《周書》是也。五家者，今文家說，《唐書》、《虞書》、《夏書》、《商書》、《周書》是也。虞夏同科，則自《堯典》至《甘誓》為《虞夏書》，《湯誓》以下為《商書》，《太誓》、《牧誓》以下為《周書》。五家，《堯典》為《唐書》，《皐陶謨》為《虞書》，《禹貢》、《甘誓》為《夏書》，《湯誓》以下為《商書》，《大誓》、《牧誓》以下為《周書》。〔註35〕

可見，稱《堯典》為唐書者，是今文家之說，理氏不理解《尚書》今古文問題之複雜性，而簡單以《說文》為據，而理氏又稱《舜典》為虞書，殊不知《說文》亦把《舜典》稱為《唐書》。由此可見，理氏對《尚書》的研究歷史所知不多。

第二節　引用《書經‧虞書考》

一、引用《虞》、《夏》之書考

理氏引《書經》的《虞》、《夏》之書的幾篇文獻為《孟子》作歷史事件溯源，《滕文公上》第四章第七節：

> 當堯之時，天下猶未平，洪水橫流，氾濫於天下；草木暢茂，禽獸繁殖；五穀不登，禽獸偪人；獸蹄鳥迹之道，交於中國。堯獨憂之，舉舜而敷治焉。舜使益掌火；益烈山澤而焚之，禽獸逃匿。禹疏九河，瀹濟、漯而注諸海；決汝、漢，排淮、泗而注之江，然後中國可得而食也。當是時也，禹八年於外，三過其門而不入，雖欲耕，得乎？〔註36〕

〔註35〕〔漢〕許慎著，〔清〕段玉裁注：《說文解字注》，第七篇上，第五十五頁，總第329頁。

〔註36〕《孟子注疏》，北京：中華書局影印〔清〕阮元刻《十三經注疏》本，第五卷下，第二至三頁，總第五冊，第5884頁。

理雅各《孟子》英譯本注云：

> It is difficult to go beyond Yâo for the founding of the Chinese kingdom. The various questions which would arise here, however, will be found discussed in the first part of the *Shû-ching*. It is only necessary to observe in reference to the calamity here spoken of, that it is not presented as the consequence of a deluge, or sudden accumulation of water, but from the natural river channels being all broken up and disordered. 横 in 4th tone, "disobedient", "unreasonable." …… 堯獨憂之, —— the 獨 seems to refer to Yâo's position as sovereign, in which it belonged to him to feel this anxiety. For the laboures of Shun, Yî and Yü see the *Shû-ching*, Parts I, II, III.〔註 37〕

理氏之意是，中華帝國的出現，很難說是在帝堯之前。《孟子》這兒有些問題，會在《書經》第一部份提及。我們只需要注意這裏所載的災難，而這些災難不是洪水或水位突然高漲造成的後果。而是自然的河提崩潰不受控制。「横」讀第四聲，意謂「不服從」或「不合理」，「堯獨憂之」的「獨」是指堯做了君王而言，因此而使他心中焦慮，舜、益、禹之事見諸《書經》第一，二、三部份（《唐書》、《虞書》、《夏書》）。

理氏謂《孟子》此段經文所講的事件，可見諸《堯典》、《虞書》及《夏書》，說法正確。《滕文公上》第四章這段經文，分別見諸《堯典》、《舜典》及《益稷謨》，但大部份都是《虞書》為主。

先討論理氏的讀音問題，1861 年版的《孟子》英譯本注解，理氏在這段注釋云：「横—— low. 3d tone，」〔註 38〕這是粵語的讀音，意思是「横」讀陽調第三聲，或者是陽去聲。根據何文匯《粵音正讀字彙》「横」字有兩音，第一是陽平聲，「横，戶盲切。ˌwaŋ，横行，縱横。」〔註 39〕第二是陽去聲「横，戶孟切，_waŋ，横逆，驕横。」〔註 40〕理雅各顯然是取了陽去聲「横逆」之意。理雅各於 1843 年抵達香港，到 1861 年出版《四書》，大部份時間都是在香港做基督教的傳教工作，對著以粵語為主的香港人或廣東人，以粵語溝通是

〔註 37〕James Legge, *The Works of Mencius*, p.250~251.

〔註 38〕James Legge, *The Works of Mencius*, 1861, p.127.

〔註 39〕何文匯、朱國潘編：《粵音正讀字彙》，香港：香港教育圖書公司，2001 年，第 46 頁。

〔註 40〕何文匯、朱國潘編：《粵音正讀字彙》，第 46 頁。

正常之事，使用粵音作標音方式是順理成章。

本書根據的 1895 年版《孟子》英譯本注，則云：「橫 in 4th tone」，「橫」讀第四聲，在此版本，理氏完全沒有使用陰平、陽平的標音方式，轉用這種結合了威妥瑪漢字注音方法與及《東方聖書》使用過的方法。〔註 41〕理氏用當時稱為官話的讀音，以普通話來說是第四聲或去聲，根據《康熙字典》所載，「橫」有五個讀音，其一是第二聲或陽平聲，其二是第四聲或去聲「héng，《唐韻》：『戶盲切』。……縱橫也，東西曰縱，南北曰橫。……hèng，《集韻》、《正韻》並『戶孟切』。衡去聲。不順理也。《孟子》：『待我以橫逆』。」〔註 42〕理氏是採取「hèng」這個讀音，其意思亦符合《堯典》、《舜典》所講洪水橫流的狀況。

《堯典》云：「帝曰：『咨！四岳。湯湯洪水方割，蕩蕩懷山襄陵，浩浩滔天。』」〔註 43〕就是堯帝向四岳咨詢，洪水滔天，四處橫流，請四岳推薦治水的能人。眾臣推薦鯀，《堯典》云：「僉曰：『於，鯀哉！』……九載，績用弗成。」〔註 44〕堯起用鯀，但鯀治水九年，未能成功。堯又向眾臣咨詢，問誰可以繼其帝位，眾臣推薦舜，《堯典》載：「有鰥在下，曰虞舜。」〔註 45〕《堯典》雖無講舜治水之事，但按其時的水患而言，治水應該是舜在試用期間的主要工作。

帝舜登位後，命禹擔任治水的工作。《舜典》云：「帝曰：『俞咨！禹，汝平水土，惟時懋哉！』禹拜稽首，讓于稷、契暨皋陶。帝曰：『俞，汝往哉！』」〔註 46〕舜帝命禹治水，禹禮貌地讓予他人，但舜帝一定要禹擔任治水之職。舜帝又命益治理山林土地，管理草木鳥獸，《舜典》載：「帝曰：『疇若予上下草木鳥獸？』僉曰：『益哉！』帝曰：『俞咨！益，汝作朕虞。』益拜稽

〔註 41〕〔美〕吉瑞德著，段懷清、周俐玲譯：《朝覲東方：理雅各評傳》，第 360 頁。

〔註 42〕〔清〕康熙御撰，漢語大詞典編纂處標點整理：《康熙字典》，上海：漢語大詞典出版社標點整理本，2002 年，第 501 頁。

〔註 43〕《尚書正義》，北京：中華書局影印〔清〕阮元刻《十三經注疏》本，第二卷，第十九頁，總第一冊，第 256 頁。

〔註 44〕《尚書正義》，北京：中華書局影印〔清〕阮元刻《十三經注疏》本，第二卷，第十九頁，總第一冊，第 256 頁。

〔註 45〕《尚書正義》，北京：中華書局影印〔清〕阮元刻《十三經注疏》本，第二卷，第二十四頁，總第一冊，第 258 頁。

〔註 46〕《尚書正義》，北京：中華書局影印〔清〕阮元刻《十三經注疏》本，第三卷，第二十一頁，總第一冊，第 274 頁。

首，讓于朱、虎、熊、羆。帝曰：『俞，往哉！汝諧。』」〔註 47〕益又禮貌地讓予他人，但舜帝也一定要益擔任這個管理工作。

禹疏九河之事，見諸《益稷謨》：「禹曰：『洪水滔天，浩浩懷山襄陵；下民昏墊。予乘四載，隨山刊木。暨益奏庶鮮食。予決九川，距四海；濬畎澮距川。暨稷播，奏庶艱食鮮食，懋遷有無化居。烝民乃粒，萬邦作乂。』」〔註 48〕而禹治水的詳情，區分地域疆界，使各地物產得以繁茂，就記載於《夏書・禹貢》。〔註 49〕

《孟子・滕文公上》第四章此段經文，是孟子採用《尚書》不同的篇章形容堯舜禹的古代社會情況。帝堯當政的時代，社會並未安定下來，水災為患，四處泛濫，草木長滿遍地，鳥獸大量地繁殖，穀物卻毫無收成；這些飛禽走獸危及百姓，四周都是它們的跡影。堯為此情況非常憂慮，選拔舜出來統管治理水災的工作。舜於是命令伯益擔任火政，伯益便用烈火燒毀山野沼澤的草木，鳥獸逃跑入森林躲藏。大禹則專責疏濬九河，引濟水漯水流入海，挖深汝水漢水，疏導淮水泗水流入長江，水患平息，中國才可以再次耕種。在治水期間，禹在外八年，曾經三次經過自己家門，都沒有進去。在這個情況之下，可以親自種地嗎？〔註 50〕

《孟子》的目的是回答農家者流許行之言，堯、舜、禹三者都是勞心治天下，為百姓解決困難，平水土之患，使百姓衣食足，又教百姓仁、義、孝之道，勞心憂民。正如張居正《四書集註闡微直解》云：「則其所憂，乃知人安民之要務，實皆治亂安危之所關，而未嘗屑屑於其小也。……堯舜之憂，惟在於得人，誠以得人之所繫為甚大也。」〔註 51〕堯、舜、禹三人都是得人心、做大事。

孟子是藉帝堯治國團隊平息水患的貢獻，否定農家者流許行的言論，突出

〔註 47〕《尚書正義》，北京：中華書局影印〔清〕阮元刻《十三經注疏》本，第三卷，第二十四至二十五頁，總第一冊，第 275～276 頁。

〔註 48〕《尚書正義》，北京：中華書局影印〔清〕阮元刻《十三經注疏》本，第五卷，第一頁，總第一冊，第 296 頁。

〔註 49〕《尚書正義》，北京：中華書局影印〔清〕阮元刻《十三經注疏》本，第六卷，第一至三十四頁，總第一冊，第 307～323 頁。

〔註 50〕楊伯峻：《孟子譯注》，北京：中華書局，1965 年，上冊，第 128 頁。

〔註 51〕〔明〕張居正：《四書集註闡微直解》，北京：北京出版社，四庫未收書輯刊編纂委員會編：《四庫未收書輯刊》本，2000 年，第二輯，第十二冊，第十八卷，第二十九頁，總第 544 頁。

了治國之人的勞心情況，與及團隊精神的重要性。這與農家者流強調勞力工作，人人靠自己雙手養活自己的理論是完全相反的。農家者流，可以個人靠耕作而得日用飲食，而君王所憂者，是如何解決社會民生問題，雖然大禹是親身四出治水，然綜觀虞夏之書，都強調治國團隊的重要性，故此，堯、舜所勞心者，是如何建立一治國團隊，推行教化。這些政治、文化、民生問題，並不是單單從事耕作就可解決。理氏只能指出《孟子》言論的出處，未能對此段文字作思想的剖析。

二、引用《堯典》考

理氏一共引用《堯典》四次來解釋《孟子》，茲分別論述之。

（一）

理氏引用《書經．堯典》解釋《孟子》所講「放勳」與「聖人」。《滕文公上》第四章第八節：「放勳曰：『勞之來之，匡之直之，輔之翼之，使自得之；又從而振德之。』聖人之憂民如此，而暇耕乎？」〔註 52〕

理雅各《孟子》英譯本注云：

> What has made 聖人 be taken as plural, is that the instructions addressed to Hsieh are said to be from 放 (3rd tone) 勳, which are two of the epithets applied to Yâo in the opening sentence of the *Shû-ching*, who is therefore supposed to be the speaker. Yet it was Shun who appointed Hsieh, and gave him his instructions, and may not Mencius intend him by "The highly meritorious"? The address itself is not found in the *Shû-ching*. 〔註 53〕

是甚麼原因使聖人寫成眾數？因為向契講這些命令的人，是放勳，在《堯典》的開頭，這是兩個對堯的稱謂。而且，尚有舜對契講這些命令，可能孟子在此段的目的不是高度贊揚舜。《孟子》這裏所講的話，不見於《書經》。

先解釋「放勳」的問題，《尚書．堯典》云「曰若稽古帝堯，曰放勳。」〔註 54〕孔穎達《尚書正義》：云「放勳，堯名。皇甫謐同。一云：放勳，堯

〔註 52〕《孟子注疏》，北京：中華書局影印〔清〕阮元刻《十三經注疏》本，第五卷下，第三頁，總五冊，第 5884 頁。

〔註 53〕James Legge, *The Works of Mencius*, p.252.

〔註 54〕《尚書正義》，北京：中華書局影印〔清〕阮元刻《十三經注疏》本，第三卷，第二十二頁，總第一冊，第 274 頁。

字。」〔註55〕放勳就是堯的名字，這是跟從《史記》之說，司馬遷《史記．五帝本紀》云：「帝嚳娶陳鋒氏女，生放勛。……帝堯者，放勳。」〔註56〕放勛即是放勳，是堯生下來就由父母改定的名字。張守節《史記正義》云：「放，音方往反。勳，亦作勛，音許云反。言堯能放上代之功，故曰放勛。謚堯。姓尹祁氏。」〔註57〕司馬貞《史記索隱》亦云：「堯，謚也。放勳，名。帝嚳之子，姓尹祁氏。」〔註58〕那麼堯是放勳死後的謚號。

另一個問題，是理氏把《滕文公上》第四章第八節「聖人之憂民如此」的聖人譯作複數「sages」〔註59〕，是正確的翻譯，因為此句若與下文連讀，就成為「聖人之憂民如此，而暇耕乎？堯以不得舜為己憂，舜以不得禹、皋陶為己憂。」〔註60〕《滕文公上》所講的「聖人」，應該是指堯與舜兩人而言，所以理氏把聖人譯作複數「sages」是顧及《孟子》上下文義的翻譯。而理氏指出《孟子》：「放勳曰……」這段文字不見於《尚書》，是正確理解，因為關於「放勳」的事蹟，主要記載於《尚書》，所以理氏有此一說，以免讀者誤解此言出自《尚書》。

而《孟子．滕文公上》第四章這段經文，是反駁許行的農家者流的言論。此章第一節便說：「有為神農之言者許行……陳相見許行大悅，盡棄其學而學焉。陳相見孟子，道許行之言。〔註61〕」聖人所憂慮的是天下之事，而治天下必須要有人才輔助，聖人需要花心力與時間尋找人才共治國家。在此可以看到，孟子所提倡者，是羣體式的管治天下，治天下者不單止是君王之事，更需要好的輔政團隊。反觀農家者流的理想，是治理田地，是為自己有沒有糧食而擔憂，是偏向個人或小家庭為單位的政治思維。

〔註55〕《尚書正義》，北京：中華書局影印〔清〕阮元刻《十三經注疏》本，第二卷，第六頁，總第一冊，第249頁。

〔註56〕〔漢〕司馬遷：《史記》，臺北：藝文印書館影印清乾隆武英殿刊本，第一卷，第十頁，總第一冊，第30頁。

〔註57〕見〔漢〕司馬遷：《史記》，臺北：藝文印書館影印清乾隆武英殿刊本，第一卷，第十頁，總第一冊，第30頁。

〔註58〕見〔漢〕司馬遷：《史記》，臺北：藝文印書館影印清乾隆武英殿刊本，第一卷，第十頁，總第一冊，第30頁。

〔註59〕James Legge, *The Works of Mencius*, p.252.

〔註60〕《孟子注疏》，北京：中華書局影印〔清〕阮元刻《十三經注疏》本，第五卷下，第三頁，總五冊，第5884頁。

〔註61〕《孟子注疏》，北京：中華書局影印〔清〕阮元刻《十三經注疏》本，第五卷下，第一頁，總五冊，第5883頁。

（二）

理氏引《書經・堯典》為《孟子》所載歷史事件溯源。《萬章上》第一章第三節「帝使其子九男二女，百官牛羊倉廩備，以事舜於畎畝之中。天下之士多就之者，帝將胥天下而遷之焉。為不順於父母，如窮人無所歸。」〔註 62〕

理雅各《孟子》英譯本注云：

> See the *Shû-ching*, I. par. 12, but the various incidents of the particular honours conferred on Shun, and his influence, are to be collected from the general history of him and Yâo. There is, however, an important discrepancy between *Mencius's* account of Shun, and that in the *Shû-ching*. There, when he is first recommended to Yâo by the high officers, they base their recommendation on the fact of his having overcome the evil that was in his parents and brother, and brought them to self-government. The *Shû-ching*, moreover, mentions only one son of Yâo, Tan Chû（丹朱）, and says nothing of the nine who are here said to have been put under the command of Yâo.〔註 63〕

理氏的意思是，參考《書經・堯典》，很多加在舜身上的光榮事件，與及舜的影響，《孟子》是從其他關於堯、舜的史料收集的。所以，《孟子》所講舜的事情與《書經》會有差異。《書經》提及舜初次被堯的顧問推薦給堯，是基於舜克服從父母與弟弟而來的毒害，而且又把他們引導至自我改善又不犯罪。《書經》只講到堯的一個兒子「丹朱」〔註 64〕，其他九位沒有提及。但《孟子》卻講到堯命令他們。

茲把《尚書・堯典》整段與帝舜有關的記載引述如下：

> 帝曰：「咨！四岳。朕在位七十載，汝能庸命，巽朕位。」岳曰：「否德忝帝位。」曰：「明明揚側陋。」師錫帝曰：「有鰥在下，曰虞舜。」帝曰：「俞！予聞，如何？」岳曰：「瞽子，父頑，母嚚，象傲；克諧，以孝烝烝，乂不格姦。」帝曰：「我其試哉！」女于時，

〔註 62〕《孟子注疏》，北京：中華書局影印〔清〕阮元刻《十三經注疏》本，第九卷上，第二頁，總五冊，第 5946 頁。

〔註 63〕James Legge, *The Works of Mencius*, p.343~344.

〔註 64〕《尚書・益稷謨》載：「無曰丹朱傲。」見《尚書正義》，北京：中華書局影印〔清〕阮元刻《十三經注疏》本，第五卷，第十頁，總第一冊，第 300 頁。

觀厥刑于二女。釐降二女于媯汭，嬪于虞。帝曰：「欽哉！」〔註 65〕

堯在位七十年，需要退位讓賢，請四方諸侯推薦人選。眾人推選舜謂「有鰥在下，曰虞舜。」孔安國《尚書傳》曰：「無妻曰鰥。虞，氏。舜，名。」〔註 66〕可見舜被薦之時，尚未成親。眾臣推薦舜的理由是：「瞽子，父頑，母嚚，象傲。克諧，以孝烝烝，乂不格姦。」

瞽者，孔安國《尚書傳》曰：「無目曰瞽。舜父有目不能分別好惡，故時人謂之瞽。」〔註 67〕孫星衍《尚書今古文注疏》云：「史公『瞽』為『盲』者，《說文》云：『盲，目無牟子。』『瞽，目但有眹也。』是盲即瞽。」〔註 68〕孔穎達《尚書正義》云：

> 《史記》云：「舜父瞽瞍」盲以為瞽，瞍是名。身實無目也。孔不然者，以經說舜德行，以其能養惡人，父自名瞍。何須言之。若實無目，即是身有固疾，非善惡之事，輒言舜是盲人之子，意欲何所見乎。《論語》云：「未見顏色而言謂之瞽。」則言瞽者，非謂無目。《史記》又說：「瞽瞍又使舜上廩，從下縱火焚廩。使舜穿井，下土實井。若其身自能然，不得謂之無目，明以不識善惡，故稱瞽耳。」〔註 69〕

據上述學者之言，舜父之瞽者，乃不能分辨善惡之瞽。

頑者，孫星衍《尚書今古文注疏》引《廣雅・釋詁》云：「愚也，又鈍也。」〔註 70〕孔安國《尚書傳》曰：「心不則德義之經為頑。」〔註 71〕舜父之愚鈍者，心無德義者也。

「嚚」者，孫星衍《尚書今古文注疏》云：「《說文》云：『語聲也。』蓋

〔註 65〕《尚書正義》，北京：中華書局影印〔清〕阮元刻《十三經注疏》本，第二卷，第廿四頁，總第一冊，第 258 頁。

〔註 66〕《尚書正義》，北京：中華書局影印〔清〕阮元刻《十三經注疏》本，第二卷，第廿四頁，總第一冊，第 258 頁。

〔註 67〕《尚書正義》，北京：中華書局影印〔清〕阮元刻《十三經注疏》本，第二卷，第廿四頁，總第一冊，第 258 頁。

〔註 68〕〔清〕孫星衍：《尚書今古文注疏》，北京：中華書局，1986 年，上冊，第 30 頁。

〔註 69〕《尚書正義》，北京：中華書局影印〔清〕阮元刻《十三經注疏》本，第二卷，第廿七頁，總第一冊，第 260 頁。

〔註 70〕孫星衍：《尚書今古文注疏》上冊，第 30 頁。

〔註 71〕《尚書正義》，北京：中華書局影印〔清〕阮元刻《十三經注疏》本，第二卷，第廿四頁，總第一冊，第 258 頁。

多語也。」〔註 72〕黃懷信白話語譯此句云:「母親經常用假話欺騙父親陷害他。」〔註 73〕這語譯頗為貼切,可見,「母嚚」者,是指舜的母親滿口假話。

象傲者,孔安國《尚書傳》云:「象,舜弟之字,傲慢不友。」〔註 74〕孔穎達《尚書正義》云:「《釋訓》云:『善兄弟為友。』《孟子》說,象與父母共謀殺舜,是傲慢不友。」〔註 75〕

「克諧,以孝烝烝,乂不格姦。」此句,孔安國《尚書傳》云:「諧和,烝進也。言能以至孝和諧頑嚚昏傲,使進進以善,自治不至於姦惡。」〔註 76〕孫星衍《尚書今古文注疏》:

> 烝烝者,《廣雅・釋訓》云:「孝也。」王氏引之云:「謂之烝烝者,言孝德之厚美也。」《大雅・文王・有聲》云:「文王烝哉。」《韓詩》云:「烝,美也。」……「乂,治」,「格,至」,皆《釋詁》文。治,謂舜能內治。《列女傳》云:「舜猶內治,靡有姦意。」史公意當亦然也。《偽傳》云:「使以善自治」是謂舜化其父母及弟。《孟子》述象日以殺舜為事,知治為自治之安也。〔註 77〕

《尚書》整段經文,都是說百官推薦舜的原因,是因為舜的孝義之心。而《孟子・萬章上》第一章第三節則是說帝堯接納了百官的推薦之後,把其九子二女和百官牛羊讓舜管理。《尚書》所載之事早於《孟子》,兩者一先一後,理氏引《尚書》此段以解《孟子》,又說二者所載有異,其實是沒有注意到時序之不同。

《孟子》此段經文說帝堯安排他的孩子,一共九男二女帶著百官和牛羊、糧食等東西,到田野中一起服務舜。很多的有識之士也到舜那裏去,在這情況下,堯把管理天下的責任交給舜。舜卻因為沒有得到父母的歡心,好像鰥寡孤獨的人找不著依靠的模樣。〔註 78〕孟子的目的是回答他的弟子萬章的問題,萬章問孟子舜帝怨慕父母的事,孟子回答了舜怨慕父母的意思之後,引

〔註 72〕孫星衍:《尚書今古文注疏》,上冊,第 30 頁。

〔註 73〕黄懷信:《尚書注訓》,山東:齊魯書社,2009 年,第 15 頁。

〔註 74〕《尚書正義》,北京:中華書局影印〔清〕阮元刻《十三經注疏》本,第二卷,第廿四頁,總第一冊,第 258 頁。

〔註 75〕《尚書正義》,北京:中華書局影印〔清〕阮元刻《十三經注疏》本,第二卷,第廿七頁,總第一冊,第 260 頁。

〔註 76〕《尚書正義》,北京:中華書局影印〔清〕阮元刻《十三經注疏》本,第二卷,第廿四頁,總第一冊,第 258 頁。

〔註 77〕孫星衍:《尚書今古文注疏》,上冊,第 30 頁。

〔註 78〕楊伯峻:《孟子譯注》,上冊,第 207 頁。

用堯帝與群臣接納舜繼承帝位，並且用家庭來考驗舜的史事，以解釋舜的孝道，《堯典》記載舜有了家庭妻子，也有了財富地位，甚至天下的人都歸順了舜，但他依然因為不能得到父母的歡心而悶悶不樂，舜的孝道在這些行為中顯示無遺，舜沒有因為其有了身份地位而忘記他的父母。舜自小便面對很多家庭問題，從小就受到家人的不公平對待，但舜仍然盡孝道孝敬父母，盡愛心愛護弟弟，只有孝順的人才會終身思慕父母。在不公平的環境下，仍然盡力做到合乎孝道的人，是充滿奮發向上的人，不會因為困難而作出違背原則的事情，這是舜帝可以得到青睞的原因。〔註 79〕

（三）

理氏用《書經・堯典》解釋《孟子》所載的「丹朱」，為歷史人物溯源。《萬章上》第六章第二節：「丹朱之不肖，舜之子亦不肖；舜之相堯、禹之相舜也，歷年多，施澤於民久。啟賢，能敬承繼禹之道；益之相禹也，歷年少，施澤於民未久。舜、禹、益相去久遠，其子之賢不肖皆天也，非人之所能為也。」〔註 80〕

理雅各《孟子》英譯本注云：「Tan-chû was the son of Yâo; see the *Shû-ching*, I. 9.」〔註 81〕理氏意謂，丹朱是帝堯之子，見《堯典》第九章。

茲引《尚書・堯典》之經文云：「帝曰：『疇咨若時登庸？』放齊曰：『胤子朱啟明。』」〔註 82〕此處所講「胤子」是指「胤國子爵」。〔註 83〕而「朱」是帝堯之子，則是孔穎達引用馬融、鄭玄的講法，孔穎達《尚書正義》云：「馬蝸、鄭玄以為帝之胤子曰朱也。」〔註 84〕丹朱之名，首見於《尚書・益稷謨》：「無若丹朱傲。」〔註 85〕孔安國《尚書傳》云：「丹朱堯子。」〔註 86〕孔

〔註 79〕傅佩榮：《孟子新解》，下冊，第 66～68 頁。
〔註 80〕《孟子注疏》，北京：中華書局影印〔清〕阮元刻《十三經注疏》本，第九卷下，第三至四頁，總第五冊，第 5955 頁。
〔註 81〕James Legge, *The Works of Mencius*, p.359.
〔註 82〕《尚書正義》，北京：中華書局影印〔清〕阮元刻《十三經注疏》本，第二卷，第十九頁，總第一冊，第 256 頁。
〔註 83〕《尚書正義》，北京：中華書局影印〔清〕阮元刻《十三經注疏》本，第二卷，第十九頁，總第一冊，第 256 頁。
〔註 84〕《尚書正義》，北京：中華書局影印〔清〕阮元刻《十三經注疏》本，第二卷，第二十一頁，總第一冊，第 257 頁。
〔註 85〕《尚書正義》，北京：中華書局影印〔清〕阮元刻《十三經注疏》本，第五卷，第十頁，總第一冊，第 300 頁。
〔註 86〕《尚書正義》，北京：中華書局影印〔清〕阮元刻《十三經注疏》本，第五卷，第十頁，總第一冊，第 300 頁。

穎達《尚書正義》云：「《漢書．律曆志》曰：『堯讓舜，使子朱處於丹淵為諸侯，則朱是名，丹是國也。』」〔註87〕

《孟子》論丹朱之不肖，是承其上文的意思而來，孟子回答帝位承傳的問題時，認為「天與賢則與賢，天與子則與子。」〔註88〕所謂天與賢或與子，實際是民受賢與受子。唐端正《先秦諸子論叢：續編》云：「孟子認為天子不能以天下與人，亦不能使天與之天下。天子只能把他的理想人選，推薦於天，當天接受了天子的推薦後，這位候選人才被上天正式任命。但由於天不言，因此所謂天受之，實際上是民受之，所謂天與之，實際上是民與之。」〔註89〕《孟子》說天命，實際是人民的意願。

孟子不單只解釋帝位之承傳有天命的意向，人的賢與不肖也不是人力可以控制，也是有天意在其中，堯的兒子丹朱不肖，舜的兒子也不肖，完全不像他們的父親。舜、禹、益相距的時間長短，不是人可以決定，他們的兒子好與壞，也不是他們可以決定，都有天意所在。〔註90〕

（四）

理氏引用《書經．堯典》解釋《孟子》所講唐、虞之意義。《萬章上》第六章第七節云：「孔子曰：『唐虞禪，夏后、殷、周繼，其義一也。』」〔註91〕

理雅各《孟子》英譯本注云：「唐 and 虞 are Yâo and Shun; see the *Shû-ching*, I, II.」〔註92〕理氏意謂，唐、虞就是堯與舜，見《書經》的《唐書》和《虞書》。

根據理雅各翻譯之《尚書．堯典》云：「尚書．唐書．堯典。」〔註93〕而其翻譯之《尚書．舜典》則云：「尚書．虞書．舜典。」〔註94〕

先討論堯的禪位，《尚書．堯典》曰：「帝曰：『咨！四岳。朕在位七十載，

〔註87〕《尚書正義》，北京：中華書局影印〔清〕阮元刻《十三經注疏》本，第五卷，第十二頁，總第一冊，第301頁。

〔註88〕《孟子注疏》，北京：中華書局影印〔清〕阮元刻《十三經注疏》本，第九卷下，第三頁，總第五冊，第5955頁。

〔註89〕唐端正：《先秦諸子論叢：續編》，臺北：東大圖書公司，1983年，第5頁。

〔註90〕楊伯峻：《孟子譯注》，上冊，第223頁。

〔註91〕《孟子注疏》，北京：中華書局影印〔清〕阮元刻《十三經注疏》本，第九卷下，第四頁，總第五冊，第5955頁。

〔註92〕James Legge, *The Works of Mencius*, p.361.

〔註93〕James Legge, *The Shoo King*, p.15.

〔註94〕James Legge, *The Shoo King*, p.29.

汝能庸命，巽朕位。』岳曰：『否德忝帝位。』曰：『明明揚側陋。』師錫帝曰：『有鰥在下，曰虞舜。』」〔註95〕孔安國《尚書傳》曰：

> 堯年十六，以唐侯升為天子，在位七十年，則時年八十六，老將求代。巽，順也。言四岳能用帝命，故欲使順行帝位之事。否，不。忝，辱也。辭不堪。堯知子不肖，有禪位之志，故明舉明人在側陋者，廣求賢也。師，眾。錫，予也。無妻曰鰥，虞氏，舜名。在下民之中，眾臣知舜聖賢，恥己不若，故不舉，乃不獲己而言之。〔註96〕

帝堯希望四岳能夠有人繼續帝位，但四岳不敢當此大任，眾大臣於是推舉舜，帝堯知道舜之為人與性格之後，就試驗舜的處事，最後將帝位禪讓給舜。〔註97〕

至於舜帝禪讓的事件，可見諸《尚書．舜典》：「舜曰：『咨！四岳。有能奮庸，熙帝之載，使宅百揆，亮采惠疇？』僉曰：『伯禹作司空。』帝曰：『俞咨！禹，汝平水土，惟時懋哉！』禹拜稽首，讓于稷、契暨皋陶。帝曰：『俞，汝往哉！』」〔註98〕孔安國《尚書傳》曰：「訪群臣有能起發其功廣堯之事者。……四岳同辭而對，禹代鯀為宗伯，入為天子司空，治洪水成功，言可用之。」〔註99〕無論是舜與禹，都是由帝王詢問四岳之意見，由朝臣推薦王位繼承人。這是堯、舜、禹三代帝王的禪讓制之大概。但這種制度到了夏啟開始就變成傳子制度。

《萬章上》此段經文，是承上文「天與賢則與賢」而來，講述古代帝王承傳與轉變。萬章認為夏禹之後，帝位承傳的制度，由傳賢的禪讓制轉變作傳子的家族制，這種轉變是表示從禹以來就道德衰微落了。〔註100〕孟子就說「唐虞禪，夏后、殷、周繼，其義一也。」是指帝位承傳的制度轉變，唐堯、虞舜

〔註95〕《尚書正義》，北京：中華書局影印〔清〕阮元刻《十三經注疏》本，第二卷，第廿四頁，總第一冊，第258頁。

〔註96〕《尚書正義》，北京：中華書局影印〔清〕阮元刻《十三經注疏》本，第二卷，第廿四頁，總第一冊，第258頁。

〔註97〕《尚書正義》，北京：中華書局影印〔清〕阮元刻《十三經注疏》本，第二卷，第廿四頁，總第一冊，第258頁。

〔註98〕《尚書正義》，北京：中華書局影印〔清〕阮元刻《十三經注疏》本，第三卷，第二十二頁，總第一冊，第274頁。

〔註99〕《尚書正義》，北京：中華書局影印〔清〕阮元刻《十三經注疏》本，第三卷，第二十二頁，總第一冊，第274頁。

〔註100〕《孟子注疏》，北京：中華書局影印〔清〕阮元刻《十三經注疏》本，第九卷下，第三頁，總第五冊，第5955頁。

禪讓制度，把天子讓賢，而夏、商、周三代卻轉變作由子孫承傳，都是一樣的道理。〔註 101〕這道理就是天命所歸，帝王承傳的制度的轉變是天意。關於這種制度的轉變，錢穆有獨到見解，錢穆《國史大綱》云：

> 大抵堯、舜、禹之禪讓，只是古代一種君位推選制。經後人之傳述而理想化。……當時尚未有國家之組織，各部落間互相推一酋長為諸部落之共主。即《尚書》所謂岳牧咸薦也。此如烏桓、鮮卑、契丹、蒙古，其君主皆由推選漸變而為世襲，唐虞時代之禪讓，正可用此看法。禹之後有啟，蓋至是而始進於君位世襲之時代，則已儼然有國家之規模矣。此猶契丹之有耶律阿保機，蒙古自成吉思汗後，大汗之位，雖非成吉思汗之子孫莫屬，然仍由忽必烈而合推戴，至仁宗始自建儲。啟以後因君位世襲之制既定，遂有夏朝的建立。〔註 102〕

這種禪讓制度，是儒家一直以來所提倡的政治思想，唐端正《先秦諸子論叢：續編》云：「禪讓和革命，都是在公天下的前提下才能講的。既然天下為公，天子也不能以天下與人。孟子為了說明堯讓舜，不是將天下私相授受，便特別提出天與之、人與之之說。我們寧勿論這些解說是否合乎歷史事實，至少是儒家一貫的政治理想。」〔註 103〕

孟子用天意來解釋君子承傳制度的轉變，反映了大勢所趨，有天意與人意的配合，夏朝天下傳遞四百多年，若非天命所歸與人心所向，根本不可能延續長久的年代，這種天意與人意之所歸，與錢穆所講的由部落制成熟至國家制之說，並無矛盾。

三、引用《舜典》考

理氏一共七次引用《舜典》解釋《孟子》，茲分別討論如下。

（一）

理氏引用《尚書‧舜典》，為《孟子》所載的歷史事件溯源，《滕文公上》第四章第八節：「后稷教民稼穡，樹藝五穀，五穀熟而民人育。人之有道也，飽食、煖衣、逸居而無教，則近於禽獸。聖人有憂之，使契為司徒，教以人倫：

〔註 101〕楊伯峻：《孟子譯注》，上冊，第 223 頁。

〔註 102〕錢穆：《國史大綱》，臺北：國立編譯館出版，修訂本，1977 年，上冊，第 8～9 頁。

〔註 103〕唐端正：《先秦諸子論叢：續編》，第 4 頁。

父子有親，君臣有義，夫婦有別，長幼有序，朋友有信。」〔註 104〕

理雅各《孟子》英譯本注云：「Haû-chî, now received as a proper name, is properly the official title of Shun's Minister of Agriculture, Ch' î（棄）。契（read Hsieh）was the name of his minister of Instruction. For these men and their works, see the *Shû-ching*, Part II.」〔註 105〕理氏是說，后稷現在看作專有名詞，在古代卻是舜帝治下的農業部長，名棄。契是舜的教育部長。他們的事蹟見於《書經》第二部份。

理氏所說者是《尚書・舜典》，其文云：「帝曰：『棄！黎民阻飢。汝后稷，播時百穀。』帝曰『契，百姓不親，五品不遜。汝作司徒，敬敷五教，在寬。』」〔註 106〕棄是后稷，孔穎達《尚書正義》云：「帝呼稷曰棄」。〔註 107〕此段經文之「五品」、「五教」，孔穎達《尚書正義》云：「品，謂品秩，一家之內尊卑之差，即父母兄弟子是也。……文十八年《左傳》云：『布五教於四方，父義、母慈、兄友、弟恭、子孝，是布五常之教也。』」〔註 108〕《尚書》這段文字，說明后稷棄負責農業發展，解決百姓的糧食問題。契做司徒，負責人倫教化的工作。〔註 109〕

理氏認為現代學者把「后稷」看作專有名詞，然而此專有名詞指甚麼專有名詞，理氏並無提及，現討論之。據孔穎達《尚書正義》所言，『稷』是一官職名稱，而「后」是主管或主理之意，其云：「稷是五穀之長，立官主此職事。后訓君也。帝言：汝君此稷官布種。」〔註 110〕但在《詩經・生民》之中，后稷是一個專稱，是周王室族人的始祖，《生民》云：「厥初生民，時維姜嫄……載生載育，時維后稷。」〔註 111〕鄭玄《毛詩箋》云：「生子而養長，名之曰棄，舜臣堯

〔註 104〕《孟子注疏》，北京：中華書局影印〔清〕阮元刻《十三經注疏》本，第五卷下，第三頁，總第五冊，第 5884 頁。

〔註 105〕James Legge, *The Works of Mencius*, p.251~252.

〔註 106〕《尚書正義》，北京：中華書局影印〔清〕阮元刻《十三經注疏》本，第三卷，第二十二頁，總第一冊，第 274 頁。

〔註 107〕《尚書正義》，北京：中華書局影印〔清〕阮元刻《十三經注疏》本，第三卷，第二十二頁，總第一冊，第 274 頁。

〔註 108〕《尚書正義》，北京：中華書局影印〔清〕阮元刻《十三經注疏》本，第三卷，第二十二頁，總第一冊，第 274 頁。

〔註 109〕黃懷信：《尚書注訓》，第 23 頁。

〔註 110〕《尚書正義》，北京：中華書局影印〔清〕阮元刻《十三經注疏》本，第三卷，第二十二頁，總第一冊，第 274 頁。

〔註 111〕《毛詩正義》，北京：中華書局影印〔清〕阮元刻《十三經注疏》本，嘉慶二

而舉之，是為后稷。」〔註112〕孔穎達《詩經正義》云：「本其初生，故謂之生民，民則人所不識，后稷是顯見之號，故言是維后稷以結之。」〔註113〕可見，專有名詞者，實則是周王室對其始祖的專稱。理氏把「棄」稱為「農業部長」，稱「契」為「教育部長」，是使用了現代化的官職名稱，使現代人容易理解。

至於《孟子》引用這段文字的意思，張居正《四書集註闡微直解》云：

> 孟子敘堯舜憂民之事說：「水土既平，則民有可耕之地矣。於是又命棄為后稷之官，使之教民稼穡，習耕耘收穫之事，以種植五穀，由是五穀成熟，天下之民家給人足，皆相生相養，而無復阻饑之患矣。然民莫不有秉彝之性，若使飽食暖衣，居處安逸，而無以教之，又將耽於佚豫，習為邪侈，至於滅性亂倫，而違禽獸不遠矣，故聖人又有憂焉。於是以契為司徒之官，而教民以人倫之道，使天下之人，父止于慈，子止於孝，而有恩以相親；使臣以禮，事君以忠，而有義以相與；夫婦則有分辨，而不相混淆；長幼則有次序，而不相僭越，朋友則以誠信相交，而無有欺詐。蓋此五者，皆人所固有之倫，必設法以教之，而後民性可復也。然其立教之方何如？帝堯命契之辭說：教民之道，因人而施，有勉強修行者，則慰勞以安之；有回心向道者，則引進以來之，所以嘉其善如此；有制行邪僻者，則閑之使歸於正，有立心回曲者，則矯之使歸於直，所以救其失如此；有樹立不定者，則扶助而立之；有進修不前者，則誘掖而行之，所以濟其不逮如此。既使之優遊厭飫，而自得其本然之性矣，猶恐其放佚怠惰而失之也，又必時時申飭，提振警覺，以加曲成之惠焉。」這等多方造就，教思無窮，然後人倫可明，而百姓可親也。堯之命契如此。夫水土方平，即思所以養之；衣食既足，又思所以教之，聖人之勞心憂民，汲汲皇皇，不能一日釋如此，而暇於耕乎？〔註114〕

《孟子》引用《書經．舜典》這段經文，是承接其上文帝堯治理了水患之

十年江西南昌府學開雕版，2009年，第十七卷一，第一至二頁，總第一冊，第1137頁。

〔註112〕《毛詩正義》，北京：中華書局影印〔清〕阮元刻《十三經注疏》本，第十七卷一，第二頁，總第一冊，第1137頁。

〔註113〕《毛詩正義》，北京：中華書局影印〔清〕阮元刻《十三經注疏》本，第十七卷一，第二頁，總第一冊，第1137頁。

〔註114〕〔明〕張居正：《四書集註闡微直解》，第十八卷，第二十九頁，總第544頁。

後所作出的教化工作。目的是駁斥農家者流所謂人人都要下田耕種的理論，孟子認為勞心的人是擔任管治的工作，而勞力的人就被勞心的人管治，聖人是做管治者，為百姓勞心，有很多事情需要顧慮與計劃，根本無時間從事耕種工作〔註 115〕。孟子亦批評農家者流的最大缺點，只能滿足人民的衣食，只可以解決人的肉體生命的需要。但人天生有精神生命，有一種向上推展的德性生命，孟子認為農家的學說將人的生命降低至禽獸生命的層次。孟子肯定肉體需要是重要的，堯與舜首先是解決這個困難，但不可以停留在這個階段。孟子認為人君藉推動教化培養百姓的人倫思想，這是仁、義、禮的基礎。君主憂心所在，是如何使百姓追求德性，如何使百姓成聖。

（二）

理氏引《尚書・舜典》解釋《孟子》所講的「虞人」，作政治制度溯源。《滕文公下》第一章第二節：「孟子曰：『昔齊景公田，招虞人以旌，不至，將殺之。志士不忘在溝壑，勇士不忘喪其元。孔子奚取焉？取非其招不往也。』」〔註 116〕

理雅各《孟子》英譯本注云：「The 虞人 was an officer as old as the time of Shun, who appoints Yî（益）, *Shû-ching*, II. i. 22, saying that『he could rightly superintend the birds and beasts of the fields and trees on his hills, and in his forests.』」〔註 117〕理氏的意思是，虞人是一官職名稱有很長歷史，始自帝舜。據《書經・舜典》帝舜任命益擔任「虞人」，他可以正確地管理鳥類、田野的動物、山上的樹木。

據《尚書・舜典》云：「帝曰：『疇若予上下草木鳥獸。』僉曰：『益哉。』帝曰：『俞咨益，汝作朕虞。』」〔註 118〕孔穎達《尚書正義》云：「此官以虞為名。」〔註 119〕疇者，誰也，《爾雅・釋詁》曰：「疇，熟，誰也。」〔註 120〕朱

〔註 115〕傅佩榮：《孟子新解》，上冊，第 251 頁。

〔註 116〕《孟子注疏》，北京：中華書局影印〔清〕阮元刻《十三經注疏》本，第六卷上，第一頁，總第五冊，第 5893 頁。

〔註 117〕James Legge, *The Works of Mencius*, p.261.

〔註 118〕《尚書正義》，北京：中華書局影印〔清〕阮元刻《十三經注疏》本，第三卷，第二十四至二十五頁，總一冊，第 275～276 頁。

〔註 119〕《尚書正義》，北京：中華書局影印〔清〕阮元刻《十三經注疏》本，第三卷，第二十五頁，總一冊，第 276 頁。

〔註 120〕《爾雅注疏》，北京：中華書局影印〔清〕阮元刻《十三經注疏》本，嘉慶二十年江西南昌府學開雕版，2009 年，第二卷，第二頁，總第五冊，第 5597 頁。

駿聲《說文通訓定聲》:「叚借……《爾雅·釋詁》疇，誰也。《書·堯典》疇咨若時登庸，傳誰也。」〔註121〕上下者指山陵、川澤。〔註122〕舜帝向朝臣咨詢，問誰可以管理山陵川澤的鳥獸，朝臣推薦益，於是舜命益擔任「虞人」。故此，虞人就是管理山澤及其上生物之官。〔註123〕但是帝舜與孟子時代相距甚遠，所以「虞」與「虞人」的地位相差應該頗遠，舜帝命益「汝作朕虞」，顯然是一部門首長之職位，但《孟子》所言的虞人，據《周禮》有「山虞」與「澤虞」，官位相等於中士。〔註124〕理氏雖然指出「虞人」此一官職有歷史悠久，但沒有解釋這一官職的地位已有所變更。

古代，皇帝召見虞人，要有適當的信物，楊伯峻《孟子譯注》云：

> 旌，音精（jing）。《說文》云:「游車載旌，析羽注旄首，所以精進士卒也。」《左傳》昭公二十年云:「齊侯田于沛，招虞人以弓，不進，公使執之，辭曰:『昔我先君之田也，旃以招大夫，弓以招士，皮冠以招虞人。臣不見皮冠，故不敢進。』乃舍之。仲尼曰:『守道不如守官，君子韙之。』」案《左傳》所載與《孟子》所言雖有所不同，但大體一致。古代君王有所召喚，一定有相當的事物以見信，旌是召喚大夫用的，弓是召喚士用的，若是召喚虞人(守苑囿之吏)，只能用皮冠。〔註125〕

《孟子·萬章下》第七章所載，孟子亦引用相同的例子，解釋他不去見諸侯的原因，就是因為諸侯沒有適當的禮數，所以不去見諸侯。〔註126〕張居正《四書集註闡微直解》的解釋頗有見地，其云：

> 孟子答說:「我非不欲得君行道，但揆於義，不當往見耳。不觀虞人之于齊景公乎？昔景公出獵，以虞人當有職事，使人持旌節召之。古時人君召見臣下，各有所執以為信，招大夫方用旌節，若招

〔註121〕〔清〕朱駿聲:《說文通訓定聲》，湖北：武漢市古籍書店影印臨嘯閣藏版，1983年，孚部第六第三十三頁，總第248頁。

〔註122〕黃懷信《尚書注訓》，第24頁。

〔註123〕周秉鈞:《尚書易解》，第24頁。

〔註124〕《周禮注疏》，北京：中華書局影印〔清〕阮元刻《十三經注疏》本，嘉慶二十年江西南昌府學開雕版，2009年，第九卷，第十三至十四頁，總第二冊，第1507頁。

〔註125〕楊伯峻:《孟子譯注》，上冊，第140頁。

〔註126〕《孟子注疏》，北京：中華書局影印〔清〕阮元刻《十三經注疏》本，第十卷下，第八至十頁，總第五冊，第5973～5974頁。

虞人當用皮冠，那虞人見以旌招他，非其官守，不肯往見。景公怒其違命，將欲殺之。孔子見虞人能守其官，因稱他說：世間有一等志士，常思固守貧窮，就死無棺槨，棄在溝壑，也不怨恨。有一等勇士常思捐軀狥國，就戰鬥而死，不保首領，也不顧避，正此虞人之謂也。夫孔子何取於虞人而稱美之若此？為他招之不以其物，而守死不往故耳。夫招之不以其物，在虞人小吏尚且不往，況不待諸侯之招而往見，其如屈己何哉？」故不見諸侯，乃義不當往，非故自為尊大也。〔註 127〕

孟子處事，注重義與不義，合乎禮就是義，不合乎禮就是不義，君王與百姓同樣要按禮行事，所以君王召見臣子也要遵禮的規定，使用適當的信物，不可以作出違禮的召見。既然諸侯不按禮召見孟子，孟子也因義而不去見諸候，是符合禮義，不是妄自尊大。

（三）

理氏引《書經・舜典》解釋《孟子》所講五音之出處，為名物溯源。《孟子・離婁上》第一章第一節云：「師曠之聰，不以六律，不能正五音。」〔註 128〕

理雅各《孟子》英譯本注云：「The five notes are the five full notes of the octave, neglecting the semitones. They are called 宮，商，角，徵（*chî*），羽；——see on the *Shû-ching*, II. I 24.」〔註 129〕理氏的意思是，五音是指八度音階的五個全音符，而沒有半音符。稱為宮、商、角、徵、羽。見《書經・虞書・舜典》第二十四章。

現引《尚書・舜典》之文云：「詩言志，歌永言，聲依永，律和聲。」〔註 130〕理雅各以舜典的五聲解釋孟子所講的五音，然而《舜典》只有「聲依永」之聲，並沒有說五音。而孔安國《尚書傳》云：「聲謂五聲，宮、商、角、徵、羽。」〔註 131〕很明顯，「聲」之解作宮、商、角、徵、羽之五音，乃《孔

〔註 127〕〔明〕張居正：《四書集註闡微直解》，第十九卷，第二頁，總第 551 頁。

〔註 128〕《孟子注疏》，北京：中華書局影印〔清〕阮元刻《十三經注疏》本，第七卷上，第一至二頁，總第五冊，第 5909 頁。

〔註 129〕James Legge, *The Works of Mencius*, p.288.

〔註 130〕《尚書正義》，北京：中華書局影印〔清〕阮元刻《十三經注疏》本，第三卷，第二十六頁，總第一冊，第 276 頁。

〔註 131〕《尚書正義》，北京：中華書局影印〔清〕阮元刻《十三經注疏》本，第三卷，第二十六頁，總第一冊，第 276 頁。

傳》之言。然而《尚書・益稷謨》則有明言「五聲」，其云：「予欲聞六律、五聲、八音在治忽，以出納五言汝聽。」〔註132〕孔穎達《尚書正義》云：「宮、商、角、徵、羽謂之五聲。」〔註133〕理氏引《舜典》解釋《孟子・離婁上》之五音，不太合適，應該引用《益稷》之「五聲」與及孔穎達的注解以解釋《孟子》較為合適。而「五聲」之說，實乃出自《周禮・春官宗伯・大師》「大師掌六律、六同，以合陰陽之聲。陽聲：黃鍾、大蔟、姑洗、蕤賓、夷則、無射。陰聲：大呂、應鍾、南呂、函鍾、小呂、夾鍾。皆文之以五聲：宮、商、角、徵、羽。」〔註134〕

《離婁上》此章並不是解釋音樂，而是藉音樂不可以無韻律，表示治國不能無規矩，茲引述其整章云：「孟子曰：『離婁之明，公輸子之巧，不以規矩，不能成方員。師曠之聰，不以六律，不能正五音。堯舜之道，不以仁政，不能平治天下。』」〔註135〕張居正《四書集註闡微直解》云：

> 離婁，是古時明目的人。公輸子，名班，是魯國巧人。師曠，是晉國樂師。古時樂師，截竹為十二管以審五音。黃鍾、大簇、姑洗、蕤賓、夷則、無射為陽，大呂、夾鐘、仲呂、林鐘、南呂、應鐘為陰，陰陽各六，所以叫作六律。五音，是宮、商、角、徵、羽。孟子見後世之為治者，每以私智自用，而不遵先王之法，故發此論。說道：治天下之道，皆本之於心，而運之以法。法之所在，雖聖人有不能廢者。譬如制器，以離婁之明，公輸子之巧，使之造作，心思目力何所不精，然必取諸規以為圓，取諸矩以為方，而後可以成器，設使不用規矩，則明巧亦無所據，而方圓不可成矣。譬如審樂，以師曠之聰，使之察音，巨細清濁何所不辨？然必以六律之長短，定五音之高下，而後可以成樂。設使不用六律，則至聰亦無所施，而五音不可審矣。古稱至聖莫如堯舜，如堯舜之治天下，以如天好生之仁運之，何治不成。然其精神心術，必寄之紀綱法度，立為教

〔註132〕《尚書正義》，北京：中華書局影印〔清〕阮元刻《十三經注疏》本，第五卷，第五頁，總第一冊，第298頁。

〔註133〕《尚書正義》，北京：中華書局影印〔清〕阮元刻《十三經注疏》本，第五卷，第九頁，總第一冊，第300頁。

〔註134〕《周禮注疏》，北京：中華書局影印〔清〕阮元刻《十三經注疏》本，第二十三卷，第十頁，總第二冊，第1717頁。

〔註135〕《孟子注疏》，北京：中華書局影印〔清〕阮元刻《十三經注疏》本，第七卷上，第一至二頁，總第五冊，第5909頁。

養之政，以正德厚生，然後能使天下咸被其仁也。設使堯舜之治天下，而不以仁政，則雖有教養斯民之心，而綱紀未備，規矩未周，欲天下之民皆遂生復性而歸於平治，亦不能矣，況不及堯舜者乎？然則為治之不可無法，即器之不可無規矩，樂之不可無六律也。世之求治者，奈何欲廢法乎？〔註 136〕

孟子是藉「五音」作比喻，發揮他的政論，治天下必須要有規矩法則，此規矩法則就是仁政，用仁政使王道實行於社會。理氏只停留在名物制度之探源功夫，沒有對此章的思想作闡釋。

（四）

理氏引用《書經‧舜典》解釋《孟子》所載帝舜之卒地「鳴條」。《離婁下》第一章第一節：「舜生於諸馮，遷於負夏，卒於鳴條，東夷之人也。」〔註 137〕

理雅各《孟子》英譯本注云：

> There is considerable of difficult with Ming-tʿiâo, as we read in the "*Historical Records*," that in the thirty-ninth year of his reign, Shun died, while on a tour of inspection to the south, in the wilderness of Tsʿang-wû（蒼梧）, and was buried on the Chiû-î（九疑）hills in Chiang-nan, which are in Ling-ling（零陵）. The discussions on the point are very Numerous. See the《集證》and《四書拓餘說》,; *in loc* see also on the *Shû-ching*, Pt. II.〔註 138〕

理氏之意是：「關於「鳴條」的解釋有頗大困難。按照《史記》之記載，舜在位三十九年，他去南方查察途中，在蒼梧之野去世，葬在江南零陵縣的「九嶷山」，帝舜之死地有很多討論。可參見《四書經註集證》、《四書摭餘說》〔註 139〕，也可見諸《書經‧虞書‧舜典》。

理氏根據司馬遷《史記‧五帝本紀》的記載謂帝舜「葬於江南九疑，是為

〔註 136〕〔明〕張居正：《四書集註闡微直解》，第二十卷，第一至二頁，總第 568 頁。

〔註 137〕《孟子注疏》，北京：中華書局影印〔清〕阮元刻《十三經注疏》本，第八卷上，第一頁，總第五冊，第 5927 頁。

〔註 138〕James Legge, *The Works of Mencius*, p.316.

〔註 139〕原書是《四書摭餘說》，理雅各 1861 年版的《中國經典‧引用書目》是用《四書摭餘說》之書名，見 *The Chinese Classics*, 1861, vol. I. p.132. 但理氏在其 1895 年版的《中國經典‧引用書目》卻使用了《四書拓餘說》之書名，見 *The Chinese Classics*, 1895, vol. I. p.131. 本論文使用原書之名。

零陵。」〔註 140〕九嶷山在現今湖南省境內，錢穆《史記地名考》云：「九疑山，今湖南寧遠縣南六十里，此不得曰在江南。」〔註 141〕「九疑山」現名「九嶷山」。

今考之《尚書．舜典》之文云：「五十載陟方，乃死。」〔註 142〕《尚書》只記載帝舜之死，並沒有提及舜於何處去世和葬於何處。孔安國《尚書傳》則曰：「方道也，舜即位五十年，升道南方巡守，死於蒼梧之野，而葬焉。」〔註 143〕可見《孔傳》對《尚書》所載加以補充。孔穎達則補充舜葬蒼梧之記載乃出自《禮記．檀弓》，孔穎達《尚書正義》云：「《檀弓》云：舜葬蒼梧之野，是舜死蒼梧之野，因而葬焉。」〔註 144〕今考之《禮記．檀弓》載云：「舜葬於蒼梧之野」。〔註 145〕根據上引各文獻，「舜葬蒼梧之野」之說，實出自《禮記．檀弓》，並非出於《書經》。理氏之說不夠準確。

《孟子》講述帝舜的出生與去世，目的是為他下文所講的「得志行乎中國」引用歷史例子，玆引《離婁下》第一章云：「孟子曰：『舜生於諸馮，遷於負夏，卒於鳴條，東夷之人也。文王生於岐周，卒於畢郢，西夷之人也。地之相去也，千有餘里；世之相後也，千有餘歲。得志行乎中國，若合符節。先聖後聖，其揆一也。』」〔註 146〕孟子之意是，舜與文王兩人，生卒之地相距千里，但兩人都可以在中國創一番偉大事業，因為他們有相同的心志。〔註 147〕孟子的目的，是說無論是西夷、東夷之人，只要能行聖王之道，亦可得志於中國，張居正《四書集註闡微直解》云：

> 夫在常人則生於其地者，即囿於風氣之中而不能振拔；若聖人

〔註 140〕〔漢〕司馬遷：《史記》，臺北：藝文印書館影印乾隆武英殿刻本，第一卷，第二十九頁，總第一冊，第 40 頁。

〔註 141〕錢穆：《史記地名考》，北京：商務印書館，2001 年，上冊，第 75 頁。

〔註 142〕《尚書正義》，北京：中華書局影印〔清〕阮元刻《十三經注疏》本，第三卷，第二十九頁，總第一冊，第 278 頁。

〔註 143〕《尚書正義》，北京：中華書局影印〔清〕阮元刻《十三經注疏》本，第三卷，第二十九頁，總第一冊，第 278 頁。

〔註 144〕《尚書正義》，北京：中華書局影印〔清〕阮元刻《十三經注疏》本，第三卷，第二十九頁，總第一冊，第 278 頁。

〔註 145〕《禮記正義》，北京：中華書局影印〔清〕阮元刻《十三經注疏》本，第七卷，第二頁，總第 125 頁。

〔註 146〕《孟子注疏》，北京：中華書局影印〔清〕阮元刻《十三經注疏》本，第八卷上，第一頁，總第三冊，第 2774 頁。

〔註 147〕楊伯峻：《孟子譯注》，上冊，第 184 頁。

則間氣所鐘，曠世而一見，有非地之所能限者。〔註 148〕

由此而推，可見前乎千百世之既往，有聖人崛興，後乎千百世之將來，有聖人復起。地之相去，世之相隔，雖其跡不能盡同，然以理度之，所存莫非純王之心，所行莫非純王之道，其致一而已矣，又豈有不同者哉？蓋戰國之時，正學不明，異說紛起，如楊、墨、許行之徒，皆託于聖人之道，以自為一家之言，是以師異道，人異學，而聖道為天下裂矣。孟子稱聖人之同道，蓋所以深辟當時之異說也。〔註 149〕

無論時間相隔多久、地理之分隔有多遠，聖人之作為，都是順應天心，合乎人心。帝舜與文王，一出自東方，一出自西方，相距一千多年，但二者都是聖人，都是理想的國君。此無他，只因他們處處替百姓設想，又能夠具體實踐孝、悌、忠、信、禮、義、廉、恥等美德，他們的所作所為「若合符節」。這兩位賢君的善行是一種合乎應然要求的做法，因為他們所秉持的法度來自人性的自然願望，換句話說，就是「行善」。古代行善就是順天應人，得天命之所歸，行仁政照顧百姓。陸象山說過：「四方上下曰宇，往古來今曰宙。宇宙便是吾心，即是宇宙千萬世之前有聖人出焉，同此心，同此理也。千萬世之後，有聖人出焉，同此心同此理也。東南西北海有聖人出焉，同此心同此理也。」〔註 150〕黃宗羲《宋元學案．象山學案》則作：

他日讀古書，至「宇宙」二字。解者曰：「四方上下曰『宇』，往古來今曰『宙』。」忽大省曰：「宇宙內事，乃己分內事；己分內事，乃宇宙內事。」又嘗曰：「東海有聖人出焉，此心同也，此理同也；西海有聖人出焉，此心同也，此理同也；南海、北海有聖人出焉，此心同也，此理同也；千百世之上有聖人出焉，此心同也，此理同也；千百世之下有聖人出焉，此心同也，此理同也。」〔註 151〕

陸象山這種思想是從孟子的「先聖後聖，其揆一也」發展出來的，指的就是不管任何地方只要有聖人，一定是心同理同。〔註 152〕聖人之治理國家，亦

〔註 148〕〔明〕張居正：《四書集註闡微直解》，第二十一卷，第一頁，第 593 頁。

〔註 149〕〔明〕張居正：《四書集註闡微直解》，第二十一卷，第一頁，第 593 頁。

〔註 150〕〔宋〕陸九淵：《象山全集》，臺北：中華書局，影印《四部備要》本，1970 年，第二十二卷，第五頁。

〔註 151〕〔清〕黃宗羲：《宋元學案》，浙江：浙江古籍出版社《黃宗羲全集》本，1985 年，第五冊，第 276 頁。

〔註 152〕傅佩榮：《孟子新解》，下冊，第 3～4 頁。

據此心同，此理同之原則施政，不分古今中外都是如此。理雅各只是作出地理名詞的探討，可惜未能指出「舜葬蒼梧之野」一語的出處，且疏於整章大義的描述，對「心同理同」這一點認識還不夠深入。

（五）

理氏引用《尚書・舜典》為《孟子》所載之歷史事件探源。《萬章上》第三章第二節：

> 萬章曰：「舜流共工于幽州，放驩兜于崇山，殺三苗于三危，殛鯀于羽山，四罪而天下咸服。誅不仁也。象至不仁，封之有庳。有庳之人奚罪焉？仁人固如是乎？在他人則誅之，在弟則封之！」曰：「仁人之於弟也，不藏怒焉，不宿怨焉，親愛之而已矣。親之，欲其貴也；愛之，欲其富也。封之有庳，富貴之也。身為天子，弟為匹夫，可謂親愛之乎？」〔註 153〕

理雅各《孟子》英譯本注云：

> The different individuals mentioned here are all spoken of in the *Shû-ching*, Pt. II. i. 12, which see. 共工 is a name of office. The surname or name of the holder of it is not found in the *Shû-ching*. Hwan-tâu was the name of the 司徒, "Minister of Instruction." He appears in the *Shû-ching*, as the friend of the 共工, recommending him to Yâo; hence Chû Hsî says that these two were confederate in evil.〔註 154〕

理氏之意謂：這裏提及的幾個人，都在《書經・虞書・舜典》有記載，共工是一個官職的名稱。但擔任這個官職的官員名字卻未載於《書經》。驩兜做司徒之官，專職教化。據《書經》所載，其與共工乃好友，薦之於堯。因此朱熹說此二人同謀犯罪。

《萬章》第三章所提及的幾個人都在《尚書・舜典》出現，《舜典》云：「流共工于幽洲，放驩兠〔註 155〕于崇山，竄三苗于三危，殛鯀于羽山：四罪而天下咸服。」〔註 156〕而理氏在其注中只講到驩兠與共工。

〔註 153〕《孟子注疏》，北京：中華書局影印〔清〕阮元刻《十三經注疏》本，第九卷上，第七頁，總第五冊，第 5949 頁。

〔註 154〕James Legge, *The Works of Mencius*, p.349.

〔註 155〕阮刻《十三經注疏本・尚書》是「兠」。理雅各《書經》英文譯注亦是用「兠」，參見 James Legge, *The Shoo King*, p.23。

〔註 156〕《尚書正義》，北京：中華書局影印〔清〕阮元刻《十三經注疏》本，第二卷，

茲據《尚書》之經文與傳注解釋驩兜與共工二人的歷史與及理氏解釋出現的問題。

《尚書・堯典》云：「帝曰疇咨若予采。驩兜曰：『都共工，方鳩僝功』。帝曰：『吁，靜言庸違，象恭滔天。』」〔註157〕孔安國《尚書傳》曰：「采，事也。復求誰能順我事者。驩兜，臣名。都，於；歎美之辭。共工，官稱。鳩，聚。僝，見也。嘆共工能方，方聚見其功。」〔註158〕理氏乃據此經文謂驩兜與共工是好友，並推薦共工予帝堯。在孔安國《尚書傳》之中，解釋了驩兜是帝堯的朝臣之名字，而共工則是一官職的名稱。孔穎達《尚書正義》云：「有臣驩兜者，對帝曰：嗚呼，歎有人之大賢也，帝臣共工之官者，此人於所在之方，能立事業，聚見其功，言此人可用也。」〔註159〕孔穎達承接孔安國《尚書傳》之觀點，仍然指出驩兜是一大臣的名字，共工則是一官職的名稱。而且，孔穎達《尚書正義》亦補充了共工此官名的意義，其云：

> 正義曰：驩兜亦舉人對帝。故知臣名都，「於」《釋詁》文「於」即嗚字，歎之辭也。將言共工之善，故先嘆美之。《舜典》：命垂作共工，知共工是官稱。鄭以為其人名氏未聞，先祖居此官，故以官氏也。計稱人對帝不應舉先世官名。孔直云官稱，則其人於時居此官也。時見居官，則是已被任用而復舉之者。帝求順事之人，欲置之上位以為大臣，所欲尊於共工，故舉之也。〔註160〕

帝堯的回應是拒絕了驩兜的推薦，《尚書・堯典》云：「帝曰：『吁，靜言庸違，象恭滔天。』」〔註161〕孔安國《尚書傳》云：「靜，謀。滔，漫也。言共工自為謀言，起用行事而違背之，貌像恭敬，而心傲很若漫天，言不可用。」〔註162〕

第十九頁，總第一冊，第256頁。

〔註157〕《尚書正義》，北京：中華書局影印〔清〕阮元刻《十三經注疏》本，第三卷，第十四頁，總第一冊，第270頁。

〔註158〕《尚書正義》，北京：中華書局影印〔清〕阮元刻《十三經注疏》本，第二卷，第十九頁，總第一冊，第256頁。

〔註159〕《尚書正義》，北京：中華書局影印〔清〕阮元刻《十三經注疏》本，第二卷，第十九頁，總第一冊，第256頁。

〔註160〕《尚書正義》，北京：中華書局影印〔清〕阮元刻《十三經注疏》本，第二卷，第二十一至二十二頁，總第一冊，第257頁。

〔註161〕《尚書正義》，北京：中華書局影印〔清〕阮元刻《十三經注疏》本，第二卷，第十九頁，總第一冊，第256頁。

〔註162〕《尚書正義》，北京：中華書局影印〔清〕阮元刻《十三經注疏》本，第二卷，

帝堯禪位予舜，舜乃攝王位而行事，《尚書・舜典》謂其「象以典刑。」〔註163〕孔安國《尚書傳》云：「象，法也。法用常刑，用不越法。」〔註164〕孔穎達《尚書正義》云：「詳其罪罰，依法用其常刑，使罪各當，刑不越法。」〔註165〕就是製定刑法，其中一種刑罰是「流放」，乃有「流共工於幽洲，放驩兜崇山」之舉。孔安國《尚書傳》云：「象恭滔天，足以惑世，故流放之，幽洲北裔。水中可居者曰洲。黨於共工，罪惡同，崇山南裔。」〔註166〕此乃朱熹謂二人同謀共犯之所據。

但理氏所云：驩兜位列司徒，掌教化之官，則不知何據。首先，《尚書》經文與注疏均無此說法。而宋人蔡沈《書集傳》亦無此說。理氏《書經》英譯本注解論及驩兜時，也沒有說其是司徒之官。而且，關於設官分職，帝舜比之帝堯是官制較為分明。《堯典》云：「克明俊德，以親九族。九族既睦，平章百姓。百姓昭明，協和萬邦。黎民於變時雍。」〔註167〕又云「允釐百工，庶績咸熙。」〔註168〕可見堯帝雖有百官之設，有掌教化之官，卻未提司徒之職。可見帝堯之時，設官分職，尚未若帝舜之有系統。司徒一職之出現，乃見於驩兜被流放之後。帝堯殂落之後，舜帝正式掌王事，推動文治與教化之事，乃設司徒之官，《尚書・舜典》云：「帝曰：『契，百姓不親，五品不遜。汝作司徒，敬敷五教，在寬。』」〔註169〕孔安國《尚書傳》云：「五品謂五常。」〔註170〕孔穎達《尚書正義》云：「正義曰：『文十八年《左傳》云：布五教於四方，父

第十九頁，總第一冊，第256頁。

〔註163〕《尚書正義》，北京：中華書局影印〔清〕阮元刻《十三經注疏》本，第三卷，第十四頁，總第一冊，第270頁。

〔註164〕《尚書正義》，北京：中華書局影印〔清〕阮元刻《十三經注疏》本，第三卷，第十四頁，總第一冊，第270頁。

〔註165〕《尚書正義》，北京：中華書局影印〔清〕阮元刻《十三經注疏》本，第三卷，第十四頁，總第一冊，第270頁。

〔註166〕《尚書正義》，北京：中華書局影印〔清〕阮元刻《十三經注疏》本，第三卷，第十四頁，總第一冊，第270頁。

〔註167〕《尚書正義》，北京：中華書局影印〔清〕阮元刻《十三經注疏》本，第二卷，第七至八頁，總第一冊，第250頁。

〔註168〕《尚書正義》，北京：中華書局影印〔清〕阮元刻《十三經注疏》本，第二卷，第十頁，總第一冊，第251頁。

〔註169〕《尚書正義》，北京：中華書局影印〔清〕阮元刻《十三經注疏》本，第三卷，第二十二頁，總第一冊，第274頁。

〔註170〕《尚書正義》，北京：中華書局影印〔清〕阮元刻《十三經注疏》本，第三卷，第二十二頁，總第一冊，第274頁。

義、母慈、兄友、弟恭、子孝，是布五常之教也。』」〔註171〕依據《舜典》所載，是契任司徒，理氏謂驩兜為司徒之職，不知何據。

《孟子》這段經文是孟子與萬章的對話，萬章質疑舜封其弟「象」於有庳，不是仁人應有的行為。舜貴為天子，懲罰四大罪人，流放「共工」、「驩兜」、「三苗之君」、「鯀」到不同地方，卻把弟弟象封到有庳，這種苛刻待別人，厚愛自己弟弟的作法，不是仁者該作的事。〔註172〕

孟子與萬章的觀點與角度完全不同。萬章認為象所作的錯事，理應受到相應的懲罰，據《萬章上》第三章第一節所載：「萬章問曰：『象日以殺舜為事，立為天子則放之何也。』」〔註173〕萬章認為象應該與四大罪人受到同等懲罰。孟子將象與四大罪人分開評論。四大罪人原本是擔任官識，因其疏忽職守，影響了千千萬萬的百姓，是國家大事，舜懲罰四大罪人是為社會謀福祉。但據《孟子》所載，象並沒有擔任一官半職，象所犯的罪只是針對舜一個人，萬章的疑問是舜已貴為天子，為甚麼不向弟弟報復。孟子卻以家庭之內的事解釋舜與象的關係，所以孟子說「仁人之於弟也，不藏怒焉，不宿怨焉。」孟子贊美舜有天子之位，但沒有利用這種權勢向弟弟報復，對弟弟謀害自己的事沒懷恨在心。而且，舜帝只有一個弟弟，為人君王者又豈能沒有兄弟之情，把唯一有血緣的弟弟殺之而後快呢。孟子更進一步解釋帝舜的做法是「象不得有為與其國。」〔註174〕舜帝名義上是封象為諸侯，但象在實際上是沒有權力。顯示了舜帝的兄弟之情，又顧及到百姓的福祉。〔註175〕

按照現今的法律觀點，孟子這種思想未必得到現代人接納。但是，根據《孟子》所載，舜之所以為聖人，是因為舜對父母與弟弟這種毫無怨恨之心的仁者行為。理雅各只能作人物溯源的功夫，但對兜的描述也有錯誤，也沒有對孟子這種「仁人」思想作出任何探討。

（六）

理氏引用《尚書．舜典》為《孟子》所載帝堯駕崩歷史事件溯源。《萬章

〔註171〕《尚書正義》，北京：中華書局影印〔清〕阮元刻《十三經注疏》本，第三卷，第二十二頁，總第一冊，第274頁。

〔註172〕楊伯峻：《孟子譯注》，上冊，第213頁。

〔註173〕《孟子注疏》，北京：中華書局影印〔清〕阮元刻《十三經注疏》本，第九卷上，第七頁，總第五冊，第5949頁。

〔註174〕《孟子注疏》，北京：中華書局影印〔清〕阮元刻《十三經注疏》本，第九卷上，第八頁，總第五冊，第5949頁。

〔註175〕傅佩榮：《孟子新解》，下冊，第78頁。

上》第四章第一節云：「《堯典》曰：『二十有八載，放勳乃徂落，百姓如喪考妣。三年，四海遏密八音。』」〔註 176〕

理雅各《孟子》英譯本注云：「The passage quoted from the *Shû-ching* is now found in the canon of Shun, and not that of Yâo; —— see II. i. 13.」〔註 177〕理氏之意是在今本《尚書》，《孟子》引述的經文是在《舜典》而不是《堯典》。

理氏並無說明他根據甚麼版本的《尚書》，但從他的《書經》英譯本，可以知道他根據的《尚書》是近代學者所講的《偽古文尚書》，〔註 178〕但根據其翻譯的《中國經典》所載的引用文獻目錄，理氏應該是根據阮元刻的《十三經注疏》本《尚書》，也有可能是清代皇室課本《欽定書經傳說彙編》。清代經學家孫星衍《尚書今古文注疏》認為，《孟子》所引是《堯典》之文，因梅賾的偽古文《尚書》將《堯典》分為《堯典》與《舜典》，所以把這幾句誤以為是《舜典》之文，《尚書今古文注疏》云：

> 案《堯典》一篇，梅賾所上是偽《孔傳》分「慎徽五典」已下為《舜典》。案百篇之書自有《舜典》，至後亡逸，不宜以《堯典》分篇也。據《孟子．萬章》篇引《堯典》曰：「二十有八載，放勳乃徂落」云云，《論衡．書虛篇》云：「堯典之篇，舜巡狩東至岱宗，南至霍山」云云，皆在今《舜典》中，明古合為《堯典》。《淮南．泰族訓》云：「堯治天下七十載，四岳舉舜而薦之堯。堯乃妻以二女以觀其內，任以百官以觀其外。」明「慎徽五典」，與今《堯舜》「嬪于虞」文相連。《書疏》云：「鄭、王皆以舜典合於此篇。」今并之，以復古。〔註 179〕

支持孫星衍之說者，有屈萬里，《尚書今註今譯》云：

> 伏生所傳《堯典》，自「曰若稽古帝堯」起，至「陟方乃」止。《孟子》引「二十有八載」等五句，而云「《堯典》曰」；知孟子所見《堯典》之篇幅，與伏生同。偽古文本則將《堯典》分為二篇：自「嬪于虞。帝曰：欽哉」以上，謂之《堯典》；「慎徽五典」以下，謂之《舜典》。而又杜撰「曰若稽古帝舜」等二十八字，冠於「慎徽五

〔註 176〕《孟子注疏》，北京：中華書局影印〔清〕阮元刻《十三經注疏》本，第九卷上，第九頁，總第五冊，第 5950 頁。

〔註 177〕James Legge, *The Works of Mencius*, p.351.

〔註 178〕蔣伯潛：《十三經概論》，第 99 頁。

〔註 179〕孫星衍：《尚書今古文注疏》，上冊，第 2 頁。

典」之上。常見之五十八篇本《尚書》(如《注疏本》及蔡沈《集傳本》等),皆據偽古文本,故皆分為二篇。〔註 180〕

周秉鈞《尚書易解》也支持這理論。〔註 181〕理雅各沒有考慮今古文《尚書》與及偽古文《尚書》的問題,只是說出現實的分別。

茲引阮元刻《尚書・舜典》的經文云:「二十有八載,帝乃殂落,百姓如喪考妣,三載,四海遏密八音。」〔註 182〕此乃講帝堯駕崩之事。「二十有八載」乃指帝堯得到舜輔助之後,二十八年而崩。《史記・五帝本紀》云:「堯立七十得舜,二十年而老,令舜攝行天子之政,薦之於天,堯辟位,凡二十八年而崩。」〔註 183〕放勛亦即放勳,阮元刻《十三經注疏・孟子》作「放勛」〔註 184〕;朱熹《四書集註・孟子集註》作「放勳」。〔註 185〕理雅各《孟子》英譯本亦作「放勳」〔註 186〕楊伯峻《孟子譯注》謂:「放勳亦作放勛。堯之稱號。」〔註 187〕可見《舜典》所謂帝乃徂落之帝,即是「帝堯」。趙岐《孟子注》云:「放勛堯名也,徂落死也,如喪孝妣,思之如父母也,遏止也,密無聲也,八音不作,哀思甚也。」〔註 188〕

《萬章上》引用此例子,是回應咸丘蒙的問題,茲將《萬章上》第四章相關的經文列出如下:

> 咸丘蒙問曰:「語云:盛德之士,君不得而臣,父不得而子。舜南面而立,堯帥諸侯北面而朝之,瞽瞍亦北面而朝之。舜見瞽瞍,其容有蹙。孔子曰:於斯時也,天下殆哉,岌岌乎!不識此語,誠然乎哉?」孟子曰:「否,此非君子之言,齊東野人之語也。堯老而舜攝也,《堯典》曰:二十有八載,放勛乃徂落,百姓如喪考妣。三

〔註 180〕屈萬里:《尚書今註今譯》,臺北:商印書館,1969 年,第 2～3 頁。

〔註 181〕尚秉和:《尚書易解》,第 2 頁。

〔註 182〕《尚書正義》,北京:中華書局影印〔清〕阮元刻《十三經注疏》本,第三卷,第十八頁,總第一冊,第 272 頁。

〔註 183〕〔漢〕司馬遷:《史記》,臺北:藝文印書館影印清乾隆武英殿刊本,第一卷,第二十頁,總第一冊,第 35 頁。

〔註 184〕《孟子注疏》,北京:中華書局影印〔清〕阮元刻《十三經注疏》本,第九卷上,第九頁,總第五冊,第 5950 頁。

〔註 185〕〔宋〕朱熹:《四書集註・孟子集註》,四川:巴蜀書店影印怡府藏版,1985 年,第五卷,第六頁。

〔註 186〕James Legge, *The Works of Mencius*, p.352.

〔註 187〕楊伯峻:《孟子譯注》,上冊,第 217 頁。

〔註 188〕《孟子注疏》,北京:中華書局影印〔清〕阮元刻《十三經注疏》本,第九卷上,第九頁,總第五冊,第 5950 頁。

年，四海遏密八音。」〔註 189〕

咸丘蒙聽到一些傳聞，那些德行高尚的人，君王不能用臣子之禮對待他，但帝舜做王時，帝堯卻與羣臣一起朝拜他，連孔子也批評這種情況會使國家岌岌可危。孟子回答說這些傳聞不對，這是齊東農夫之野語而已。趙岐《孟子注》：「東野，東作田野之人所言耳，咸丘蒙齊人也，故聞齊野人之言，《書》曰，平秩東作，謂治農事也。」〔註 190〕齊東野人是指那些「目不睹禮儀之俗，耳不聞典訓之言」〔註 191〕的人，亦即無學識的人。實際上，帝堯在位時，舜並沒有做過天子，只不過年老時，叫舜代理天子之職罷了。《舜典》說堯得到舜的輔助二十八年之後駕崩，羣臣好像失去了父母，為堯服喪三年，百姓停止了一切音樂，看見這種行為，就反映帝堯沒有做過舜的臣子。〔註 192〕

（七）

理氏引用《尚書・舜典》解釋《孟子》所講「百神」的意思，為宗教名物溯源。《萬章上》第五章第六節：「曰：『敢問：薦之於天而天受之，暴之於民而民受之。如何？』曰：『使之主祭而百神享之，是天受之。使之主事而事治，百姓安之，是民受之也。天與之，人與之，故曰：天子不能以天下與人。』」〔註 193〕

理雅各《孟子》英譯本注云：

> 百神, “the hundred” (= all the) “spirits,” is explained as 天地山川之神, “the spirits of heaven, earth, the mountains, and the rivers,” i. e. all spiritual beings, real or supposed. In the *Shû-ching*, II. i. 6. A distinction is made between 羣神, “host of spirits,” and 上帝, 六宗, and 山川, but the phrase here is to be taken as inclusive of all. The sovereign is 百神之主, and Shun entered into all the duties of Yâo, even while Yâo was alive. How the spirits signified their approbation of the sacrifices, we are

〔註 189〕《孟子注疏》，北京：中華書局影印〔清〕阮元刻《十三經注疏》本，第九卷上，第九頁，總第五冊，第 5950 頁。

〔註 190〕《孟子注疏》，北京：中華書局影印〔清〕阮元刻《十三經注疏》本，第九卷上，第九頁，總第五冊，第 5950 頁。

〔註 191〕〔明〕張居正：《四書集註闡微直解》，第二十二卷，第十四頁，總第 623 頁。

〔註 192〕楊伯峻：《孟子譯注》，上冊，第 216 頁。

〔註 193〕《孟子注疏》，北京：中華書局影印〔清〕阮元刻《十三經注疏》本，第九卷下，第一頁，總第五冊，第 5954 頁。

not told. —— Modern critics take the 百神 here as exclusive of Heaven and subordinate to it, being equivalent to the 鬼神, "the energetic operations of Heaven." But Such views were long subsequent to Mencius's time.〔註 194〕

理氏的意思是，百神是指全部神靈，可解作天地山川之神，包括真神靈與假神靈。但在《書經・舜典》卻把羣神、上帝、六宗和山川之神分開。《孟子》此句則包括了所有神靈。最大的主宰是百神之主，舜在堯在世時當政，但百神如可表示接納舜的獻祭就不清楚。有些現代學者認為「百神」不包括天神及其從屬在內，將之等同鬼神——天的能力的運行。但「百神」即全部神靈在《孟子》時代已有一段歷史。

《尚書・舜典》原文云：「肆類于上帝，禋于六宗，望于山川，遍于群神。」〔註 195〕孔安國《尚書傳》云：「王云：『上帝，天也。馬云：上帝，太一神，在紫微宮，天之最尊者。』……六謂四時也、寒暑也、日也、月也、星也、水旱也。……九州名山大川、五岳、四瀆之屬，皆一時望祭之。羣神謂丘陵墳衍，古之聖賢皆祭之。」〔註 196〕從《尚書》之經文及注解，都可以說明，「羣神」有別於上帝或天地之神祇，指丘陵墳衍與聖賢，可說是亡靈祭祀，近於現代的祖先與及聖賢祭祀，理氏的注解可說正確。

《孟子》的「百神」是一統稱，楊伯峻將之譯作「所有神明」。〔註 197〕從《尚書》與《孟子》的記載可以知道，中國古代已經是多神信仰的文化社會，而且歷史攸久，任何自然現象與生物，尤其是人，都有神靈掌管。這種多神崇拜，有別於理雅各的基督教背境。

《萬章上》五章此段經文是孟子與其徒萬章的對答，是對萬章的問題「堯以天下與舜，有諸？」〔註 198〕作出的回應。萬章不明白舜被推薦給天，天接受了；公開推薦給百姓，百姓也接受了的意思。〔註 199〕萬章不能理解的應該

〔註 194〕 James Legge, *The Works of Mencius*, p.355~356.

〔註 195〕 《尚書正義》，北京：中華書局影印〔清〕阮元刻《十三經注疏》本，第三卷，第四至五頁，總第一冊，第 265～266 頁。

〔註 196〕 《尚書正義》，北京：中華書局影印〔清〕阮元刻《十三經注疏》本，第三卷，第四至五頁，總第一冊，第 265～266 頁。

〔註 197〕 楊伯峻：《孟子譯注》，上冊，第 220 頁。

〔註 198〕 《孟子注疏》，北京：中華書局影印〔清〕阮元刻《十三經注疏》本，第九卷下，第一頁，總第五冊，第 5954 頁。

〔註 199〕 楊伯峻：《孟子譯注》，上冊，第 220 頁。

是「天受之」的講法，孟子在此章的「天」有主宰天與啟示天的意義。〔註 200〕是一形而上的天。但是，無論是形而上的天或自然意義的天，天如何接受人是一種空泛的描述，唯有用宗教行為才可以具體表達，孟子認為上天接受的意思，就是主持祭祀時得到所有神靈的接受，用宗教行為解釋天受之的概念。但孟子並未解釋「百神享之」的意義，仍是較空泛的講法。傅佩榮《孟子新解》：

> 百神享受祭品，順利祭祀完畢，……天是屬於靈性的層次，本來就沒有具體的形體可以掌握，更無法了解它「滿意不滿意」？由此可知，「百神享受祭品」，在當時一定有徵兆及驗證方法，不是可以隨便說的。〔註 201〕

古代人多數認為災異就是上天對世人的示警，反過來說，祭祀之後風調雨順，國泰民安就是代表了神靈接受。而負責照顧百姓的工作做得好，就是可以使百姓安居樂業，社會和諧，百姓自然會接受這些君王，也符合《孟子》所謂天與之，民受之的觀念。

四、引用《大禹謨》考

理氏一共五次引用《大禹謨》解釋《孟子》，茲分別討論之如下。

(一)

理氏引《尚書．大禹謨》解釋《孟子》所講禹不愛美酒而好善言，為歷史人物言行考證。《離婁下》二十章一節：「禹惡旨酒而好善言。」〔註 202〕

理雅各《孟子》英譯本注云：

> In the *Chan Kwo Ts'e*（《戰國策》）which fills up in a measure the space between the period of the Ch'un Ch'iû and the Han dynasty, Part VI, Article II, we read that anciently a daughter of the Ti (probably Yâo or Shun) caused î-tî to make wine (? Spirits), and presented it to Yü, who drank some of it, and pronounced it to be pleasant. Then, however, he frowned on î-tî, and forbade the use of the pleasant liquor, saying "In future ages, rulers will through this liquor ruin their States." Yü's love of

〔註 200〕傅佩榮：《儒道天論發微》，臺北：學生書局，1975 年，第 140 頁。
〔註 201〕傅佩榮：《孟子新解》，上冊，第 86 頁。
〔註 202〕《孟子注疏》，北京：中華書局影印〔清〕阮元刻《十三經注疏》本，第八卷上，第十頁，總第五冊，第 5931 頁。

good words is commemorated in the *Shû-ching*, II. Ii. 21.〔註 203〕

理雅各認為，據《戰國策》（此書所載之事填補了春秋至漢代的空隙）第四卷第二篇所載，古代有帝女（帝堯或帝舜）命令儀狄製造酒，把酒呈給禹，禹飲酒之後便說好酒，但禹卻不喜歡儀狄，又禁止飲酒，且說：「日後，有君王會因為飲酒而亡國」。「禹好善言」的例子載在《尚書・虞書・大禹謨》第二十一章。

《尚書》只記載了「禹拜昌言」，沒有記載禹飲酒之事。《尚書・大禹謨》：「益贊於禹曰：『惟德動天，無遠弗屆。滿招損，謙受益，時乃天道。……禹拜昌言，曰：俞。』」〔註 204〕《尚書・孔傳》云：「昌，當也。以益言為當，故拜受而然之。」〔註 205〕《尚書・皐陶謨》亦有載「禹拜昌言，曰：俞。」〔註 206〕。《尚書孔傳》云：「以皐陶言為當，故拜受而言之。」〔註 207〕俞者，贊許之聲。〔註 208〕可見《孟子》謂禹好善言，是根據《尚書》而來。理氏指《孟子》的「禹好善言」出自《大禹謨》是正確的，只是用字有些分別。

《公孫丑上》第八章二節也有講過「禹拜善言」，其云：「孟子曰：『子路，人告之以有過則喜。禹聞善言則拜。大舜有大焉，善與人同，舍己從人，樂取於人，以為善。』」〔註 209〕《離婁下》二十章一節與《公孫丑上》第八章二節所講的最大分別，是《離婁下》是說「禹惡旨酒而好善言。」《孟子》是將兩個不同的記載放在一起。故此，關於「禹拜昌言」的問題，留待《皐陶謨》才解釋。現在只討論「禹惡旨酒」。

「禹惡旨酒」之例子載於《戰國策・第二十三魏策第二・梁王魏嬰觴諸侯於范臺》，理氏沒有引述原文，茲引述原文云：「梁王魏嬰觴諸侯於范臺。酒酣，請魯君舉觴。魯君興，避席擇言曰：「昔者帝女令儀狄作酒而美，進之禹，禹

〔註 203〕James Legge, *The Works of Mencius*, p.326.

〔註 204〕《尚書正義》，北京：中華書局影印〔清〕阮元刻《十三經注疏》本，第四卷，第十四頁，總第一冊，第 288 頁。

〔註 205〕《尚書正義》，北京：中華書局影印〔清〕阮元刻《十三經注疏》本，第四卷，第十四頁，總第一冊，第 288 頁。

〔註 206〕《尚書正義》，北京：中華書局影印〔清〕阮元刻《十三經注疏》本，第四卷，第十七頁，總第一冊，第 290 頁。

〔註 207〕《尚書正義》，北京：中華書局影印〔清〕阮元刻《十三經注疏》本，第四卷，第十七頁，總第一冊，第 290 頁。

〔註 208〕黄懷信：《尚書注訓》，第 41 頁。

〔註 209〕《孟子注疏》，北京：中華書局影印〔清〕阮元刻《十三經注疏》本，第三卷下，第九頁，總第五冊，第 5853 頁。

飲而甘之，遂疏儀狄，絕旨酒，曰：『後世必有以酒亡其國者。』」〔註 210〕又《淮南子．泰族訓》載云：「儀狄為酒，禹飲而甘之，遂疏儀狄而絕旨酒，所以遏流湎之行也。」〔註 211〕趙岐《孟子注》云：「旨酒，美酒也。儀狄作酒，禹飲而甘之，遂疏儀狄而絕旨酒。《書》曰：『禹拜昌言』。」〔註 212〕趙岐可能是根據《淮南子．泰族訓》的記載解釋《孟子》。許慎《說文解字》云：「旨，美也。」〔註 213〕

《離婁下》二十章引用了三個古代聖人的言行，禹的例子是說，聖人不想被人的嗜欲所影響，所以不愛飲美酒反而愛那些有益有建設性的善言，張居正《四書集註闡微直解》云：

> 夫飲酒未便至於亡國，禹豈為是過計，其心只恐嗜飲不已，必將沉湎無節，以至於亂性情，妨政事，則亡國之禍皆從此而起矣。所以於旨酒則痛絕之，要以防嗜欲之亂性情，妨政事，則亡國之禍皆從此而起矣。所以於旨酒則痛絕之，要以防嗜欲之端，戒荒湛之漸也，其憂勤惕厲之心，見於遏人欲者如此。及其聞一善言，但覺有切君身，有裨治理，便欣然聽納，甚至下拜以致其敬，不難屈己以服人，虛懷以受善。夫人言未便加於聖德，禹豈為是過謙？其心只恐取善不廣，或致善言攸伏，則無以集眾思、廣忠益，而樂告之誠，皆從此而阻矣。所以於善言則篤好之，要以擴取善之，量為輔德之資也，其憂勤惕厲之心，見於崇天理者如此。夫人主一心，眾欲所攻，即其惡旨酒，則凡聲色貨利，快意滋毒者，無不深慮豫防可知已。朝廷之上，群賢畢集，即其好善言，則凡百司庶職亮采惠疇者，無不推誠委任可知已。理欲不淆，好惡克慎，此禹所以得統於舜，而俟後聖於無窮也。〔註 214〕

根據《戰國策》所載，飲酒在古代社會相當普遍，是宴會不可少的飲品。這麼普遍的事，大禹都謹慎處之，眾人都喜歡的酒，大禹卻不接受，恐怕受到

〔註 210〕〔漢〕劉向編：《戰國策》，上海：上海古籍出版社，1985 年，中冊，第 846～847 頁。

〔註 211〕〔漢〕劉安著，高誘注：《淮南子》，《諸子集成》本，第 7 冊，第 366 頁。

〔註 212〕《孟子注疏》，北京：中華書局影印〔清〕阮元刻《十三經注疏》本，第八卷上，第十頁，總第五冊，第 5931 頁。

〔註 213〕〔漢〕許慎撰，〔清〕段玉裁注：《說文解字注》，第五篇上，第二十八頁，第 202 頁。

〔註 214〕張居正：《四書集註闡微直解》，第二十一卷，第十九頁，第 602 頁。

酒精的影響。唯恐美酒亂性，有礙政事，時刻保持清醒的頭腦，不受任何羈絆，此為聖人之行。

（二）

理氏引《書經・大禹謨》為《孟子》作歷史事件探源。《滕文公下》第九章第三節曰：「《書》曰：『洚水警余。』洚水者，洪水也。」〔註 215〕

理雅各《孟子》英譯本注云：「《書》曰，—— see the *Shû-ching*, II. Ii. 14, where for 警 we have 儆。」〔註 216〕理氏意謂，見《書經・虞書・大禹謨》第十四章，《大禹謨》用「儆」不用「警」。

茲引述《書經・虞書・大禹謨》之經文云：「帝曰：『來禹，降水儆予，成允成功。』」〔註 217〕《書經》原文與《孟子》所引相差一字，就是「儆」與「警」的分別。本書所引的阮元刻《十三經注疏・尚書》是「儆余」，理氏的《中國經典・尚書》英譯本的中文原文也是用「儆余」〔註 218〕。而阮元刻《十三經注疏・孟子》則用「警余」，朱熹《四書集註・孟子集註》亦是用「警余」〔註 219〕。

段玉裁：《說文解字注》認為「儆」與「警」音義相同，〔註 220〕但是二字原本音同，字義卻有別，《說文》云：「儆，戒也。」〔註 221〕又云「警，言之戒也。」〔註 222〕可見二字使用有別，「警」乃專指言語之訓戒，朱駿聲《說文通訓定聲》云：「警，當為誡敕之誡。儆，當為戒備之戒。二字不同。」〔註 223〕朱駿聲又云：「儆……假借為警。」〔註 224〕故此，「儆」假借為「警」之後，

〔註 215〕《孟子注疏》，北京：中華書局影印〔清〕阮元刻《十三經注疏》本，第六卷下，第三頁，總第五冊，第 5903 頁。

〔註 216〕James Legge, *The Works of Mencius*, p.279.

〔註 217〕《尚書正義》，北京：中華書局影印〔清〕阮元刻《十三經注疏》本，第四卷，第八頁，總第一冊，第 285 頁。

〔註 218〕James Legge, *The Shoo King*, P.60.

〔註 219〕〔宋〕朱熹：《四書集註・孟子集註》，影印怡府藏版，第三卷，第二十七頁。

〔註 220〕〔漢〕許慎撰，〔清〕段玉裁注：《說文解字注》，第八篇上，第十一頁，總第 370 頁。

〔註 221〕〔漢〕許慎撰，〔清〕段玉裁注：《說文解字注》，第八篇上，第十一頁，總第 370 頁。

〔註 222〕〔漢〕許慎撰，〔清〕段玉裁注：《說文解字注》，第三篇上，篇第十六頁，總第 94 頁。

〔註 223〕〔清〕朱駿聲：《說文通訓定聲》，典部第十七，第二十六頁，總第 861 頁。

〔註 224〕〔清〕朱駿聲：《說文通訓定聲》，典部第十七，第二十六頁，總第 861 頁。

漸漸發展至音義相同。亦可見《孟子》所用是假借字。理雅各只能指出《孟子》用「警」《尚書》用「儆」，只是說明兩者用字不同，未能理解《孟子》是使用假借字。

《大禹謨》曰：「帝曰：『來禹，降水儆予，成允成功。』」的意思，孔安國《尚書傳》云：「水性流下，故曰下水。儆，戒也。能成聲教之信，成治水之功，言禹最賢，重美之。」〔註225〕孔穎達《尚書正義》云：「帝不許禹讓，呼之曰來禹。下流之水，儆戒於我，我死不能治之，汝能成聲教之信，能成治水之功。」〔註226〕可見《大禹謨》此章，是帝堯稱贊禹的功勞，在天降洪水，警戒國家之時，禹可以平治洪水，又可以教化百姓，得到百姓之贊賞。

而《孟子》引《大禹謨》此章，是說國家一治一亂之間，全在於君王與臣子是否為百姓用心，張居正《四書集註闡微直解》云：「即此觀之，可見水旱之災，雖聖世不能免，惟當時為君者儆懼於上，為臣者勤勞於下，故能挽回氣運，轉亂而為治如此。然則救災拯溺之道，信不可不究心也。」〔註227〕孟子是承上文說一治一亂者的問題，引《尚書．大禹謨》載大禹治水之功績，上天降下洪水，是天對世人的儆示，堯即吩咐舜治水，舜找了禹來治水，成功治理了洪水。〔註228〕

（三）

理氏引用《尚書．大禹謨》解釋《孟子》論人禽之別，作思想上的考證。《離婁下》十九章第一節云：「人之所以異於禽獸者幾希，庶民去之，君子存之。」〔註229〕

理雅各《孟子》英譯本注云：

> One commentator refers us to the expression in the *Shû-ching*, ——人心惟危, 道心惟微 (II. ii. 15), as forming a key to the passage. In that, 人心 is the mind prone to err, in distinction from the 道心 "the

---

〔註225〕《尚書正義》，北京：中華書局影印〔清〕阮元刻《十三經注疏》本，第四卷，第八頁，總第一冊，第285頁。

〔註226〕《尚書正義》，北京：中華書局影印〔清〕阮元刻《十三經注疏》本，第四卷，第九頁，總第一冊，第286頁。

〔註227〕〔明〕張居正：《四書集註闡微直解》，第十九卷，第二十五頁，總第562頁。

〔註228〕〔明〕張居正：《四書集註闡微直解》，第十九卷，第二十四頁，總第562頁。

〔註229〕《孟子注疏》，北京：中華書局影印〔清〕阮元刻《十三經注疏》本，第八卷上，第十頁，總第五冊，第5931頁。

mind of reason," which it is said is minute.〔註 230〕

理氏之意是：有一個經學家，指示我們參考《書經・大禹謨》之言：『人心惟危道心惟微』作鑰匙，解釋《孟子・離婁》這段經文。《書經・大禹謨》之言，人心與道心有別，人心使人的思想傾向犯錯；道心則是有理性的思想，是很細緻入微的。

理氏之言，有兩個問題，第一是這個無姓名的「經學家」(one commentator）是誰？第二是這位經學家所言是否合乎《孟子》所論。

先討論第一個問題。理氏在 1861 年出版的《孟子》英譯本注解解釋《孟子》這段經文時，提及一個姓陳的經學家，〔註 231〕然而理氏在其《四書・緒論》所列出的參考書目，〔註 232〕並沒有任何一個姓陳的作者。據理氏的參考書目，可找到引用《書經・大禹謨》解釋《孟子・離婁》此段者，是李沛霖《四書諸儒輯要》，其云：

> 《虞書》所謂：「人心唯危，道心唯微」非以其只爭些子乎。故曰人、物之分，實在於此。自後世專標心學為宗旨，謂學只是學心，不知心有人與道之分，是以多落形氣之私，而非形氣之正，故吾儒遂開去存心之說。而朱子亦謂存是存其所以異於禽獸之道理也。其實所性之理，原為人物所同得，而人所以異於禽獸之道理者，以其獨得形氣之正，而能有以存其性耳。〔註 233〕

李氏認為「人心」與「道心」有所分別，朱熹所注重者是對「道心」之理解與執著。所以這個「One commentator」最大可能是李沛霖。

現討論第二個問題。今考之《尚書・大禹謨》，其文云：「人心惟危，道心惟微，惟精惟一，允執厥中。無稽之言勿聽，弗詢之謀勿庸。」〔註 234〕此文是帝舜嘉許禹之言，上文是說帝舜贊禹治水之功，天道乃在禹身上彰顯，〔註 235〕

〔註 230〕James Legge, *The Works of Mencius*, p.325.

〔註 231〕James Legge, *The Works of Mencius*, 1861, p.201.

〔註 232〕James Legge, *Confucian Analects, The Great Learning, and The Doctrine of The Mean*, in *The Chinese Classics Vol. I.*, Hong Kong: The Authors, 1861, prolegomena, p.129~135.

〔註 233〕李沛霖：《四書諸儒輯要》，三樂齋梓行乾隆五年——1740 年，重刻本，《孟子注疏》第八卷，第三十四頁。

〔註 234〕《尚書正義》，北京：中華書局影印〔清〕阮元刻《十三經注疏》本，第四卷，第八頁，總第一冊，第 285 頁。

〔註 235〕《尚書正義》，北京：中華書局影印〔清〕阮元刻《十三經注疏》本，第四卷，第八頁，總第一冊，第 285 頁。

帝舜教導禹管治天下百姓之原則，就是這句「人心惟危，道心惟微，惟精惟一，允執厥中。」孔安國《尚書傳》云「危則難安，微則難明，故戒以精一，信執其中。無考無信驗，不詢專獨，終必無成。故戒勿聽用。」〔註236〕從孔傳之言，危有危險之意，而微則有隱微之意。孔穎達《尚書正義》云：

> 居位則治民，治民必須明道，故戒之以「人心惟危，道心惟微。」道者經也，物所從之路也。因言人心，遂云道心。人心惟萬慮之主，道心為眾道之本，立君所以安人，人心危則難安。安民必須明道，道心微則難明。將欲明道，必須精心，將欲安民，必須一意。故以戒精心一意，又當信執其中，然後可得明道以安民耳。為人之君，不當妄用人言。故又戒之無可考校之言，謂無信驗。不詢於眾人之謀，謂專獨用意。言無信驗，是虛妄之言，獨為謀慮是偏見之說，二者終必無成，故戒令勿聽用也。〔註237〕

孔穎達之注解，仍然是按《大禹謨》之上下文與《孔傳》之意思，「人心」是與管治有關的，管治者要明白百姓的心與上天之心。然而，從《大禹謨》整段文字而言，是注重人心的重要，君王應該要體察人心，因為道心是隱微的，不易掌握的，而這種政治思想與《尚書》的整體政治思想是一致的，例如《尚書．泰誓中》云：「天視自我民視，天聽自我民聽。」〔註238〕君王從百姓的言行上體天心。是以，《大禹謨》之人心與道心，並無德性上之善惡之分，而且，君王施政，要以人心為主要觀察對象，不是單單聽天而行。李沛霖《四書諸儒輯要》可謂曲解了《尚書》人心與道心的意思，又錯誤地引用之以解釋《孟子》，理雅各又不明所以地引用李沛霖的解釋，可謂錯上加錯。

《離婁下》十九章第一節云：「人之所以異於禽獸者幾希，庶民去之，君子存之。」之意思可從漢末以及近人的注解得知，趙岐《孟子注》云：「幾希，無幾也。知義與不知義之間耳，眾民去義，君子存義也。」〔註239〕朱熹《四

〔註236〕《尚書正義》，北京：中華書局影印〔清〕阮元刻《十三經注疏》本，第四卷，第八至九頁，總第一冊，第285～286頁。

〔註237〕《尚書正義》，北京：中華書局影印〔清〕阮元刻《十三經注疏》本，第四卷，第十頁，總第一冊，第286頁。

〔註238〕《尚書正義》，北京：中華書局影印〔清〕阮元刻《十三經注疏》本，第十一卷，第十頁，總第一冊，第385頁。

〔註239〕《孟子注疏》，北京：中華書局影印〔清〕阮元刻《十三經注疏》本，第八卷上，第十頁，總第五冊，第5931頁。

書集註・孟子集註》云：

> 幾希，少也。庶，眾也。人物之生，同得天地之理以為性，同得天地之氣以為形。其不同者，獨人於其間形氣之正，而能有以全其性，為少異耳。雖曰少異，然人物之所以分，實在於此。眾人不知此而去之，則名雖為人，而實無以異於禽獸，君子知此而存之，是以戰惕厲，而率能有以全其所愛之理也。〔註240〕

王邦雄《孟子義理疏解》云：

> 人和禽獸的差別，孟子認為就在於人有能不受形軀私欲所左右，能自作主宰，純粹為義之故而為，而絕不計較利害的道德心在。人的道德心是使人有其人格尊嚴，有無可比擬的價值的。這道德心是至隱至微，又最顯最現的，雖只有那麼一點兒，但任何人都不能欺瞞它，它是人生命內部的法庭，時刻都在判斷人自己的行為是對是錯，它的控告，誰也躲避不了。人的有這良知，道德心，便使他不同於一般的禽獸。他知是非，明善惡，要為自己一切的作為負責；這人禽之辨是做人的第一步，亦是最重要的一步。人如果汩沒於利欲中，而不讓其自律自由的本心作生命的主宰，不擴充四端之心，則人雖在外表上是一個人，其價值實在和禽獸無以異。〔註241〕

人與動物很類似，都要吃飯睡覺。人與禽獸的差別就只在於「幾希」之性，但這幾希之性，小人就去之，君子就存之。人性之善惡之分別就在這去與存之間，人之所以為聖人，是在於此幾希之性，此存與去都代表著人的生命內在動力，聖人是因為這一內在力量促使而行善，走向仁義之道，一個真誠的人，就會體會到仁義是源於內心，行善就成為人內在的自然動力。〔註242〕這是《孟子》人性論的重心，理雅各並沒有掌握其意義。

（四）

理氏引用《尚書・大禹謨》指出《孟子》所講帝舜言行的出處，為歷史人物言行溯源。《萬章上》第一章第一至二節云：

> 萬章問曰：「舜往于田，號泣于旻天。何為其號泣也？」孟子曰：

〔註240〕〔宋〕朱熹：《四書集註・孟子集註》，影印怡府藏版，第四卷，第二十三頁。

〔註241〕王邦雄、曾昭旭、楊漢祖：《孟子義理疏解》，臺北：鵝湖出版社，2007年，第73頁。

〔註242〕傅佩榮：《孟子新解》，下冊，第31～32頁。

「怨慕也。」萬章曰：「父母愛之，喜而不忘；父母惡之，勞而不怨。然則舜怨乎？」曰：「長息問於公明高曰：舜往于田，則吾既得聞命矣；號泣于旻天、于父母，則吾不知也。公明高曰：是非爾所知也。」夫公明高以孝子之心為不若是恝。我竭力耕田，共為子職而已矣；父母之不我愛，於我何哉？〔註 243〕

理雅各《孟子》英譯本注云：

> See the incident related in the *Shû-ching*, II. Ii, 21, from which we learn that such behaviour was a characteristic of his earlier life, when he was "ploughing" at the foot of the Lî hill. …… 于父母 is also from the *Shû-ching*, though omitted above in par. I.〔註 244〕

理氏意思是，在《書經・大禹謨》可見到此事件的記載，從這事件可以知道，帝舜年輕時的行為特徵，其時他是在歷山的山腳做農夫。于父母同樣出自《書經》，雖然少了前面一小段。

這是孟子與其弟子萬章的對答，萬章不明白帝舜的反應，乃有此一問。茲引述《尚書・大禹謨》相關經文如下：「帝初于歷山，往于田，日號泣于旻天、于父母。負罪引慝祇載。」〔註 245〕孔安國《尚書傳》云：「仁覆愍下謂之旻天。言舜耕于歷山之時，為父母所疾，日號泣于旻天及父母，克己自責不責于人。慝，惡。載事也。……言舜負罪引惡，敬以事。」〔註 246〕蔡沈《書集傳》：「日，非一日也。言舜耕於歷山，往于田之時，以不獲順於父母之故，而日號呼于旻天，于其父母，蓋怨慕之深也。負罪，自負其罪，不敢以為父母之罪。引慝，自引其慝，不敢以為父母之慝也。祇敬，載，事也。」〔註 247〕據《大禹謨》所載，帝舜是非常孝順的人，即使他不能得到父母的關愛，也不怪罪父母，沒有把責任推卸給別人，仍然恭敬的孝順父母。萬章不明舜號泣的原因，孟子答之曰「怨慕」，趙岐《孟子注》曰：「言舜自怨遭父母見惡之厄，而

〔註 243〕《孟子注疏》，北京：中華書局影印〔清〕阮元刻《十三經注疏》本，第九卷上，第一至二頁，總第五冊，第 5946 頁。

〔註 244〕James Legge, *The Works of Mencius*, p.343.

〔註 245〕《尚書正義》，北京：中華書局影印〔清〕阮元刻《十三經注疏》本，第四卷，第十四頁，總第一冊，第 288 頁。

〔註 246〕《尚書正義》，北京：中華書局影印〔清〕阮元刻《十三經注疏》本，第四卷，第十四頁，總第一冊，第 288 頁。

〔註 247〕〔宋〕蔡沈：《書經集傳》，上海：上海古籍出版社，影印《四庫全書》本，1987 年，第 58 冊，第一卷，第 18 頁。

思慕也。」〔註 248〕舜自怨所遭到的不幸，但卻不是怨恨父母，反之，仍然對父母不離不棄，楊伯峻《孟子譯注》云：「慕——此『慕』字即下文『大孝終身慕父母』之『慕』，對父母的依戀古人常用一『慕』字，如《禮記・檀弓上》云『其往也如慕，其反也如疑。』鄭玄注云『慕謂小兒隨父母啼呼。』」〔註 249〕

可惜萬章仍然未明白孟子對帝舜的解釋，所以孟子引用公明高與其弟子長息〔註 250〕的對話回答萬章，「孝子之心不若是恝」，「恝」古字是「忦」，《說文》云：「忦忽也，从心，介聲。《孟子》曰：『孝子之心不若是忦。』」〔註 251〕段玉裁：《說文解字注》云：「忦、恝古今字。」〔註 252〕忽者，忘也〔註 253〕；忘者，不識也。〔註 254〕由是言之，孟子引公明高之言，是指出帝舜的孝心是不能輕忽父母，也不能忘記父母，也更加不可以不識父母，即使帝舜年青時被父母多番加害，他仍然盡其孝子之心，沒有懷恨父母的意思。

帝舜之孝心可謂「惟其責己之誠，敬親之至，所以終能有格親心，而成萬世之大孝也。」〔註 255〕理氏雖然找到帝舜言行的出處，但無剖析《孟子》贊賞帝舜的孝心。

（五）

理氏引用《尚書・大禹謨》講《孟子》引述的歷史事件的出處。《萬章上》第四章第四節：「《書》曰：『祇載見瞽瞍，夔夔齋栗，瞽瞍亦允若』，是為父不得而子也？」〔註 256〕

理雅各《孟子》英譯本注云：「《書》曰，—— see the *Shû-ching*, II. Ii.

〔註 248〕《孟子注疏》，北京：中華書局影印〔清〕阮元刻《十三經注疏》本，第九卷上，第一頁，總第五冊，第 5946 頁。

〔註 249〕楊伯峻：《孟子譯注》，上冊，第 208 頁。

〔註 250〕《孟子注疏》，北京：中華書局影印〔清〕阮元刻《十三經注疏》本，第九卷上，第一頁，總第五冊，第 5946 頁。

〔註 251〕〔漢〕許慎撰，〔清〕段玉裁注：《說文解字注》，第十篇下，第四十頁，總第 510 頁。

〔註 252〕〔漢〕許慎撰，〔清〕段玉裁注：《說文解字注》，第十篇下，第四十頁，總第 510 頁。

〔註 253〕〔漢〕許慎撰，〔清〕段玉裁注：《說文解字注》，第十篇下，第四十頁，總第 510 頁。

〔註 254〕〔漢〕許慎撰，〔清〕段玉裁注：《說文解字注》，第十篇下，第四十頁，總第 510 頁。

〔註 255〕〔明〕張居正：《四書集註闡微直解》，第二十二卷，第一頁，總第 617 頁。

〔註 256〕《孟子注疏》，北京：中華書局影印〔清〕阮元刻《十三經注疏》本，第九卷上，第十頁，總第五冊，第 5950 頁。

15.」〔註257〕理氏意謂，《書》曰，見《書經・虞書・大禹謨》第十五章。

理氏所講有誤，根據理氏的《書經》英譯本，應該是《尚書・虞書・大禹謨》第廿一章之文而不是第十五章。《尚書・大禹謨》第廿一章整段經文是：「帝初于歷山，往于田，日號泣于旻天、于父母。負罪引慝，祇載見瞽瞍，夔夔齋慄，瞽亦允若；至誠感神，矧茲有苗。」〔註258〕

《孟子》所引用者只有三句「祇載見瞽瞍，夔夔齋栗，瞽瞍亦允若。」第二句的「栗」，《大禹謨》作「慄」。阮刻《十三經注疏・孟子》與朱熹《四書集註・孟子集註》都作「栗」，趙岐《孟子注》云「夔夔齋栗，敬慎戰懼貌。」〔註259〕可說明趙岐所見之《孟子》已經是作「栗」。孔安國《尚書傳》云：「慝，惡。載，事也。夔夔，悚懼之貌。言舜負罪引惡，敬以事。見于父，悚懼齋莊，父亦信順之，言能以至誠感頑父。」〔註260〕

孟子引用舜與其父之關係作例子，是回應其弟子咸丘蒙另一個的問題，咸丘蒙曾問孟子：「《詩》云：『普天之下，莫非王土；率土之濱，莫非王臣。』而舜既為天子矣，敢問瞽瞍之非臣如何？」〔註261〕咸丘蒙認為既然《詩經》已經講過，普天之下沒有一塊土地不是天子的土地，在這片地土上的所有人都是天子的臣民，但舜的父親卻沒有以臣事君之禮對待帝舜。孟子解釋了《詩經・北山》這首詩之後，就引用《書經》來解釋帝舜對父親的行為是出於子對父的孝道，就算是盛德之士，對父親亦需要有恭敬的態度。

五、引用《皐陶謨》考

理氏引用《尚書・皐陶謨》一次，指出《孟子》所講禹喜愛善言的出處。《公孫丑上》第八章第二節：「孟子曰：『子路，人告之以有過則喜。禹聞善言則拜。大舜有大焉，善與人同，舍己從人，樂取於人，以為善。』」〔註262〕

〔註257〕James Legge, *The Works of Mencius*, p.354.

〔註258〕《尚書正義》，北京：中華書局影印〔清〕阮元刻《十三經注疏》本，第四卷，第十四頁，總第一冊，第288頁。

〔註259〕《孟子注疏》，北京：中華書局影印〔清〕阮元刻《十三經注疏》本，第九卷上，第十頁，總第五冊，第5950頁。

〔註260〕《尚書正義》，北京：中華書局影印〔清〕阮元刻《十三經注疏》本，第四卷，第十四頁，總第一冊，第288頁。

〔註261〕《孟子注疏》，北京：中華書局影印〔清〕阮元刻《十三經注疏》本，第九卷上，第十頁，總第五冊，第5950頁。

〔註262〕《孟子注疏》，北京：中華書局影印〔清〕阮元刻《十三經注疏》本，第三卷下，第九頁，總第五冊，第5853頁。

理雅各《孟子》英譯本注云：「In the *Shû-ching*, II. Iii. I, we have an example of this in Yü. It is said, ——禹拜昌言，『Yu bowed at these excellent words.』」〔註 263〕理氏意謂，在《書經．虞書．皋陶謨謨》，可以找到「禹拜昌言」的例子，禹為善言而躹躬。

理氏謂「禹拜昌言。」見諸《尚書．皋陶謨》：「禹拜昌言曰：俞。」〔註 264〕但尚有另一例《尚書．大禹謨》：「禹拜昌言曰：俞。」〔註 265〕已在上文討論。理氏的《孟子》注將「昌言」譯作「excellent word」即是「最好的言語」。而他的英譯《孟子》則把「善言」譯作「good word」〔註 266〕

孔安國《尚書傳》解「昌」為適當，其解《大禹謨》云：「昌，當也。以益言為當，故拜受而然之。」〔註 267〕其解《皐陶謨》云：「以皐陶言為當，故拜受而然之。」〔註 268〕《說文解字》：「昌，美言也。」〔註 269〕司馬遷《史記．夏本紀》云：「禹拜美言。」〔註 270〕近人注《尚書》者，都有把「昌」解作「美」者。如慕平的《尚書譯注》〔註 271〕，黃懷信的《尚書注訓》。〔註 272〕但「美言」不能表達道德意義，《孟子》用「善言」，為大禹喜愛美好之言賦予了道德意義，亦符合《孟子》的整體思想。亦可見《孟子》引用古籍，乃在於加強其言論的果效。

《孟子》引「禹拜昌言」的目的是用古代的聖賢作例子，講人應該接受別人的意見，吸取別人的優點而使自己可以行善，所以《孟子》用善言而不用昌言，是與道德價值的討論有關，張居正《四書集註闡微直解》云：

〔註 263〕James Legge, *The Works of Mencius*, p.205.

〔註 264〕《尚書正義》，北京：中華書局影印〔清〕阮元刻《十三經注疏》本，第四卷，第十七頁，總第一冊，第 290 頁。

〔註 265〕《尚書正義》，北京：中華書局影印〔清〕阮元刻《十三經注疏》本，第四卷，第十四頁，總第一冊，第 288 頁。

〔註 266〕James Legge, *The Works of Mencius*, p.205.

〔註 267〕《尚書正義》，北京：中華書局影印〔清〕阮元刻《十三經注疏》本，第四卷，第十四頁，總第一冊，第 288 頁。

〔註 268〕《尚書正義》，北京：中華書局影印〔清〕阮元刻《十三經注疏》本，第四卷，第十七頁，總第一冊，第 290 頁。

〔註 269〕〔漢〕許慎著，〔清〕段玉裁注：《說文解字注》，第七篇上第九頁，總第 306 頁。

〔註 270〕〔漢〕司馬遷：《史記》臺北：藝文印書館影印乾降武英殿刊本，第二卷，第十八頁，總第一冊，第 53 頁。

〔註 271〕慕平：《尚書譯注》，第 35 頁。

〔註 272〕黃懷信：《尚書注訓》，第 40 頁。

> 古之聖賢，其樂善之誠皆同，而分量之大小則異。昔孔門弟子子路，是勇於自修的人，其心惟恐己之不善，失于不知，而不能改，故人來說他的過失，便欣然喜受，以為幸而可改也。夏王大禹，是不自滿假的人，其心惟恐人之有善壅于不聞，而不能行，故一聞善言，便肅然拜受，以為幸而可行也。一喜一拜，其樂善之心，皆出於誠如此。至于大舜，則又有大於禹與子路者。蓋子路之喜，猶見不善之在己，未能忘己；禹之拜，猶見善之在人，未能忘人。舜則見得這善，是天下公共的道理，非是一人的私物，不把做自己的，也不把做別人的，而與人同其善焉。如有見于己之未善，便舍卻自己，而翻然從人，一毫無所係吝。有見于人之善，便樂取於人，而為之於己，一毫無所勉強。人己兩忘，形跡俱化，這叫作善與人同。〔註 273〕

這樣看來，《孟子》所提倡的善，是可以藉學習、吸取別人的善使自己更趨向善，這種善行包括了謙虛學習的心態，《尚書》載「禹拜昌言」，是講大禹接受下屬的建議，以下屬的意見是美言而接受之，但孟子將「昌言」改作「善言」，不單止將其賦予道德性的含義，更認為人應該接受眾人的善言，而不單單接受下屬的意見。理雅各沒有對「昌言」與「善言」的不同思想剖析，未能掌握《孟子》用字的深度。理氏把「昌言」譯做「excellent word」而「善言」則譯做「good word」是很好的翻譯，因在基督教神學思想之中，「good」是含有德性意義的。

六、引用《益稷謨》考

理氏引用《書經》指出《孟子》所載「益」的事蹟之出處，作歷史事件溯源。《萬章上》第六章第一節：「禹薦益於天，七年，禹崩，三年之喪畢，益避禹子於箕山之陰；朝覲訟獄者，不之益而之啟，曰：『吾君之子也。』謳歌者不謳歌益而謳歌啟，曰：『吾君之子也。』」〔註 274〕

理雅各《孟子》英譯本注云：「Yî was Yü's great minister, raised to that dignity after the death of Kâo-Yâo; —— see the *Shû-ching*, II. Iv.」〔註 275〕理氏意謂，

〔註 273〕〔明〕張居正：《四書集註闡微直解》，第十六卷，第四十一頁，第 510 頁。

〔註 274〕《孟子注疏》，北京：中華書局影印〔清〕阮元刻《十三經注疏》本，第九卷下，第三頁，總第五冊，第 5955 頁。

〔註 275〕James Legge, *The Works of Mencius*, p.359.

皐陶死後「益」成為禹的協理大臣，見《尚書．虞書．益稷謨》。

理氏並不是解釋益避啟之事，只不過是對益作典故式的溯源。孔穎達《尚書正義》云：「禹言曁益曁稷，是禹稱其二人，二人助禹有功，因以此二人名篇。」〔註276〕雖然以「益稷」做篇名，然關於益之事蹟，在《尚書．大禹謨》所載更多，茲引述如下：

> 益曰：「吁！戒哉！儆戒無虞，罔失法度；罔遊于逸，罔淫于樂；任賢勿貳，去邪勿疑，疑謀勿成，百志惟熙；罔違道以干百姓之譽；罔咈百姓以從己之欲，無怠無荒，四夷來王。」〔註277〕
>
> 益贊于禹曰：「惟德動天，無遠弗屆。滿招損，謙受益，時乃天道。」〔註278〕

兩段文字，都是益對禹的勸勉，說明了益是禹的得力助手。但是對理解《孟子》所載的益與啟禪讓的歷史事件幫助不大。

孟子講這段歷史的目的，是解釋帝位的承傳，是有天意的，天予賢則予賢，天予子則予子。雖然禹有向天推薦益，任用益為相七年，但益因為禹的兒子啟的緣故，避啟於箕山之陰。但百姓都歌頌與擁戴禹之子啟，禹傳位予兒子啟，都是順應天意，並不是他的私心作出這種決定。〔註279〕政權轉移是《孟子》政治思想重要一環，可惜理氏沒有著墨於此。

第三節　引用《書經．商書》考

一、引用《湯誓》考

理氏引《湯誓》為《孟子》的引述作探源工夫。《梁惠王上》第二章第四節云：「《湯誓》曰：『時日害喪？予及女皆亡。』民欲與之皆亡，雖有臺池鳥獸，豈能獨樂哉？」〔註280〕

〔註276〕《尚書正義》，北京：中華書局影印〔清〕阮元刻《十三經注疏》本，第五卷，第一頁，總第一冊，第296頁。

〔註277〕《尚書正義》，北京：中華書局影印〔清〕阮元刻《十三經注疏》本，第四卷，第三頁，總第一冊，第283頁。

〔註278〕《尚書正義》，北京：中華書局影印〔清〕阮元刻《十三經注疏》本，第四卷，第十四頁，總第一冊，第288頁。

〔註279〕〔明〕張居正：《四書集註闡微直解》，第二十二卷，第二十二頁，總第627頁。

〔註280〕《孟子注疏》，北京：中華書局影印〔清〕阮元刻《十三經注疏》本，第一卷上，第五頁，總第五冊，第5797頁。

理雅各《孟子》英譯本注云：

> See the *Shû-ching*, IV. Bk. I. 1.3; Tang's announcement of his reasons for proceeding against the tyrant Chieh. The words quoted are those of the people. Chieh had pointed to the sun, saying that as surely as the sun was in heaven, so firm was he on his throne. The people took up his words, and pointing to the sun, thus expressed their hatred of tyrant, preferring death with him to life under him. 時＝是；害 is read *ho*; 喪 in 4th tone.〔註 281〕

理氏之意是：參考《書經・商書・湯誓》第三節。是湯的誓言，說明進行討伐夏傑之事。《湯誓》引用了百姓的說話，夏傑指著太陽說：『天上的太陽的穩固，他的王位也一樣穩固。』百姓指著太陽說著夏傑的話，藉此表示對此暴君的憎恨，情願與其同死也不願活在他的權下。

茲引《尚書・湯誓》之文如下：「時日曷喪？予及汝皆亡！」〔註 282〕阮刻本《尚書》與阮刻本《孟子》的引述用字有所不同，《尚書》是用「曷喪」、「汝」，《孟子》則用「害喪」、「女」，理氏並無提及。

據孫星衍《尚書今古文注疏》的分析，《孟子》所據是「古文說」，其文云：

> 史遷「時」作「是」，「曷喪」作「何時喪」，「及」作「與」。鄭康成曰：「桀見民欲叛，乃自比于日，曰：是日何嘗喪乎，日亡，我與汝亦皆喪亡。引不亡之徵，以脅恐下民也。」……《孟子・梁惠王篇》引《湯誓》「曷」為「害」，說之云：「民欲與之偕亡。」注云「時，是也。日，乙卯日也。害，大也。言桀為無道，百姓皆欲與湯共伐之。湯臨士眾誓，言桀是日當大喪亡，我與汝俱往亡之。」與鄭說異者，鄭用《大傳》今文說，《孟子》蓋古文說也。〔註 283〕

至於「女」及「汝」之分別，乃因在古文獻之中，「女」經常假借作「汝」，朱駿聲：《說文通訓定聲》云「女……假借：發聲之詞，與用、汝、若、而、爾同。《禮記・仲尼燕居》：女三人者。《孝經》女知之乎。」〔註 284〕

《孟子》與阮刻《尚書》用字之不同，因其所用版本各異，《孟子》根據

〔註 281〕James Legge, *The Works of Mencius*, p.128~129.

〔註 282〕《尚書正義》，北京：中華書局影印〔清〕阮元刻《十三經注疏》本，第八卷，第二頁，總第一冊，第 338 頁。

〔註 283〕孫星衍：《尚書今古文注疏》，上冊，第 218 頁。

〔註 284〕〔清〕朱駿聲：《說文通訓定聲》，豫部第九，第七十五頁，總第 426 頁。

的版本，乃比鄭玄更早之版本，並非《孟子》引述錯誤。理氏可能因學力不足，未能詳加分析，只能做歷史溯源的功夫。

《孟子》借用《湯誓》的目的，是提醒梁惠王，應該與民同樂，張居正《四書集註闡微直解》云：

> 孟子又說：「我所謂不賢者雖有此不樂，觀于夏桀之事可見。昔桀嘗自言，吾有天下，如天之有日，日亡吾乃亡矣耳。民怨其虐，因就其言而指日說：此日何時亡乎？若亡，則我寧與之俱亡。蓋欲其亡之速也。夫為君者獨樂，而不恤其民，致使下民違怨詛咒，欲與之俱亡；當此之時，一身且不能保，雖有台池鳥獸，安能晏然於上而獨享其樂哉？此我所以說，不賢者雖有此不樂也。」抑游觀之樂，聖王不廢；然至於游於佚，則又切切戒之。故台沼雖設，而文王方且視民如傷，不遑暇食，則其憂勤之心可想矣。夏桀荒于宴樂，遂至瓊宮瑤台，竭天下之財力以自奉，眾民之怨，不亦宜乎？明主所宜深念也。〔註 285〕

孟子並沒有否定君王擁有臺池鳥獸，而是反對君王終日耽於逸樂。孟子引用夏桀作例子，指出人君只顧獨樂而不體恤民間疾苦，百姓便會民怨沸騰，君主也不能安樂生活。與民同樂才是愛民的仁政。

二、引用《仲虺之誥》考

理氏一共五次引用《仲虺之誥》解釋《孟子》，茲分別論述如下。

（一）

理氏引用《尚書・仲虺之誥》是為《孟子》之言做文獻溯源工夫，《梁惠王下》第八章第一節云：「齊宣王問曰：『湯放桀，武王伐紂，有諸？』孟子對曰：『於傳有之。』」〔註 286〕

理雅各《孟子》英譯本注云：「Of T‘ang's banishment of Chieh, see the *Shû-ching*, IV. Ii, iii, and of the smiting of Châu, see the same, V. i.」〔註 287〕理氏認為，湯放桀之事見諸《書經・商書・仲虺之誥》，伐紂之事見諸《書經・周書・泰誓》。

〔註 285〕〔明〕張居正：《四書集註闡微直解》，第 4～5 頁。

〔註 286〕《孟子注疏》，北京：中華書局影印〔清〕阮元刻《十三經注疏》本，第二卷下，第三頁，總第五冊，第 5828 頁。

〔註 287〕James Legge, *The Works of Mencius*, p.167.

理氏在此引用了《書經》兩段經文，第一段是《仲虺之誥》，第二段是《泰誓》。為了論述方便起見，兩段經文一同論述，不分開兩點，以便理解。

湯放桀之事，載於《尚書．仲虺之誥》，茲引《仲虺之誥》云：

> 成湯放桀于南巢，惟有慙德。曰：「予恐來世以台為口實，仲虺乃作誥。」曰：「嗚呼，惟天生民，有欲無主乃亂，惟天生聰明時乂。有夏昏德，民墜塗炭，天乃錫王勇智，表正萬邦，纘禹舊服。茲率厥典，奉若天命。夏王有罪，矯誣上天，以布命于下；帝用不臧，式商受命，用爽厥師；簡賢附勢，寔繁有徒；肇我邦予有夏，若苗之有莠，若粟之有秕；小大戰戰，罔不懼于非辜，矧予之德言足聽聞。惟王不邇聲色，不殖貨利。德懋懋官，功懋懋賞，用人惟己，改過不吝，克寬克仁，彰信兆民。乃葛伯仇餉，初征自葛，東征西夷怨，南征北狄怨；曰：『奚獨後予。攸徂之民，室家相慶。』曰：『徯予后，后來其蘇。民之戴商，厥惟舊哉。』」〔註288〕

據《仲虺之誥》之序言，此篇之作，乃在成湯伐夏傑之後，回師到大坰之地，成湯之大臣仲虺所作之誥。〔註289〕仲虺作誥的目的，乃因成湯放桀到南巢之地，感到有些慚愧，孔安國《尚書傳》曰：「湯伐桀，武功成，故以為號。南巢，地名。有慙德，不及古。」〔註290〕仲虺作誥勸勉成湯不要因放桀而有所慚愧，蓋此乃順應天命之舉，孔穎達《尚書正義》云：

> 發首二句，史述成湯之心。次句，湯言已慚之意。仲虺乃作誥，以下皆勸湯之辭，自曰嗚呼至用爽厥師，言天以桀有罪，命伐夏之事。自簡賢輔勢至言足聽聞，說湯在桀時，怖懼之事。自惟王弗邇聲至厥惟舊哉，言湯有德行加民，民歸之事。自佑賢輔德以下，說天子之法，當擢用賢良，屏黜昏暴，勸湯奉行此事，不須以放桀為惡。〔註291〕

至於伐紂之事出於《尚書．泰誓上》，茲節錄其文如下「惟十有三年，春，

〔註288〕《尚書正義》，北京：中華書局影印〔清〕阮元刻《十三經注疏》本，第八卷，第六至八頁，總第一冊，第340～341頁。

〔註289〕《尚書正義》，北京：中華書局影印〔清〕阮元刻《十三經注疏》本，第八卷，第五頁，總第一冊，第340頁。

〔註290〕《尚書正義》，北京：中華書局影印〔清〕阮元刻《十三經注疏》本，第八卷，第五頁，總第一冊，第340頁。

〔註291〕《尚書正義》，北京：中華書局影印〔清〕阮元刻《十三經注疏》本，第八卷，第五頁，總第一冊，第340頁。

大會于孟津，作泰誓三篇」。〔註 292〕孔穎達《尚書正義》云：「惟文王受命十有一年，武王服喪既畢，舉兵伐殷，以卜諸侯伐紂之心。雖諸侯僉同，乃退以示弱，至十三年紂惡既盈，乃復往伐之。」〔註 293〕

《孟子》在此所講的歷史事件，趙岐並未講明出處，朱熹則只云：「《書》云：『成湯放桀於南巢。』」〔註 294〕並無明言出自何篇，甚至焦循《孟子正義》亦無說明出處，而《孟子》原本云：「於傳有之」，傳者可說是史籍，〔註 295〕有別於他常說的書曰或某篇曰。注經家可能因為今古文《尚書》之差異，例如孫星衍的《尚書今古文注疏》並無《仲虺之誥》，而其《泰誓》之篇，亦與阮刻本有所差異。注《孟子》者亦今古文之差異因而無指明事件的出處。

《孟子》的目的，是說君臣各有其分，不可逾越，但湯武是奉天伐暴，而不是用兵犯上，因為夏桀不是仁義之君而伐之。至於武王伐紂，亦是出於天理，商紂自絕於天，乃遭天罰。〔註 296〕

（二）

理氏引用《尚書‧仲虺之誥》，為《孟子》所講的歷史事件做溯源工夫。《梁惠王下》第十一章第二節云：

> 齊人伐燕，取之。諸侯將謀救燕。宣王曰：「諸侯多謀伐寡人者，何以待之？」孟子對曰：「臣聞七十里為政於天下者，湯是也。未聞以千里畏人者也。《書》曰：『湯一征，自葛始。』天下信之。『東面而征，西夷怨；南面而征，北狄怨。曰：奚為後我？』民望之，若大旱之望云霓也。歸市者不止，耕者不變。誅其君而弔其民，若時雨降。民大悅。《書》曰：『徯我后，后來其蘇。』今燕虐其民，王往而征之，民以為將拯己於水火之中也，簞食壺漿以迎王師。若殺其父兄，係累其子弟，毀其宗廟，遷其重器，如之何其可也？」〔註 297〕

理雅各《孟子》英譯本注云：「See the *Shû-ching*, IV.ii. 6. *Mencius* has

〔註 292〕《尚書正義》，北京：中華書局影印〔清〕阮元刻《十三經注疏》本，第十一卷，第三至四頁，總第一冊，第 382 頁。

〔註 293〕《尚書正義》，北京：中華書局影印〔清〕阮元刻《十三經注疏》本，第十一卷，第一頁，總第一冊，第 381 頁。

〔註 294〕〔宋〕朱熹：《四書集註‧孟子集註》，影印怡府藏版，第一卷，第二十六頁。

〔註 295〕楊伯峻：《孟子譯注》上冊，第 42 頁。

〔註 296〕〔明〕張居正：《四書集註闡微直解》，第 45 頁。

〔註 297〕《孟子注疏》，北京：中華書局影印〔清〕阮元刻《十三經注疏》本，第二卷下，第七至八頁，總第五冊，第 5830 頁。

introduced the clause 天下信之，and there are some other differences from the original text. …… The second quotation is from the same paragraph of the *Shû-ching*, where we have 予 for 我。」〔註 298〕理氏意謂，見《書經・商書・仲虺之誥》第六節，《孟子》引用時，羼雜了「天下信之」一語。而且，《孟子》的文字又與《書經》原文有所不同。……第二個引述同是出自《仲虺之誥》，用「予」代替了「我」。

茲引《尚書・仲虺之誥》云：「初征自葛，東征西夷怨，南征北狄怨；曰：『奚獨後予。』攸徂之民，室家相慶，曰：『徯予后，后來其蘇。』」〔註 299〕

理氏認為，《孟子》引述《尚書》此段經文，插入了「天下信之」一語，而且與《尚書》原文也有些不同，《尚書》是「徯予后」，《孟子》則是「徯我后」，用字也是少許不同。有學者認為阮元刻十三經《尚書》，是「偽古文尚書」〔註 300〕所以《孟子》所引者，是《尚書》之逸文，持此說者，如漢人趙岐《孟子注》，〔註 301〕〔清〕代學者焦循《孟子正義》，〔註 302〕近人楊伯峻《孟子譯注》。〔註 303〕

「今古文尚書」與「偽古文尚書」此一問題，是清代學者以至現代學者仍然有不少討論的，不是本書的討論範圍。但按《孟子》此段文字的上下文理而言，孟子是有目的地引用《尚書》回答齊宣王的問題，引述之時，通常會加上其闡釋，對應著實際情況而引用，是實用意義的使用《尚書》。故此，在引述時同時加以解釋，以使聽者明白其涵意，這是《孟子》經常運用的議論手法。

茲先解《仲虺之誥》此段的意思，孔安國《尚書傳》曰：「湯為是以不祀之罪伐之，從此後，遂征無道，西夷北狄，舉遠而言，則近者著矣。怨者辭也（奚獨予後）湯所往之民，喜曰：待我君來，其可蘇息。」〔註 304〕簡而言之，

〔註 298〕 James Legge, *The Works of Mencius*, p.170~171.

〔註 299〕 《尚書正義》，北京：中華書局影印〔清〕阮元刻《十三經注疏》本，第八卷，第八頁，總第一冊，第 341 頁。

〔註 300〕 蔣伯潛：《十三經概論》，第 97 頁。

〔註 301〕 《孟子注疏》，北京：中華書局影印〔清〕阮元刻《十三經注疏》本，第二卷下，第八頁，總第五冊，第 5830 頁。

〔註 302〕 焦循：《孟子正義》，北京：中華書局，上冊，第 152 頁。

〔註 303〕 楊伯峻：《孟子譯注》，上冊，第 47 頁。

〔註 304〕 《尚書正義》，北京：中華書局影印〔清〕阮元刻《十三經注疏》本，第八卷，第八頁，總第一冊，第 341 頁。

百姓都喜歡湯的征伐行動，認為這明君來到，使他們重新有希望，可以重新過生活，不再陷於恐懼之中。

至於《梁惠王下》第十一章此段，趙岐《孟子注》:「徯，待也。后君也。〔註 305〕楊伯峻云:「蘇——也寫作『穌』、『甦』，更生、復活的意思。」〔註 306〕意思是等待君王到來，君王來了之後，百姓的生活才可以重新振作。孟子引用《尚書》此段經文，乃比喻齊宣王伐燕是正確的，就等於拯救燕國的百姓，可惜宣王卻沒有在燕國行仁政，不得民心，所以怕其他諸侯虎視眈眈，張居正《四書集註闡微直解》云：

> 這一節正是成湯為政於天下的事。葛，是國名「奚」字解作「何」字。霓，是虹霓，雲合則雨，虹見則止，以比民望王師之切的意思。弔，是撫恤。奚，是等待。蘇，是復生。孟子說:「臣謂湯以七十里為政於天下，觀於《書》之所言可見矣。《書經．仲虺之誥》有云：湯初與葛為鄰，葛伯無道，湯乃舉兵伐之，是湯之征伐，自葛國始。那時天下之人，都信其志在救民，不是為暴。湯若往東面征討，則西夷之人怨望；若往南面征討，則北狄之人怨望。都說道：我等受害一般，王何為不先來征我之國乎？這時節，百姓每冀望王師之來，又恐其不來，就如大旱時，望著雲合而雨，又恐虹見而止也。其望之之切如此。及王師既至，商賈各安於市，而交易不止；農夫各安於野，而耕耘者不變。但誅戮其有罪之君，撫安其無罪之民，就如大旱之後，甘雨應時而降，民皆喜色相慶，欣然大悅。《書經》上載著百姓之言說：我等困苦無聊，專等我君來救，我君一來，我等方得蘇息，真是死而復生一般。」觀《書》所言，則知成湯能以七十里而王於天下者，惟其行仁政以救民，而有以慰斯民之望耳。王今伐燕，未能行仁政以慰民心，則所以致諸侯之兵者，豈無自哉？〔註 307〕

《梁惠王下》第十一章這段經文，是孟子藉湯之征伐天下發揮其王道思想，湯得到百姓的歡迎，是因為商湯愛護人民之道，這就是孟子所提倡的仁政

〔註 305〕《孟子注疏》，北京：中華書局影印〔清〕阮元刻《十三經注疏》本，第二卷下，第八頁，總第五冊，第 5830 頁。

〔註 306〕楊伯峻:《孟子譯注》，上冊，第 47 頁。

〔註 307〕〔明〕張居正:《四書集註闡微直解》，第十五卷，第三十一至三十三頁，總第 484 頁。

王道，得天下者必須得之以道，唐端正《先秦諸子論叢——續編》云：

> 無論禪讓也好，革命也好，必須以其道得之，否則便是篡竊劫奪，便是亂臣賊子，暴君污吏，這便人人得而誅之。然則這個道是什麼道呢？這是一個超越於一切現實政治以上的道，它既是君道，也是臣道，既是父道，也是子道，而歸根究柢，這就是儒家用以綱維人類文化的王道與仁道。〔註308〕

荀子也強調以道治天下的政治理論，《荀子．王霸篇》云：「國者，天下之制利用也。人主者，天下之利勢也。得道以持之，則大安也，大榮也，積美之源也。不得道以持之，則大危也，大累也，有之不如無之；及其綦也，索為匹夫不可得也。」〔註309〕可見這個道，是孔子、孟子、荀子一脈相承的儒家政治思想的重心所在。孔子作《春秋》，就是要拿這個道去衡量現實的政治人物。〔註310〕孟子可謂上承了孔子的《春秋》之精神，將此精神應用於實際的處境之中，孟子藉湯討伐天下的例子，批評齊宣王沒有在燕國行仁政，是「失道之治」。

（三）

理氏仍是引《尚書．仲虺之誥》為《孟子》所講的歷史事件探源。《滕文公下》第五章第二節云：

> 孟子曰：「湯居亳，與葛為鄰，葛伯放而不祀。湯又使人問之曰：『何為不祀？』曰：『無以供粢盛也。』湯使亳眾往為之耕，老弱饋食。葛伯率其民，要其有酒食黍稻者奪之，不授者殺之。有童子以黍肉餉，殺而奪之。《書》曰：『葛伯仇餉』，此之謂也。為其殺是童子而征之，四海之內皆曰：『非富天下也，為匹夫匹婦復讎也。』」〔註311〕

理雅各《孟子》英譯本注云：「《書》曰，—— see the *Shû-ching*, IV. Ii. 6.」〔註312〕理氏意謂，《書》曰者，見《書經．商書．仲虺之誥》第六章。

〔註308〕唐端正：《先秦諸子論叢：續編》，第6頁。

〔註309〕〔先秦〕荀卿撰、王先謙集解：《荀子集解》，臺北：藝文印書館影印本，第七卷，第一頁，總第283頁。

〔註310〕唐端正：《先秦諸子論叢：續編》，第6頁。

〔註311〕《孟子注疏》，北京：中華書局影印〔清〕阮元刻《十三經注疏》本，第六卷上，第九至十頁，總第五冊，第5897頁。

〔註312〕James Legge, *The Works of Mencius*, p.272.

《尚書．仲虺之誥》云：「乃葛伯仇餉。」〔註313〕孔安國《尚書傳》曰：「葛伯遊行，見農民之餉於田者，殺其人奪其餉，故謂之仇餉。仇，怨也。」〔註314〕孔穎達《尚書正義》云：

> 《左傳》稱怨耦曰仇，謂彼人有負於我，我心怨之，是名為仇也。餉田之人不負葛伯，葛伯奪其餉而殺之，是葛伯以餉田之人為己之仇，言非所怨而妄殺，故湯為之報也。《孟子》稱湯使亳眾往為之耕，有童子以黍肉餉，葛伯奪而殺之，則葛伯所殺者，亳人也。〔註315〕

孔穎達認為孔安國《傳》對「葛伯仇餉」解釋不清楚，所以引用《孟子》解釋之，可見「葛伯仇餉」所指何事，是要引用《孟子》此處所載才知道發生何事。楊伯峻《孟子譯注》云：「管同因《寄軒文集》云：『吾意《尚書》止云：葛伯九餉。所謂仇餉者，不知何事，至後世乃言其本末如此。事有無不可知，孟子但以天理人情為斷。』」〔註316〕孟子引用此例子，最終目的是指湯征葛伯，不是為了奪取天下之財富，而是為了伸張正義，為枉死報仇，討回公道。

（四）

理氏引用《書經．仲虺之誥》與《孟子》論成湯之「無方」作比較。《離婁下》二十章第二節：「湯執中，立賢無方。」〔註317〕

理雅各《孟子》英譯本注云：「無方 may be understood with reference class or place; —— compare the *Shû-ching*, IV. Ii.5.8.」〔註318〕理氏認為「無方」是與社會階層或地方有關，可比較《書經．商書．仲虺之誥》第五及八章。

茲先引述《仲虺之誥》第五章云：「惟王不邇聲色，不殖貨利。德懋懋官，功懋懋賞，用人惟己，改過不吝，克寬克仁，彰信兆民。」〔註319〕

〔註313〕《尚書正義》，北京：中華書局影印〔清〕阮元刻《十三經注疏》本，第八卷，第八頁，總第一冊，第341頁。

〔註314〕《尚書正義》，北京：中華書局影印〔清〕阮元刻《十三經注疏》本，第八卷，第八頁，總第一冊，第341頁。

〔註315〕《尚書正義》，北京：中華書局影印〔清〕阮元刻《十三經注疏》本，第八卷，第八頁，總第一冊，第341頁。

〔註316〕楊伯峻：《孟子譯注》，上冊，第150頁。

〔註317〕《孟子注疏》，北京：中華書局影印〔清〕阮元刻《十三經注疏》本，第八卷上，第十至十一頁，總第五冊，第5931～5932頁。

〔註318〕James Legge, *The Works of Mencius*, p.326.

〔註319〕《尚書正義》，北京：中華書局影印〔清〕阮元刻《十三經注疏》本，第八卷，第七頁，總第一冊，第341頁。

孔安國《尚書傳》云：

> 爾，近也。不近聲樂，言清簡。不近女色，言貞固。殖，生也，不生資貨財利，言不貪也。既有聖德，兼有此行。勉於德者，則勉之以官。勉於功者，則勉之以賞。用人之言者，若自己出，有過則改，無所吝，所以能成王業。言湯寬仁之德，明信於天下。〔註 320〕

可見第一段經文是贊賞成湯處事公正，不偏於貨財之利，而且接納他人的意見。

第二段經文，《仲虺之誥》第八章云：「德日新，萬邦惟懷；志自滿，九族乃離。王懋昭大德，建中于民，以義制事，以禮制心，垂裕後昆。予聞曰：『能自得師者王，謂人莫己若者亡。』好問則裕，自用則小。」〔註 321〕

孔安國《尚書傳》云：「日新不懈怠，自滿志盈溢。欲王自勉，明大德，立大中之道於民，率義奉禮，垂優足之道，示後世。求賢聖而事之。自多足，人莫之益，亡之道。問則有得所以足，不問專固，所以小。」〔註 322〕這段經文是說湯的不自滿、謙虛求教，求聖賢之人來管理國家，多咨詢朝中大臣。

理氏用《尚書·仲虺之誥》解釋《孟子》之無方，認為「無方」是無階級、無地方界限的意思，理氏此說尚算合理。《孟子》之意，據楊伯峻《孟子譯注》云：「無方——《禮記·檀弓》『左右就養無方』，《內則》『博學無方』鄭玄注並云：『方，常也。』焦循《正義》云：『惟賢則立，而無常法，乃申上執中之有權。』」〔註 323〕孟子是贊賞成湯堅持中正之道，提拔賢人沒有一定的常規，唯賢是用。〔註 324〕張居正《四書集註闡微直解》云：

> 賢人為修政立事之資，或近在州閭，或遠伏岩穴，隨處都有，原無定在。若求賢而拘于方所，則搜羅未廣下，不免於有遺才矣。湯則大延訪之公廣登庸之路，親疏不問其類，貴賤不計其資，觀其三使三聘，求元聖於莘野，則可知矣。夫中以處天下之事，公以用天下之人，而一毫之偏私不得而與焉。推此念也，與大禹之慎好惡，

〔註 320〕《尚書正義》，北京：中華書局影印〔清〕阮元刻《十三經注疏》本，第八卷，第七至九頁，總第一冊，第 341～342 頁。

〔註 321〕《尚書正義》，北京：中華書局影印〔清〕阮元刻《十三經注疏》本，第八卷，第九頁，總第一冊，第 342 頁。

〔註 322〕《尚書正義》，北京：中華書局影印〔清〕阮元刻《十三經注疏》本，第八卷，第九頁，總第一冊，第 342 頁。

〔註 323〕楊伯峻：《孟子譯注》，上冊，第 192 頁。

〔註 324〕楊伯峻：《孟子譯注》，上冊，第 192 頁。

其心一矣。此湯之所以得統於禹，而接道統之傳也。〔註 325〕

孟子贊賞成湯求才若渴，不問親疏貴賤，唯賢是用的策略。孟子主張賢能政治，不論實行何種政治，總不能讓無德之人管理國事。孟子重視道德對政治的影響力，有賢無德，處事偏私，輕公義而重私利。有賢無能，尚可以作蕭規曹隨的看守政府，有能而不賢，便為害蒼生。〔註 326〕政府是一個團體，需要賢人組成才可以施行仁政。從堯、舜到成湯無不求賢才助施政。孟子的賢人政治思想有其歷史淵源。

（五）

理氏引用《書經・仲虺之誥》解釋《孟子》所載萊朱的身份，作歷史人物考釋。《盡心下》第卅八章二節：「萊朱，則見而知之。」〔註 327〕

理雅各《孟子》英譯本注云：「Lâi Chû is not exactly identified. Most make him the same with Tang's minister, Chung-hûi; see the *Shû-ching*, IV. Ii.」〔註 328〕理氏意謂，萊朱的身份很難確定，很多學者認為他是湯的大臣「仲虺」，參《書經・商書・仲虺之誥》。

《尚書・仲虺之誥》並無仲虺就是萊朱的講法。茲引其序云「湯歸自夏，至于大坰，仲虺作誥。」〔註 329〕孔安國《尚書傳》云：「為湯左相奚仲之後。」〔註 330〕又云：「仲虺，臣名。以諸侯相天子。」〔註 331〕可見《尚書傳》也沒有仲虺即萊朱的講法。

仲虺就是萊朱的講法，是出自趙岐《孟子注》，其云：「萊朱亦湯賢臣也。一曰仲虺是也，《春秋傳》曰，仲虺居薛，為湯佐相，是則伊尹為右相，故二人等德也。」〔註 332〕今考之《春秋左傳》云：「薛宰曰：『薛之皇祖奚仲居薛，

〔註 325〕〔明〕張居正：《四書集註闡微直解》，第二十一卷，第二十頁，第 602 頁。

〔註 326〕孫寶琛：《孟子的政治思想》，臺北：黎明文化事業有限公司，《孟子思想研究論集》，1982 年，第 121 頁。

〔註 327〕《孟子注疏》，北京：中華書局影印〔清〕阮元刻《十三經注疏》本，第十四卷下，第十一頁，總第五冊，第 6050 頁。

〔註 328〕James Legge, *The Works of Mencius*, p.502.

〔註 329〕《尚書正義》，北京：中華書局影印〔清〕阮元刻《十三經注疏》本，第八卷，第五頁，總第一冊，第 340 頁。

〔註 330〕《尚書正義》，北京：中華書局影印〔清〕阮元刻《十三經注疏》本，第八卷，第五頁，總第一冊，第 340 頁。

〔註 331〕《尚書正義》，北京：中華書局影印〔清〕阮元刻《十三經注疏》本，第八卷，第六頁，總第一冊，第 340 頁。

〔註 332〕《孟子注疏》，北京：中華書局影印〔清〕阮元刻《十三經注疏》本，第十四

以為夏車正，奚仲遷于邳，仲虺居薛，以為湯左相。』」〔註 333〕

理氏認為《孟子》所載的萊朱就是仲虺，實際是趙岐的講法。但理氏在此卻語焉不詳，沒有清楚指出其講法的根據，引《尚書・仲虺之誥》對其所講仲虺就是萊朱的講法也無幫助。

這是《孟子》全書最後一章，孟子的目的是說學術思想與文化道統承傳的重要，茲先引述全章云：

> 孟子曰：「由堯、舜至於湯，五百年有餘歲，若禹、皐陶則見而知之，若湯則聞而知之。由湯至於文王，五百有餘歲，若伊尹、萊朱則見而知之，若文王則聞而知之。由文王至於孔子，五百有餘歲，若太公望、散宜生則見而知之，若孔子則聞而知之。由孔子而來至於今百有餘歲，去聖人之世若此其未遠也，近聖人之居若此甚也，然而無有乎爾！則亦無有乎爾！」〔註 334〕

張居正《四書集註闡微直解》云：

> 孟子說：「斯道之統，必待人而後傳，而聖人之生，實間出而不偶。吾嘗溯觀往昔，世道凡幾變矣，中間有數的幾個聖人，大率五百年而一出。這數聖人者，生不一時，而道則相繼。惟其有見知者，以開其先，是以有聞之者，以繼其後也。試舉而言之：自堯舜以精一之旨，相授受於唐虞，而萬世道統之原，實自此始。由堯舜以來至於湯，計其時蓋五百有餘歲，湯出而堯舜之道統始有所傳，非湯生而能知堯舜之道也，由有祗台之禹，邁種之皐陶，此二聖臣者當明良喜起之時，與堯舜會聚於一堂，親見其道而知之，是以成湯得以其建中之極，而追溯其執中之傳。」蓋聞之于禹與皐陶而知之者也，此湯之得統於堯舜者然也，向非有禹、皐陶見知，湯亦安能上接堯舜之道哉。
>
> 湯得聞堯舜之道，固與禹、皐陶有賴矣。由湯之時，歷數以至於文王，計其時亦五百有餘歲。文王出，而成湯之道統有所傳，亦非文土生而能知之成湯之道也，由有阿衡若伊尹，左相若萊朱，此

卷下，第十二頁，總第五冊，第 6050 頁。

〔註 333〕《春秋左傳正義》，北京：中華書局影印〔清〕阮元刻《十三經注疏》本，1981 年，第五十四卷，第三頁，總第四冊，第 4629 頁。

〔註 334〕《孟子注疏》，北京：中華書局影印〔清〕阮元刻《十三經注疏》本，第十四卷下，第十一至十二頁，總第五冊，第 6050 頁。

二聖臣者，當一德咸有之日，與成湯交修，終始親見其道而知之，是以文王得以其小心之誠，而遠繼乎制心之學，蓋聞之于伊尹、萊朱而知之者也，此文王之得統於成湯者然也，向非伊尹、萊朱之見知，文王亦安能上接夫成湯之統哉！

文王得統于湯，固于伊尹、萊朱，有賴矣。由文王之時，歷數之以至於孔子，計其時亦五百有餘歲。孔子生，而文王之道統，斯有所傳，孔子亦非無自而得統于文王也，蓋由有太公望、散宜生者，疏附先後，親炙其緝熙敬止之範，有以見而知之，是以孔子繼其道於數十世之下。於賢者識其大，於不賢者識其小，覲耿光於未泯，幸斯文之在茲，乃得聞而知之也。則孔子所以得道統於文王者，又於太公望、散宜生而有賴矣。夫由堯舜以至於孔子，道統之所以不絕者，皆賴見知者以開於前，則今日欲傳孔子之道，豈可無見知之人乎！

由群聖相承之統觀之，必有見知者以開其先，然後有聞知者以繼其後，道統所以相繼而不絕也。乃自孔子以來至於今，論其時世不過百有餘歲，去聖人之生時若此其未遠也，非若時不相及而不得見也。論其居處，自鄒至魯，壤地相接，近聖人之居若此其甚也，非若地不相鄰而不可見也。宜若有得，於見知之真者矣，然求之當今之世，其於孔子之道，已無有見而知之，若禹、皐之於堯舜，伊、萊之於湯，呂、散之於文王者矣，則五百餘歲之後，去聖人之世漸遠，近聖人之居，不知當何如者，豈復有聞而知之，如湯之於堯舜，文王之於湯，孔子之於文王者哉。然則文王以來，相承之統，其可使之寥寥無傳耶，吾蓋不能以無憂矣。孟子此言，雖不如見知自居，而自任之意，實不容掩。又以見乎天理，民彝不可泯滅，百世之下必有神會而心得之者，所以明其傳之有在，而俟後聖於無窮也。〔註335〕

焦循《孟子正義》云：

在堯、舜時舉一禹、皐陶，則稷、契、益等二十二人括之矣。在湯時舉一伊尹、萊朱，則當時賢臣如女鳩、女房、義伯、仲伯，咎

〔註335〕張居正：《四書集註闡微直解》，第二十七卷，第四十一至四十四頁，總第747～748頁。

單等括之矣。在文王時舉一太公望、散宜生，則虢叔、泰顛、閎夭、召公、畢公、榮公等括之矣。非謂見知者僅此一、二人。〔註 336〕

又焦循《孟子正義》引趙氏佑《溫故錄》云：

孟子未得為孔子徒，亦既不親聖，而猶以其近而未遠為幸，因益以未遠而無有為懼。夫未遠而已無有佑之者，復何望於遠而知之哉！孟子力肩斯道，實自居於見聞絕續之交之一人，而備述所知，以上紹前之知，下遺後之知，其所紹直自禹以下，有不止於顏、曾、思者，而其所遺於後，為益無窮期矣。〔註 337〕

孟子認為學術思想與文化道統的承傳，有賴於不同時代的聖人與賢人的努力傳授，有些是親眼所見，親耳所聞聖人的教誨，有些則是靠這些直接跟從聖人的學習者的教導而得知聖人之道。但是，無論是直接學習者，抑或間接學習者都應該將道統傳開，抱著不傳授道統，道統便會失傳的戒慎戒懼心態。只要不停有人傳授道統，到了適當時機，五百年有聖人出，這道統便發揚光大。

三、引用《伊訓》考

理氏引用《書經・伊訓》解釋《孟子》所引《伊訓》之出處，為夏桀的歷史事件探源。《萬章上》第七章第九節云：「吾聞其以堯舜之道要湯，未聞以割烹也。《伊訓》曰：『天誅造攻自牧宮，朕載自亳。』」〔註 338〕

理雅各《孟子》英譯本注云：「See the *Shû-ching* IV. Iv. 2, but the classic and this text are so different that many suppose *Mencius* to quote from some form of the book referred to which Confucius disallowed.」〔註 339〕理氏意謂，《孟子》此文與《尚書・伊訓》有所不同，所以有些學者指出《孟子》所引用之文獻，孔子沒有收錄。

今引《尚書・伊訓》相似之文如下：「于其子孫弗率，皇天降災，假手于我有命，造攻自鳴條，朕哉自亳。」〔註 340〕

〔註 336〕〔清〕焦循：《孟子正義》，北京：中華書局，下冊，第 1037 頁。

〔註 337〕〔清〕焦循：《孟子正義》，北京：中華書局，下冊，第 1038 頁。

〔註 338〕《孟子注疏》，北京：中華書局影印〔清〕阮元刻《十三經注疏》本，第九卷下，第七頁，總第五冊，第 5957 頁。

〔註 339〕James Legge, *The Works of Mencius*, p.364.

〔註 340〕《尚書正義》，北京：中華書局影印〔清〕阮元刻《十三經注疏》本，第八卷，第十三至十四頁，總第一冊，第 344 頁。

孔安國《尚書傳》云：「言桀不循其祖道，故天下禍災，借手於我，有命商王誅討之。造、哉皆始也，始攻桀，伐無道，由我始，脩德于亳。」〔註341〕意謂商伐桀，受天之命，由鳴條之地開始攻伐桀，於亳地開始脩德。《尚書・伊訓》與《孟子》所引伊訓不同，是因為孟子所據的《尚書》與現今的版本不同，孫奭《孟子音義》云：「《伊訓》曰：『天誅造攻自牧宮，朕載自亳。』丁曰：『注云《伊訓》，《尚書》逸篇，不見古文耳。』《今文尚書・伊訓》曰：『造攻自鳴條，朕哉自亳。與此文小異。』」〔註342〕

而《孟子》引文之意思與今本《尚書・伊訓》有些不同，趙岐《孟子注》云：「《伊訓》，《尚書》逸篇名。牧宮，桀宮。朕我也，謂湯也。載始也，亳殷都也。言意欲誅伐傑，造作可攻討〔註343〕之罪者，從牧宮傑起，自取之也。湯曰我始與伊尹謀之於亳，遂順天而誅之也。」〔註344〕上天的討伐夏傑，是因夏桀在宮室裏自作孽。成湯與伊訓謀劃伐桀，是從殷都亳邑開始。〔註345〕

孟子引用《伊訓》之篇，是回應其徒萬章的問題，因為當時有些傳聞說「伊尹以割烹要湯。」〔註346〕意即謂伊尹屈辱自己，背著釜鑊去求湯的任用，〔註347〕孟子就指這些傳言不正確，伊尹是用堯舜之道求湯任用，而且是討伐夏桀的主要助手，張居正《四書集註闡微直解》云：

> 欲知伊尹無辱身之事，當觀伊尹有得君之由。蓋其起畎畝之中，一旦居阿衡之位，誠非無因而自致者。但其所以致此，乃因伊尹樂堯舜之道，而成湯慕之，故尹伊雖無求於成湯，而成湯不能不有求于伊尹。是伊尹之要湯，吾聞其要之以堯舜之道而已。若謂割

〔註341〕《尚書正義》，北京：中華書局影印〔清〕阮元刻《十三經注疏》本，第八卷，第十四頁，總第一冊，第344頁。

〔註342〕〔宋〕孫奭：《孟子音義》，臺北：大通書局影印〔清〕徐乾學輯：《通志堂經解》本，同治十二年粵東書局刊本，第卅五冊，1969年，下卷，第二頁，總第20391頁。

〔註343〕《孟子注疏》，北京：中華書局影印〔清〕阮元刻《十三經注疏》本作「計」，文意難通，今據〔清〕焦循：《孟子正義》改作「討」見，該書，北京：中華書局本，第655頁，臺北：中華書局《四部備要》版，第十九卷，第八頁。

〔註344〕《孟子注疏》，北京：中華書局影印〔清〕阮元刻《十三經注疏》本，第九卷下，第七頁，總第五冊，第5957頁。

〔註345〕楊伯峻：《孟子譯注》，上冊，第226頁。

〔註346〕《孟子注疏》，北京：中華書局影印〔清〕阮元刻《十三經注疏》本，第九卷下，第五至六頁，總第五冊，第5956頁。

〔註347〕《孟子注疏》，北京：中華書局影印〔清〕阮元刻《十三經注疏》本，第九卷下，第五至六頁，總第五冊，第5956頁。

烹要湯，則尹之所挾持者，固不在鼎俎之間，而湯之所慕好者，夫豈在滋味之末，誠非吾之所嘗聞矣。《商書・伊訓》之篇載伊尹自言說：「天討夏桀始攻於牧官之地，由我輔佐成湯，創其事於亳也。觀書所言，則伐夏救民之事，尹蓋以身任之矣。自任如此其重，而豈有割烹要湯之事哉！」〔註 348〕

《萬章》篇記載不少萬章向孟子提出的疑問，都是引用社會上的傳聞，孟子逐一向萬章解釋這些傳聞的錯誤。可以反映出「傳聞」是孟子面對的挑戰之一。

四、引用《太甲》考

理氏一共三次引用《太甲》解釋《孟子》。《太甲》分上、中、下三篇，理氏只引述了上、中二篇。

（一）

理氏引用《書經・太甲》解釋《孟子》所載伊尹放太甲一事，是作歷事件考釋。《盡心上》第三十一章第一節：「公孫丑曰：『伊尹曰：予不狎于不順。』放太甲于桐，民大悅；太甲賢，又反之，民大悅。賢者之為人臣也，其君不賢，則固可放與？」〔註 349〕

理雅各《孟子》英譯本注云：「伊尹曰，—— see the *Shû-ching*, Pt. IV. V. Bk. I. 9. The words are taken somewhat differently in the commentary on the *ching*, but I have followed what seems the most likely meaning of them.」〔註 350〕理氏之意謂，伊尹曰之文見於《書經・太甲》，但《孟子》所載與《書經》有明顯分別，但理氏已選取最合適的意思。

《孟子》引用了《太甲》最少兩段經文。但理氏只提及《太甲上》，但《孟子》所說的事，有些記載在《太甲中》現引《尚書・太甲上》之文云：「伊尹曰：『茲乃不義，習與性成。予弗狎于弗順，營于桐宮，密邇先王其訓，無俾世迷。』」〔註 351〕又《太甲中》之文云：「惟三祀十有二月朔，伊尹以冕服奉

〔註 348〕〔明〕張居正：《四書集註闡微直解》，第二十二卷，第三十三頁，總第 632 頁。

〔註 349〕《孟子注疏》，北京：中華書局影印〔清〕阮元刻《十三經注疏》本，第十三卷下，第五頁，總第五冊，第 6026 頁。

〔註 350〕James Legge, *The Works of Mencius*, p.467.

〔註 351〕《尚書正義》，北京：中華書局影印〔清〕阮元刻《十三經注疏》本，第八卷，第十九至二十頁，總第一冊，第 347 頁。

嗣王歸于亳。」〔註352〕

孔安國《尚書傳》云：「言習行不義，將成其性。狎近也。經營桐墓，立宮令太甲居之，近先王則訓於義，無成其過，不使出入迷惑怪之。」〔註353〕《尚書》所載只講太甲學習不義，於是伊尹放逐太甲到桐宮，使之接近先王的教訓，不會受到世俗的迷惑。三年之後，伊尹迎接太甲回亳重登帝位。《尚書傳》亦只闡釋整件事的意義。《孟子》所載並無違反《尚書》之意，只是詳略不同而已。至於用字之差異，楊伯峻認為二者所據之《尚書》版本有別，他說：「本章所引伊尹的話，當是舊日《尚書》之文，今日的《太甲》三篇是偽古文。」〔註354〕

放太甲到桐宮的事，不是孟子所引用，而是其徒公孫丑引用這例子，向孟子討教，賢能的大臣是不是可以放逐不賢的君王，茲引述《盡心上》第三十一章整章經文如下：「公孫丑曰：『伊尹曰：予不狎于不順。放太甲于桐，民大悅；太甲賢，又反之，民大悅。賢者之為人臣也，其君不賢，則固可放與？』孟子曰：『有伊尹之志，則可；無伊尹之志，則簒也。』」〔註355〕趙岐《孟子注》云：「人臣秉忠志若伊尹，欲寧殷國，則可放惡而不即立君，宿留，冀改而復之，如無伊尹之忠，見間乘利，簒心乃生，何可放也。」〔註356〕張居正《四書集註闡微直解》云：

> 公孫丑問於孟子說道：「伊尹嘗說：我于嗣王，有師保之責。今嗣王不明義理，我誠不忍習見其所為之事，而漫然不加救正也。『乃放太甲於桐宮，使居成湯之墓側，庶乎感愴興思，可望省改，於時民皆大悦，謂其能行權以匡君也，及太甲悔過自新，處仁遷義，化而為賢，乃自桐迎歸，反居於亳，於時民又大悦，謂其能積誠以格君也。由伊尹之事觀之，凡賢者之為人臣，苟遇其君之不賢，則固可輕議放遷，而無傷於君臣之義與？』」孟子答說：「人臣事君，有經有權，伊尹之放太甲，蓋上為宗祀，下為生民，公天下以為心，而

〔註352〕《尚書正義》，北京：中華書局影印〔清〕阮元刻《十三經注疏》本，第八卷，第二十頁，總第一冊，第347頁。

〔註353〕《尚書正義》，北京：中華書局影印〔清〕阮元刻《十三經注疏》本，第八卷，第十九至二十頁，總第一冊，第347頁。

〔註354〕楊伯峻：《孟子譯注》，下冊，第315頁。

〔註355〕《孟子注疏》，北京：中華書局影印〔清〕阮元刻《十三經注疏》本，第十三卷下，第五頁，總第五冊，第6026頁。

〔註356〕《孟子注疏》，北京：中華書局影印〔清〕阮元刻《十三經注疏》本，第十三卷下，第五頁，總第五冊，第6026頁。

無一毫自私自利之念。故上信於君，而不疑其為過，下信於民，而不疑其為專，以其有是志耳。使為臣者而有伊尹之志，則有大公無我之心，而行通變濟時之事，雖非事上之常法，猶不失為匡救之微權，庶幾其可也。若無伊尹之志，而擅謀廢置之舉，則是睥睨神器，盜弄國柄，乃篡逆不軌之臣，天下萬世之罪人矣，豈能逃於誅戮哉？為人臣者，慎無以聖賢不得已之事，為奸臣亂賊之口實也。」〔註 357〕

公孫丑認為賢臣見到君王不賢，則可以施以放逐，使君王遷善改過。但孟子教導公孫丑，伊尹放太甲到桐宮，是不得已的權宜之計，為人臣，需要遵守尊重君王的恆常之道，不能把不得已的權變之策變成隨便使用的方法。

（二）

理氏引《書經・太甲》是為《孟子》所引《太甲》之言作溯源工夫。《公孫丑上》第四章第六節：「《太甲》曰：『天作孽，猶可違；自作孽，不可活』，此之謂也。」〔註 358〕

理雅各《孟子》英譯本注云：「For the other quotation, see the *Shû-ching*, IV. V. Sect. II. 3, where we have 逭，『to escape,』for 活，but the meaning is the same.」〔註 359〕理氏意謂，另一個引述，見《書經・商書・太甲中》第三章，那兒用「逭」代替「活」，但意義相同。

茲引述《尚書・太甲中》之文云：「天作孽，猶可違；自作孽，不可逭。」〔註 360〕理氏所指，是《太甲》與《公孫丑上》之引述只差一個字，就是「逭」與「活」的分別。理氏認為二字的意思相同。孔安國《尚書傳》云：「逭，逃也。」〔註 361〕許慎《說文解字》云：「逭，逃也。」〔註 362〕《太甲》的意思，是說上天作孽，人猶可以違反天的作為，但人若自己作孽，就不能逃避後果。楊伯峻《孟子譯注》認為活是逭的假借字：「《禮記・緇衣》引作『逭』。鄭玄

〔註 357〕〔明〕張居正：《四書集註闡微直解》，第二十六卷，第三十九頁，第 717 頁。

〔註 358〕《孟子注疏》，北京：中華書局影印〔清〕阮元刻《十三經注疏》本，第三卷下，第二頁，總第五冊，第 5849 頁。

〔註 359〕James Legge, *The Works of Mencius*, p.198~199.

〔註 360〕《尚書正義》，北京：中華書局影印〔清〕阮元刻《十三經注疏》本，第八卷，第二十一頁，總第一冊，第 348 頁。

〔註 361〕《尚書正義》，北京：中華書局影印〔清〕阮元刻《十三經注疏》本，第八卷，第二十一頁，總第一冊，第 348 頁。

〔註 362〕〔漢〕許慎著，〔清〕段玉裁注：《說文解字注》，第二篇下，第十頁，總第 74 頁。

注云『逭，逃也。』則此『活』字當是『逭』之借字。」〔註 363〕焦循《孟子正義》云：「《禮記．緇衣》引《太甲》曰：『天作孽，可違也；自作孽，不可以逭。』與《孟子》所引字雖有異，而大恉無殊。惟逭之與活義訓不同。」〔註 364〕《孟子》所表示的，是人自己作孽，結果是無生存的餘地，已包括了「不可逃避」的意思。故此，《公孫丑上》與《太甲》二句，「逭」、「活」二字字義雖然不同，但整句大旨無分別，不必拘泥於逭與活之分別。張居正《四書集註闡微直解》云：

> 《商書．太甲》篇說：「凡禍孽之來，若是天之所作，如水旱災眚之類，出於氣數者，猶可以人力挽回之。若自作不善而致禍孽，則為惡得禍，乃理之常，必至於死亡而不可救矣。」夫福曰自求，則非無因而得福。孽曰自作，則非無因而致禍。《詩》、《書》之言如此，正禍福無不自己求之謂也。吾所謂仁則榮，不仁則辱，豈不信哉！按，孟子此章論禍福之說甚明，而其大旨以及時修德為要。蓋天命無常，惟德是輔，未有修德而反受禍者，亦未有喪德而反獲福者。禍福之機，天人之際，明主宜致思焉。〔註 365〕

用現代的語言來講，天作孽就如風災、水災、地震等自然災害，可以藉科技的預測，做好防禦措施。但人自作孽，如人的性格養成惡性，就會做盡壞事，雖然教育可以稍做調整作用。〔註 366〕但惡性不改，終歸不能逃避自作孽的苦果。

（三）

理氏引《書經．太甲》，仍然是為《孟子》所載的歷史事件溯源。《滕文公下》第五章第四節下半節云：

> 湯始征，自葛載。十一征而無敵於天下。東面而征，西夷怨；南面而征，北狄怨，曰：「奚為後我？」民之望之若大旱之望雨也。歸市者弗止，芸者不變。誅其君，弔其民，如時雨降，民大悅。《書》曰：「徯我後，後來其無罰。」〔註 367〕

〔註 363〕楊伯峻：《孟子譯注》，上冊，第 77 頁。
〔註 364〕〔清〕焦循：《孟子正義》，北京：中華書局，第 226 頁。
〔註 365〕〔明〕張居正：《四書集註闡微直解》，第十六卷，第三十一頁，第 505 頁。
〔註 366〕傅佩榮：《孟子新解》，上冊，第 157～158 頁。
〔註 367〕《孟子注疏》，北京：中華書局影印〔清〕阮元刻《十三經注疏》本，第六卷上，第十頁，總第五冊，第 5897 頁。

理雅各《孟子》英譯本注云：「The quotation in the end is from a different part of the *Shû-ching*; see Pt. IV. V. Section II. 5.」〔註368〕理氏的意思是說，這節經文的最後一句，是出自《尚書．商書．太甲中》。

《滕文公下》第五章引用了兩段《尚書》經文，一是《仲虺之誥》，另一是《太甲中》，《仲虺之誥》的經文已在上文討論，不再重複。現在只討論《太甲中》之經文。

茲引述《尚書．商書．太甲中》的經文云：「並其有邦厥鄰，乃曰：『徯我後，后來無罰。』」〔註369〕

「有」是語助詞。王引之《經傳釋詞》：「有，語助也。一字不成詞，則加有字以配之。若，虞、夏、殷、周皆國名，而曰有虞、有夏、有殷、有周是也。推之他類，亦多有此。故邦曰有邦，《書皐陶謨》曰：『亮采有邦；』又曰『無教逸欲有邦。』」〔註370〕孔穎達《尚書正義》：「言湯昔為諸侯之時，與湯並居其有邦國，謂諸侯之國也。此諸侯國人，其與湯鄰近者，皆源以湯為君，及言曰：待我后，后來無罰於我，言羨慕湯德忻戴之也。」〔註371〕整節經文的意思是：「連商朝鄰邦的人竟然都說：『等待我們的君主吧！君主來了，我們就不再受懲罰了。』」〔註372〕

《孟子》引用了《書經》兩段經文，目的是向萬章解釋行王道仁政的重要性，萬章向孟子的提問是，宋國這樣小的國家行仁政，但齊、楚兩個大國想出兵攻擊他，怎麼辦呢？〔註373〕雖然這是一個假設性的問題，但孟子也要回答。〔註374〕孟子的回答，不是如何用兵，而是舉出成湯的王天下作例子，只要國家行仁政王道，四鄰國家都會歸附，茲引張居正《四書集註闡微直解》云：

> 孟子承上文說：「當初成湯起兵，征伐無道之國，自葛伯始。從此討罪伐暴，凡十一征，而皆無敵於天下。東面而征，則西夷怨之，

〔註368〕James Legge, *The Works of Mencius*, p.273.

〔註369〕《尚書正義》，北京：中華書局影印〔清〕阮元刻《十三經注疏》本，第八卷，第二十二頁，總第一冊，第348頁。

〔註370〕〔清〕王引之：《經傳釋詞》，香港：太平書室，1966年，第74頁。

〔註371〕《尚書正義》，北京：中華書局影印〔清〕阮元刻《十三經注疏》本，第八卷，第二十二頁，總第一冊，第348頁。

〔註372〕黃懷信：《尚書注訓》，第112頁。

〔註373〕《孟子注疏》，北京：中華書局影印〔清〕阮元刻《十三經注疏》本，第六卷上，第九頁，總第五冊，第5897頁。

〔註374〕傅佩榮：《孟子新解》，上冊，第285頁。

南面而征，則北狄怨之，說道：『我等與彼國之民都困於虐政，何不先來征我之國？』民之望湯來征，真若大旱之望雨一般，惟恐其不速至也，其未至而望之切如此。夫軍旅所至，未有不罷市而輟耕者，乃湯師之來，歸市者不止，而商安於市；耕耘者弗變，而農安於野，只是誅戮那虐民之君，撫恤那受虐之民。所以王師一來就如時雨之降一般，民皆幸其復蘇，歡然大悅焉。《商書．仲虺之誥》述當時之民說道：『我民向在水火之中，待我君來救久矣。我君既來，庶幾其無罹暴虐之害乎！』觀書中所言，則當時之民心可知，其已至而悅之深如此。夫成湯能行王政，大得民心，自能無敵於天下。未聞有惡而伐之也。」〔註375〕

從本章可以看到，孟子是一個很樂觀的人，他認為宋國學成湯一樣行仁政，學到成湯的仁政之後，各國的百姓都會前來支持宋國。〔註376〕孟子貫徹仁政主張，即使小如宋國，也可以藉仁政王天下。

五、引用《說命》考

理氏一共兩次引用《說命》解釋《孟子》，茲論述之如下。

（一）

理氏引《書經．說命》解釋《孟子》所載傅說之來歷，為歷史人物溯源。《告子下》第十五章第一節：「傅說舉於版築之間。」〔註377〕

理雅各《孟子》英譯本注云：

> Fû Yüeh, —— see the *Shû-ching*, Pt. IV. Bk. VII, where it is related that the sovereign Kâo Tsung having "dreamt that God gave him a good assistant," caused a picture of the man he had seen in his dream to be made, and "search made for him through the kingdom, when he was found dwelling in the wilderness of Fû-yen（傅巖之野）."〔註378〕

理氏意謂傅說之事見於《尚書．商書．說命》，此篇云商帝高宗夢見上帝

〔註375〕〔明〕張居正：《四書集註闡微直解》，第十九卷，第十五至十六頁，總第558頁。

〔註376〕傅佩榮：《孟子新解》，上冊，第288頁。

〔註377〕《孟子注疏》，北京：中華書局影印〔清〕阮元刻《十三經注疏》本，第十二卷下，第十二頁，總第五冊，第6009頁。

〔註378〕James Legge, *The Works of Mencius*, p.446.

賜給他一個好助手，就命人把夢中所見之人畫了畫像，並在全國訪尋畫中人，終在傅嚴之野找到此人。

茲引《說命》序言云：「高宗夢得說，使百工營求諸野，得諸傅巖，作《說命三篇》。」〔註379〕高宗是盤庚之弟，謚號高宗。〔註380〕高宗夢見「說」，在傅巖找到他，史稱此人為「傅說」。《尚書・說命上》之文云：「恭默思道，夢帝賚予良弼，其代予言。乃審厥象，俾以形旁求于天下。說筑傅巖之野，惟肖。爰立作相，王置諸其左右。命之曰『朝夕納誨，以輔臺德。』」〔註381〕孔安國《尚書傳》云：「夢天與我輔弼良佐，將代我言政教。審所夢之人，刻其形象以四方旁求之於民間。傅氏之巖在虞虢之界，通道所經，有澗水壞道，常使胥靡刑人築護此道，說賢而隱，代胥靡築之以供食。肖似。似所夢之形。」〔註382〕

《尚書・說命》之文，只云「說築傅巖之野」，並無說明所築何物，孔安國《尚書傳》謂其「築護此道」乃做修路工作，而《孟子》則說其「舉於版築之間」，楊伯峻《孟子譯注》云：「版築，古人築牆，用兩版相夾，實土於其中，以杵築之。」〔註383〕《孟子》所講者，乃傅說修路之方式。

《孟子》引傅說作例子，是解釋人在接受重要任務之前，要經歷艱苦的考驗，茲將其整章經文引之如下：

> 孟子曰：「舜發於畎畝之中，傅說舉於版築之間，膠鬲舉於魚鹽之中，管夷吾舉於士，孫叔敖舉於海，百里奚舉於市。故天將降大任於是人也，必先苦其心志，勞其筋骨，餓其體膚，空乏其身，行拂亂其所為；所以動心忍性，曾益其所不能。人恒過，然後能改。困於心，衡於慮，而後作。徵於色，發於聲，而後喻。入則無法家拂士、出則無敵國外患者，國恒亡。然後知生於憂患，而死於安樂也。」〔註384〕

〔註379〕《尚書正義》，北京：中華書局影印〔清〕阮元刻《十三經注疏》本，第十卷，第二頁，總第一冊，第369頁。

〔註380〕《尚書正義》，北京：中華書局影印〔清〕阮元刻《十三經注疏》本，第十卷，第二頁，總第一冊，第369頁。

〔註381〕《尚書正義》，北京：中華書局影印〔清〕阮元刻《十三經注疏》本，第十卷，第二頁，總第一冊，第369頁。

〔註382〕《尚書正義》，北京：中華書局影印〔清〕阮元刻《十三經注疏》本，第十卷，第二頁，總第一冊，第369頁。

〔註383〕楊伯峻：《孟子譯注》，下冊，第299頁。

〔註384〕《孟子注疏》，北京：中華書局影印〔清〕阮元刻《十三經注疏》本，第十二卷下，第十二至十三頁，總第五冊，第6009～6010頁。

《孟子》提這些人物，在接受大任之前，都經過身心的磨練。心性沒有受過真的考驗，是不可能成長的。在困境的磨練中，使人堅忍其性格，才會有深度與內涵，在任何時間遭遇逆境都撐得住。〔註 385〕

（二）

理氏在此引用《尚書・說命》，是為《孟子》所載歷史事件作探源工作。《滕文公上》第一章第五節云：「《書》曰：『若藥不瞑眩，厥疾不瘳。』」〔註 386〕

理雅各《孟子》英譯本注云：「若藥云云，—— see the *Shû-ching*, IV. Viii. Sect. I. 8.」〔註 387〕理氏意謂，「若藥云云」，見《書經・商書・說命上》第八章。

茲引《尚書・說命上》的經文云：「啟乃心，沃朕心。若藥弗瞑眩，厥疾弗瘳。」〔註 388〕《尚書・說命》乃殷高宗武丁找到了傅說做助手之後所作，武丁用「服藥」做比喻，希望傅說講真心話，猶如苦口良藥，孔穎達《尚書正義》云：「若服藥不使人瞑眩憒亂，則其疾不得瘳愈，言藥毒乃得除病，言切乃得去惑也。」〔註 389〕焦循《孟子正義》云：「《金匱・痓溼暍病脈篇》『白朮附子湯』下云『一服覺身痹，半日許再服，三服都盡，其人如冒狀，勿怪。』如冒狀，即頓瞀也。一服再服三服都盡，藥乃充滿而得此狀，故喻仁當精熟，德惠乃洽。」〔註 390〕張居正《四書集註闡微直解》云：

> 「絕」字，解作「截」字。瞑眩，是煩亂的意思。瘳，是病痊。孟子勉世子說：「即成覵、顏淵、公明儀之言觀之，可見道之無二，而聖賢之必可思矣。世子以滕國為小，而憚於有為，今若將滕之地界截長補短，凡有五十里之大，建國之規模固尚在也。苟能奮發自強，修身立政，以帝王為法，猶可以撥亂興衰，為治安之國。但恐安於卑近，不能自克以從善耳。《書經》上說：『若藥不瞑眩，厥疾不瘳。』比喻人君為治，如人有疾病，以苦口之藥攻之，必是腹中煩亂一番，方才除得病根。若藥不瞑眩，這病如何得好。」為人君

〔註 385〕傅佩榮：《孟子新解》，下冊，第 232～233 頁。

〔註 386〕《孟子注疏》，北京：中華書局影印〔清〕阮元刻《十三經注疏》本，第五卷上，第二頁，總第五冊，第 5874 頁。

〔註 387〕James Legge, *The Works of Mencius*, p.235.

〔註 388〕《尚書正義》，北京：中華書局影印〔清〕阮元刻《十三經注疏》本，第十三卷，第三頁，總第一冊，第 414 頁。

〔註 389〕《尚書正義》，北京：中華書局影印〔清〕阮元刻《十三經注疏》本，第十三卷，第三頁，總第一冊，第 414 頁。

〔註 390〕〔清〕焦循：《孟子正義》，北京：中華書局，上冊，第 322 頁。

者若非克己厲精，忍人所不能忍，虛心受諫，容人所不能容，則治無由成，而國亦終於不振矣。世子誠有志于聖賢之道，亦在自勉而已，豈以國小為患哉？夫滕在戰國極稱褊小，孟子猶以堯舜之道期之，況於君臨萬國繼帝王之統，而能勉強行道，何治之不可成乎？若所引《書經》二語，於治道尤為親切。蓋王者以天下為一身，凡四方水旱兵荒即是人身的病痛，遠近內外許多弊端蠹政，即是人身經絡臟腑中致病的根源，若能聽逆耳之言，懷側身之懼，將那蠹弊的去處，一一掃除，使陰陽和順，災沴不作，就如用苦口之藥攻去病根，使氣血調暢，身體康寧一般。即此推之，堯舜之道，亦不外此。圖治者可不勉哉。〔註 391〕

張居正的解釋把《孟子》此段經文的思想講得明確。理氏只能做到尋源的功夫，對《孟子》此段經文的精彩處毫無發揮。孟子引用《尚書．說命》此言勸滕文公，不要因為滕國小而不行仁義之道，行仁義之道必須堅持到底。猶如服藥，會引起一些比如身體不適的症狀，例如吃感冒藥使人頭暈，昏昏欲睡一般，但休息過後，病情就消退。行仁政也會遇痛苦的經歷，要到最後才見功效。行仁義之道與行武力之霸道顯著不同，霸道的功效是明顯的，一仗功成就可以見到明顯果效，但仁義之道是慢長的，需要藉教化培養的。

六、引用《微子》考

理氏引《書經．微子》解釋《孟子》所講的「微子啟」。《告子上》第六章第三節：「或曰：『有性善，有性不善，是故以堯為君而有象，以瞽瞍為父而有舜，以紂為兄之子且以為君，而有微子啟、王子比干。』」〔註 392〕

理雅各《孟子》英譯本注云：「啟 was the name of the viscount of Weâ; see *Analects*, XVIII. i. Both he and Pî-kan are here made to be uncles of Châu, while Ch'i, according to the *Shû-ching*, was his half-brother. Chû Hsî supposes some error to have crept into the text.」〔註 393〕理氏之意是，啟是微國的子爵的名字，參《論語．微子第十八》第一章。微子啟和比干在這裏被視作紂王的叔父。而據

〔註 391〕〔明〕張居正：《四書集註闡微直解》，第十八卷，第三至四頁，總第 531～532 頁。

〔註 392〕《孟子注疏》，北京：中華書局影印〔清〕阮元刻《十三經注疏》本，第十一卷上，第七頁，總第五冊，第 5981 頁。

〔註 393〕James Legge, *The Works of Mencius*, p.401.

《書經》所載，啟是紂的同父異母兄弟，朱熹認為有些文字錯誤地羼入了《孟子》的經文。

理氏的註解有兩點值得討論，第一是文獻出處。理氏只云據《書經》所載，未說明是那一篇文獻，考諸《尚書》，《孟子》所載是出自《尚書．微子》。第二是微子啟與比干跟商紂的關係，理氏認為《孟子》所載，微子與比干是紂的叔父，但《書經．微子》則說微子啟是紂的兄弟，並且引朱熹的講法來證明之。茲先引朱熹《四書集註．孟子集註》之文云：「按本文，則微子、比干皆紂之叔父。而書稱微子為商王元子，疑此或有誤字。」〔註 394〕這是理氏所指的朱熹的講法。《孟子》說微子啟與比干都是紂的叔父，但朱熹則說《尚書》稱微子是商王的元子，應該是據《尚書．微子》：「父師若曰：王子。」〔註 395〕的記載而來。孔安國《尚書傳》云：「微子，帝乙元子，故曰王子。」〔註 396〕《尚書傳》的講法出自《史記．宋微子世家》，其云：「微子開者，殷帝乙之首子，而紂之庶兄也。」〔註 397〕又據《史記．殷本紀》載：「帝乙長子微子啟，啟母賤，不得嗣。」〔註 398〕趙岐《孟子注》云：「公都子曰，或人以為人各有性善惡，不可化移，堯為君，象為臣，使之為善，瞽瞍為父，不能化舜為惡，紂為君，又與微子、比干有兄弟之親，亦不能使其二子為不仁，是亦各有性也矣。」〔註 399〕趙岐都認為紂與微子、比干是兄弟。然而，據何晏《論語集解》所云：「微子，紂之庶兄，箕子比干，紂之諸父。」〔註 400〕何晏應該是參考了《尚書》與《史記》而得出這講法，應該以何晏為是。微子是妾氏所生，是紂的庶兄，比干則是紂的叔父。

這樣來看，好像有矛盾，但《告子上》此段經文，不是孟子本人所言，是

〔註 394〕〔宋〕朱熹：《四書集註．孟子集註》，影印怡府藏版，第六卷，第五頁。

〔註 395〕《尚書正義》，北京：中華書局影印〔清〕阮元刻《十三經注疏》本，第十卷，第十六頁，總第一冊，第 376 頁。

〔註 396〕《尚書正義》，北京：中華書局影印〔清〕阮元刻《十三經注疏》本，第十卷，第十六頁，總第一冊，第 376 頁。

〔註 397〕〔漢〕司馬遷：《史記》，臺北：藝文印書館影印乾隆武英殿刻本，第一冊，第三十八卷，第一頁，總第一冊，第 636 頁。

〔註 398〕〔漢〕司馬遷：《史記》，臺北：藝文印書館影印乾隆武英刻本，第一冊，第三卷，第十頁，總第 64 頁。

〔註 399〕《孟子注疏》，北京：中華書局影印〔清〕阮元刻《十三經注疏》本，第十一卷上，第七頁，總第五冊，第 5981 頁。

〔註 400〕〔漢〕何晏：《論語集解》，北京：中華書局影印〔清〕阮元刻《十三經注疏》本，第十八卷，第一頁，總第五冊，第 5494 頁。

其弟子公都子引當時流傳的講法，向孟子提出問題，「或曰」並沒有講明是誰人所講。而孟子只是著力於講人性善的問題，沒有解釋商紂與微子的關係，以至出現這兩個不同的講法。但照孟子的弟子所提的問題，有不少都是不盡不實的講法，微子與比干是紂的叔父，也可能是當時所流行的講法，未必有歷史根據。

公都子在《告子上》第六章一共指出了當時人性論的三種講法，傅佩榮《孟子新解》云：「公都子大概聽了孟子一些教導，就把各種說法一次提出來，請孟子一一解答。公都子提出了三種主張：第一是告子說的，『人性沒有善，也沒有不善』；第二，人性可以變得善，也可以變得不善；第三，有些人生性是善的，有些人生性是不善的。」〔註 401〕而這段經文，是指第三種，微子與比干是生而性善者，而紂則是生而性惡者。

第四節　引用《書經・周書》考

一、引用《泰誓》考

理氏一共五次引用《泰誓》解釋《孟子》，茲分別討論之如下。

（一）

理氏引用《尚書・泰誓》為《孟子》引述之言做文獻探索，《孟子・梁惠王下》第三章第七節云：「《書》曰：『天降下民，作之君，作之師，惟曰其助上帝，寵之四方。有罪無罪惟我在，天下曷敢有越厥志？』」〔註 402〕

理氏指出此乃《尚書・泰誓》之言，理雅各《孟子》英譯本注云：「See the *Shû-ching*, V.i. Sect. I. 7, but the passage as quoted by *Mencius* is rather different from the original text.」〔註 403〕理氏謂，參看《書經・周書・泰誓上》第七節。但《孟子》引述時，用字與原書頗有不同。

理雅各指出《孟子》的引述與《泰誓》原文有很大分別，這是一個很好的問題。近年整理出版的《清華簡》可以為這問題提供解答。先討論理雅各引述的《泰誓》經文，再討論《孟子》的引述與《泰誓》不同的原因。

〔註 401〕傅佩榮：《孟子新解》，下冊，第 154 頁。

〔註 402〕《孟子注疏》，北京：中華書局影印〔清〕阮元刻《十三經注疏》本，第二卷上，第七頁，總第五冊，第 5818 頁。

〔註 403〕James Legge, *The Works of Mencius*, p.157.

先討論《孟子》引述的《尚書・泰誓上》的原文云：「天佑下民，作之君、作之師。惟其克相上帝，寵綏四方。有罪無罪，予曷敢有越厥志？」〔註 404〕《尚書》之「天佑下民」《孟子》則作「天降下民」。《尚書》之「惟其克相上帝，寵綏四方。」《孟子》則作「惟曰其助上帝，寵之四方。」《尚書》之「有罪無罪，予曷敢有越厥志？」《孟子》則作「有罪無罪惟我在，天下曷敢有越厥志？」

《尚書・泰誓上》此段經文，阮元《經籍籑詁》云：「佑，助也。〔註 405〕《說文》云：「相，省視也。」〔註 406〕朱駿聲《說文通訓定聲》：「寵，尊居也。」〔註 407〕又：「綏，……假者妥，《爾雅・釋詁》，綏，安也。《廣雅・釋言》，綏，撫也。」〔註 408〕據這些字義解釋，《尚書》之經文乃可解作，上天幫助百姓，為百姓設立君王，設立教化的師傅。只要這些君王與師傅體會天意，安撫人民使他們可安居。君王又要負起監察天下有罪與無罪的情況，天下就沒有踰越其心志的人，任何人都不敢超越其本分而胡作妄為。〔註 409〕

《孟子・梁惠王下》這段經文，反映了儒家政治思想的來源，也指出了儒家政治思想的特點。唐端正《先秦諸子論叢——續編》云：

> 儒家的政治思想，大抵是從周初的思想發展出來的。周初的思想，認為王命是由天降的。因此政權的根源在天。但天為什麼要作之君作之師呢？天所以要選擇有德者立為君師，其目的是為了求民之主，要他來領導人民，解除民困。因此人君和人主之位都是上天為了眷顧下民而設的，天降王命，實在肇始於民。王者受命，即等於受民。故曰：「天惟時求民主」（《書・多方》）、「惟天降命肇我民」（《書・酒誥》）、「誕保文武受民」（《書・洛誥》）。既然天降王命是為了人民，則人民的意志，就是上天的意志，說政權的根源在天，就等於說政權的根源在民。這種民本主義的思想，到了儒家，發揮得更為淋漓盡致。

〔註 404〕《尚書正義》，北京：中華書局影印〔清〕阮元刻《十三經注疏》本，第十一卷，第六頁，總第一冊，第 383 頁。

〔註 405〕阮元：《經籍籑詁》，臺北：宏業書店，1974 年，第 852 頁。

〔註 406〕〔漢〕許慎著，〔清〕段玉裁注：《說文解字注》，第四篇上，第八頁，總第 133 頁。

〔註 407〕〔清〕朱駿聲：《說文通訓定聲》，豐部第一，第九頁，總第 34 頁。

〔註 408〕〔清〕朱駿聲：《說文通訓定聲》，履部第十二，第一百七頁，總第 601 頁。

〔註 409〕楊伯峻：《孟子譯注》，上冊，第 32 頁。

> 近人往往抨擊儒家的政治思想是為帝王服務的，這真是一種罔顧事實的誣衊。儒家繼承了周初的民本思想，認為王權源於天命，天命本於民心，則在理論上，人民才是政權的最後根據，人君受命於天，便無異受命於民。君位是為了安民、保民而設置的，故君位亦有其應盡的義務。儒家不承認人君有無上的權威，卻責成他履行無盡的義務。〔註 410〕

理氏並未解說《孟子》引用《書經．泰誓》的目的，只作了文獻探源的功夫，指明《孟子》所引的說話出自《書經．泰誓》而已。《孟子》是引用《泰誓》之經文，說明君王對百姓的責任，勸說齊宣王不要好小勇而亂大謀，正如焦循《孟子正義》所說：「襄十四年《左傳》云：『天生民而立之君，使司牧之，勿使失性。』是作君師為牧民也。」〔註 411〕君王的責任是愛護百姓，保護百姓的生命財產，教化百姓，使百姓安居樂業。《泰誓》是武王伐紂時所作的誓辭〔註 412〕，武王要做安定天下的大勇大謀，孟子用武王作例子，說明勇者應該做的事，傅佩榮《孟子新解》云：

> 接著再引用一段《尚書》，裡面提到武王也是一發怒就安定了天下的百姓。「天降下民」，百姓可以誕生於世，古代的人相信天是造生者，人的生命推源於天，把天當做一切生命最後的來源。其他動物是物競天擇、適者生存，只能自生自滅。但是人不一樣，天還要「作之君」、「作之師」替人找到君主、找到老師。
>
> 沒有君主的話，人群就變成一盤散沙。人類沒有合作就不可能生存，為了驅逐猛獸、疏導洪水，需要有人領導，這叫做「作之君」。而「作之師」，是指需要有人來「教導」如何做人處事，因為百姓不是生下來就懂道理的，要靠學習才知道什麼該做什麼不該做。所以天會選擇老師與國君，要求他們協助上帝來愛護百姓。
>
> 《詩經》、《書經》裡面常常提到天與上帝，這在孟子看來是很自然的。因為萬物要有最後的來源，人類也要有決定善惡的最後的判斷力量，那就是天或上帝，君與師是代替上帝來愛護百姓的。

〔註 410〕唐端正：《先秦諸子論叢——續編》，第 3 頁。

〔註 411〕焦循：《孟子正義》，北京：中華書局，上冊，第 117 頁。

〔註 412〕《尚書正義》，北京：中華書局影印〔清〕阮元刻《十三經注疏》本，第十一卷，第一頁，總第一冊，第 381 頁。

> 在古代，天代表萬物的最後歸屬。「四方有罪無罪唯我在」，是指沒有罪的我負責照顧，有罪的我負責懲罰。但是懲罰的時候，要先問自己有沒有照顧好，有沒有教好百姓。所以古代的聖王，看到天下發生災難，都是先自我反省，問自己是不是沒有盡到責任；而後代的暴君一看到國家有問題，就怪罪百姓。這是完全不同的心態。〔註 413〕

孟子的目的，是藉文王說明勇者的目的在於安定天下，保護百姓的生命財產，這種責任是天所賦與，人君就要兢兢業業履行天賦的使命，天下出了毛病便自我反省，不可以推卸責任。

至於《孟子》的引述與《泰誓》的文句不同，若根據《清華簡》專家李學勤的研究，《孟子》的引述很大可能出自《清華簡・厚父》。

漢人趙岐的《孟子注》解釋此處之引述說：「《書》，《尚書》逸篇也。」〔註 414〕足證趙岐也不認為《孟子》此段引述出自《尚書・泰誓》。近年整理並相繼出版的《清華簡》，為《孟子》的引述提供了一些線索。李學勤認為《孟子・梁惠王下》第三章第七節的引述：「《書》曰：『天降下民，作之君，作之師，惟曰其助上帝，寵之四方。有罪無罪惟我在，天下曷敢有越厥志？』」〔註 415〕這段文字不可能屬於《泰誓》，李學勤云：

> 孟子引述的這段《書》文，從經學史角度看，是不可能屬於《泰誓》的。江聲《尚書集注音疏》已指出，《泰誓》在漢代「列於學官，博士所課，不目之為逸《書》也。」還應注意到《孟子》書中還有兩處徵引《泰誓》，一處在《滕文公下》，引「我武維揚」等語，冠以「《太誓》曰」；另一處在《萬章上》，引「天視自我民視」等語，冠以「《泰誓》曰」，兩處趙注都不認為是「逸《書》」，所以趙注明稱「逸《書》」的，不會是《泰誓》。現在，我們再看清華簡《厚父》的有關文句，就會看出這可能即是《孟子》引文的出處。〔註 416〕

〔註 413〕傅佩榮：《孟子新解》，上冊，第 65～67 頁。

〔註 414〕《孟子注疏》，北京：中華書局影印〔清〕阮元刻《十三經注疏》本，第二卷上，第七頁，總第五冊，第 5818 頁。

〔註 415〕《孟子注疏》，北京：中華書局影印〔清〕阮元刻《十三經注疏》本，第二卷上，第七頁，總第五冊，第 5818 頁。

〔註 416〕李學勤：《清華簡專題研究：清華簡〈厚父〉與〈孟子〉引〈書〉》，深圳大學學報，第 32 卷第 3 期，2015 年，第 34 頁。

李學勤主編的《清華大學藏戰國竹簡》第五輯有一篇名為《厚父》的簡文，有一段文字與《孟子》的引述頗相似，「古天降下民，埶（設）萬邦，乍（作）之君，乍（作）之币（師），隹（惟）曰其勸（助）上帝𤔔（亂）下民。」〔註417〕《厚父》所載文字，比《尚書・泰誓》更接近《孟子》，故此，《孟子》這段引文，極有可能是來自《厚父》。

（二）

理氏引用《尚書・泰誓》為《孟子》所載周武王伐紂之事作尋源工夫。《滕文公下》第五章第六節：「救民於水火之中，取其殘而已矣。《太誓》曰：『我武惟揚，侵于之疆。則取于殘，殺伐用張，于湯有光。』」〔註418〕

理雅各《孟子》英譯本注云：「This quotation from Pt. V.i. Sec. II. 8, is to illustrate the last clause of the preceding paragraph.」〔註419〕理氏意謂，這段引述是出自《尚書・周書・泰誓中》第二章第八節，《孟子》此引述是為前面一段最後一句「取其殘而已」引用例子。

茲列出《尚書・泰誓中》之經文，其文云：「我武惟揚，侵于之疆，取彼凶殘，我伐用張，于湯有光。」〔註420〕《尚書》此經文，是說武王伐殷，舉兵侵入殷的國境，是因為紂王行事凶殘，武王以兵取之，張設此伐惡之道，較成湯更有光榮。〔註421〕

而孟子引用此句，是解釋上文的「取其殘而已」〔註422〕，朱熹《四書集註・孟子集註》云：「《太誓》，《周書》也。今書文亦小異。言武王威武奮揚，侵彼紂之疆界，取其殘賦，而殺伐之功，因以張大，比於湯之伐桀又有光焉。引此以證上文取其殘之義。」〔註423〕「取其殘」的意思是，討伐殘賊，趙岐

〔註417〕李學勤編：《清華大學藏戰國竹簡》第五輯，下冊，上海：中西書局，2015年，第110頁。

〔註418〕《孟子注疏》，北京：中華書局影印〔清〕阮元刻《十三經注疏》本，第六卷上，第十頁，總第五冊，第5897頁。

〔註419〕James Legge, *The Works of Mencius*, p.274.

〔註420〕《尚書正義》，北京：中華書局影印〔清〕阮元刻《十三經注疏》本，第十一卷，第十頁，總第一冊，第385頁。

〔註421〕《尚書正義》，北京：中華書局影印〔清〕阮元刻《十三經注疏》本，第十一卷，第十頁，總第一冊，第385頁。

〔註422〕《孟子注疏》，北京：中華書局影印〔清〕阮元刻《十三經注疏》本，第六卷上，第十頁，總第五冊，第5897頁。

〔註423〕〔宋〕朱熹：《四書集註・孟子集註》，影印怡府藏版，第三卷，第二十四頁。

《孟子注》云：「言武王之師，救殷民於水火之中，討其殘賊也。」〔註 424〕成湯之師與武王之師都是仁者之師，救民於水火之中，免百姓受殘害。孟子藉成湯、武王發揮其仁政思想。

（三）

理氏引用《書經·泰誓》是為《孟子》的政治思想溯源。《萬章上》第五章第八節：「《泰誓》曰：『天視自我民視，天聽自我民聽』，此之謂也。」〔註 425〕

理雅各《孟子》英譯本注云：「《泰誓》曰，—— see the *Shû-ching* V. i. Sect II 7.」〔註 426〕理氏意謂，《泰誓》曰，見《書經·周書·泰誓中》第七章。

《尚書·泰誓中》：「天視自我民視，天聽自我民聽。」〔註 427〕孔安國《尚書傳》云：「言天因民以視聽，民所惡者天誅之。」〔註 428〕

《孟子》引用《尚書·泰誓》解釋帝舜繼堯之後做天子，是得到百姓的支持和擁護的。《孟子》與《尚書》都沒有用宗教神祕經驗的方式來理解天的指示，在禪讓這件事，所謂天意實即民意，更進一步而言，從《孟子》的仁政思想來講，就是人君從百姓的好惡來理解天意。人民的眼睛就是上天的眼睛，人民的耳朵就是上天的耳朵。便正是這個意思。〔註 429〕傅佩榮《孟子新解》云：

> 根據下一章談到的禹、啟等人的事迹，以及後代得天下的帝王作為。可知「以行與事」的意思比較像是：要由大勢（行）所趨與客觀事件（事）來決定天意。這種觀點可以配合「天視自我民視，天聽自我民聽」的說法。〔註 430〕

孟子並沒有否定天命的意思，他是肯定了天對百姓與社會有莫大的影響，但孟子同時也注重人，因為人是社會的主體，天命與人的行為緊密相連，因此

〔註 424〕《孟子注疏》，北京：中華書局影印〔清〕阮元刻《十三經注疏》本，第六卷上，第十頁，總第五冊，第 5897 頁。

〔註 425〕《孟子注疏》，北京：中華書局影印〔清〕阮元刻《十三經注疏》本，第九卷下，第二頁，總第五冊，第 5954 頁。

〔註 426〕James Legge, *The Works of Mencius*, p.357.

〔註 427〕《尚書正義》，北京：中華書局影印〔清〕阮元刻《十三經注疏》本，第十一卷，第十頁，總第一冊，第 385 頁。

〔註 428〕《尚書正義》，北京：中華書局影印〔清〕阮元刻《十三經注疏》本，第十一卷，第十頁，總第一冊，第 385 頁。

〔註 429〕楊伯峻：《孟子譯注》，上冊，第 221 頁。

〔註 430〕傅佩榮：《孟子新解》，上冊，第 88 頁。

就形成了天的眼睛就是人的眼睛，天的耳朵就是人民的耳朵這種既富宗教性又充滿人性的政治理論。

（四）

理氏引用《書經．泰誓》為《孟子》所引之語尋出處，為語言訓詁溯源。《盡心下》第四章第五節云：「武王之伐殷也，革車三百兩，虎賁三千人。王曰：『無畏！寧爾也，非敵百姓也。若崩厥角稽首。』征之為言正也，各欲正己也，焉用戰？」〔註 431〕

理雅各《孟子》英譯本注云：「See the *Shû-ching*, Pt. V. i. Sect. II. 9.」〔註 432〕理氏之意謂，「王曰」之言，乃出自《尚書．泰誓中》第九章。

《盡心下》此章，引用了《尚書》兩段經文，第一是《仲虺之誥》，可參考上文第二點《仲虺之誥》考第 2 點。第二是理氏所指的《泰誓中》第九章。現只討論《泰誓》之經文。

《泰誓中》第九章的經文云：「勗哉夫子，罔或無畏，寧執非敵。百姓懍懍，若崩厥角。」〔註 433〕孔安國《尚書傳》云：「勗，勉也。夫子謂將士，無敢有無畏之心，寧執非敵之志伐之，則克矣。」〔註 434〕又云：「言民畏紂之虐，危懼不安，若崩摧其角，無所容頭。」〔註 435〕孔穎達《尚書正義》云：「取得紂則功多於湯，宜勉力哉。夫子將士等。呼將士，令勉力也。以兵伐人，當臨事而懼，汝將士等，無敢有無畏輕敵之心，寧執守似前人之強，非己能敵之志，以伐之，如是乃可克矣。」〔註 436〕

「若崩厥角稽首」之意就是像山崩一樣的叩頭。據焦循《孟子正義》云：

> 《漢書．諸侯王表》「漢諸侯王厥角䭫首」，應劭曰：「厥者，頓也。角者，額角也。稽首，首至地也。」邱遲《與陳伯之書》云：「朝鮮

〔註 431〕《孟子注疏》，北京：中華書局影印〔清〕阮元刻《十三經注疏》本，第十四卷上，第四頁，總第五冊，第 6035 頁。

〔註 432〕James Legge, *The Works of Mencius*, p.480.

〔註 433〕《尚書正義》，北京：中華書局影印〔清〕阮元刻《十三經注疏》本，第十一卷，第十至十一頁，總第一冊，第 385～386 頁。

〔註 434〕《尚書正義》，北京：中華書局影印〔清〕阮元刻《十三經注疏》本，第十一卷，第十頁，總第一冊，第 385 頁。

〔註 435〕《尚書正義》，北京：中華書局影印〔清〕阮元刻《十三經注疏》本，第十一卷，第十一頁，總第一冊，第 386 頁。

〔註 436〕《尚書正義》，北京：中華書局影印〔清〕阮元刻《十三經注疏》本，第十一卷，第十頁，總第一冊，第 385 頁。

昌海，蹶角受化。」李善注引《孟子》此文趙岐注云：「厥角叩頭，以額角犀厥地也。」於此注增以也二字，義尤明暢。《文選·羽獵賦》「蹶浮麋」，應劭亦云：「蹶，頓也。」是厥、蹶古字通，故李善直以厥角注蹶角，然則厥角猶頓首，故云厥地也。《釋名·釋形體》云：「角者，生於額角也。」《國語·鄭語》云：「恶角犀豐盈」。韋昭注云：「角犀，謂顏角有伏犀。」趙氏以額釋角，又以犀申言之。額犀二字，皆釋角字也。厥角是以角蹶地。若崩者，狀其厥之多而迅也。《白虎通》云：「崩之言傰然仁國僵伏。」《說文·山部》云：「崩，山壞也。」山壞則自高僵伏於地。《毛詩·小雅·無羊》云：「不騫不崩，」《傳》云：「崩，羣疾也。」蓋一羣之羊全病，僵伏不起，詩人以山之壞狀之。此殷民歸周，以額角犀蹶地，共狀若僵伏，而加「若崩」二字，極狀其人之眾多，如山之下墜，如羊之羣疾而僵伏，方聞「寧爾」之令，猝然厥地，其聲其狀，可於「若崩」二字見之。〔註437〕

《孔傳》與《正義》都認為這段話是周武王鼓勵將士，用大無畏的精神，不可輕敵，克勝殷商，使殷商的百姓不再受紂王的虐待，百姓無不叩頭感謝周武王的來到。

但解釋《孟子》的學者，都認為這是武王向殷商百姓所說的話，趙岐《孟子注》云：「革車兵車也，虎賁武士為小臣者也。《書》云：『虎賁贅衣趣馬，小尹三百兩，三百乘也。』武王令殷人曰，無驚畏，我來安止爾也。百姓歸周，若崩厥角，額角犀厥地，稽首拜命，亦以首至地也。欲令武王來征己之國，安用善戰陳者。」〔註438〕

朱熹《四書集註·孟子集註》：「又以武王之事明之也。兩，車數。一車兩輪也。千，書序作百。《書·大誓》文與此小異，孟子之意當云，王謂商人曰，無畏我也，我來伐紂，本為安寧汝，非敵商之百姓也。於是商人稽首至地，如角之崩也。民為暴君所虐，皆欲仁者來正己之國。」〔註439〕

張居正《四書集註闡微直解》云：

昔武王伐殷紂也，革車止三百輛，而車馬未見其盛，虎賁止三千人，而士卒未見其多，宜乎其易敵矣。然觀武王入殷之初，與商

〔註437〕〔清〕焦循：《孟子正義》，北京：中華書局，下冊，第964頁。

〔註438〕《孟子注疏》，北京：中華書局影印〔清〕阮元刻《十三經注疏》本，第十四卷上，第四頁，總第五冊，第6035頁。

〔註439〕〔宋〕朱熹：《四書集註·孟子集註》，影印怡府藏版，第十四卷，第二頁。

民說，爾等不必畏懼，我今伐紂，為他恣行暴虐，使爾等困苦不堪，故來安寧爾等，非與百姓為仇敵也。商民聞之，歡欣感激，都來武王面前，稽首至地，就如獸角崩墜一般。夫王言一布，而人心傾服如此，又誰敢抗之者哉？好仁無敵，此又其一驗矣。

所謂仁人無敵於天下者，其故何哉？蓋征之為言，以己之正，而正人之不正者也。如葛伯無道，成湯則以大義正之，商紂不仁，武王則以大義正之。於時百姓為暴君所虐，苦不聊生。方欲仁人以仁義之師，來正己之國也，故未至而望若雲霓，既至而喜若時雨，如商民之延頸以待，周民之稽首以迎，有不俟兵威之加而自服矣，焉用戰為乎？然則人臣不以湯武望其君，而但以戰陣之事，邀功啟釁，使上下均被其殃，其罪真不容於死矣，用人可不慎哉。〔註440〕

楊伯峻《孟子譯注》亦認為這是對殷商百姓所說的話，其云：「武王〔對殷商的百姓〕說：『不要害怕！我是來安定你們的，不是同你們為敵的。』百姓便都把額角觸地叩起頭來，聲響好像山陵倒塌一般。」〔註441〕傅佩榮的《孟子新解》亦是同樣解釋。〔註442〕

《盡心下》第四章其實是孟子對戰爭的看法，茲引述全章云：

孟子曰：「有人曰：『我善為陳，我善為戰』，大罪也。國君好仁，天下無敵焉，南面而征北夷怨，東面而征西夷怨，曰：『奚為後我？』武王之伐殷也，革車三百兩，虎賁三千人。王曰：『無畏！寧爾也，非敵百姓也。』若崩厥角稽首。征之為言正也，各欲正己也，焉用戰？」〔註443〕

從這段經文來看，孟子是反戰的，認為人若以善為戰、陣而引以為傲，是最大的罪，孟子始終都認為，國家必須行仁義，若要征伐別國，就先要用仁義管治自己的國家，用仁義征服其他國家，解救別國的百姓，成湯與周武都是這樣做，所以別國的百姓都感激他們的軍隊到來解救他們。

（五）

理氏引用《尚書．泰誓》為《孟子》解釋「一夫紂」的稱號，亦是作人物

〔註440〕〔明〕張居正：《四書集註闡微直解》，第410頁。
〔註441〕楊伯峻：《孟子譯注》，下冊，第326頁。
〔註442〕傅佩榮：《孟子新解》，下冊，第313～314頁。
〔註443〕《孟子注疏》，北京：中華書局影印〔清〕阮元刻《十三經注疏》本，第十四卷上，第四頁，總第五冊，第6035頁。

溯源工作。《梁惠王下》第八章，云：「曰：『賊仁者，謂之賊；賊義者，謂之殘。殘賊之人，謂之一夫。聞誅一夫紂矣，未聞弒君也。』」〔註 444〕

理雅各《孟子》英譯本注云：「In the use of 夫，*Mencius* seems to refer to the expression, 獨夫紂，*Shû-ching*, V. i. Sect. III. 4.」〔註 445〕理氏意云，「夫」的使用，《孟子》是參考《書經．周書．泰誓下》第四章「獨夫紂」的表達方式。

茲引《尚書．泰誓下》之經文，其文云：「獨夫受，洪惟作威，乃汝世讎。」〔註 446〕《孟子》作「紂」，《尚書》作「受」，「受」是名字，稱「紂」是因為兩字音近，兩字都有使用，因而把「紂」看作稱號，梁玉繩《史記志疑》云：「紂有二名，曰辛者，殷以生日名子也。曰受者，別立嘉名也，猶天乙又名履；上甲又名微也。史不書名受，偶不及也，《竹書紀年》云名辛受。而紂受音近，故天下共稱之，蓋即以為號矣。」〔註 447〕《泰誓》指出殷紂無道，苦虐百姓，是百姓之敵人，孔穎達《尚書正義》云：「言獨夫，失君道也。大作威，殺無辜，乃是汝累世之讎，明不可不誅。」〔註 448〕

《孟子》把「獨夫」說成「一夫」。顏師古《漢書注》曰：「獨夫，猶言匹夫也。」〔註 449〕用字不同，唯意義無變，把殷紂看為普通匹夫者，荀子亦有同樣說法，《荀子．議兵篇》云：「誅桀紂，若誅獨夫。故《泰誓》曰：『獨夫紂，此之謂也。』」〔註 450〕又《荀子．正論篇》云：「誅暴國之君，獨夫。若是則可謂能用天下矣。能用天下之謂王。湯、武非取天下也，脩其道、行其義，興天下之同利，除天下之同害，而天下歸之也。」〔註 451〕

理氏未能理解「獨夫」在先秦時代的政治含意。先秦儒家文獻《尚書》、

〔註 444〕《孟子注疏》，北京：中華書局影印〔清〕阮元刻《十三經注疏》本，第二卷下，第三頁，總第五冊，第 5828 頁。

〔註 445〕James Legge, *The Works of Mencius*, p.167.

〔註 446〕《尚書正義》，北京：中華書局影印〔清〕阮元刻《十三經注疏》本，第十一卷，第十二頁，總第一冊，第 386 頁。

〔註 447〕〔清〕梁玉繩：《史記志疑》，上海：上海古籍出版社影印《續修四庫全書》本，清乾隆刻本，1995 年，第二卷，第三十三頁，總第二六二冊，第 460 頁。

〔註 448〕《尚書正義》，北京：中華書局影印〔清〕阮元刻《十三經注疏》本，第十一卷，第十二頁，總第一冊，第 386 頁。

〔註 449〕〔東漢〕班固撰、〔清王先謙補注：《漢書補注》，虛受堂刻本，第三十六卷，第七頁，下冊，第 954 頁。

〔註 450〕〔先秦〕荀卿撰、王先謙集解：《荀子集解》，臺北：藝文印書館影印本，第一卷，第八頁，總第 387 頁。

〔註 451〕〔先秦〕荀卿撰、王先謙集解：《荀子集解》，臺北：藝文印書館影印本，第十二卷，第三頁，總第 455 頁。

《孟子》、《荀子》對殷紂之看法是一致的，就是「獨夫」。一個殘害百姓的君王，已經失去君王之道，就是一個普通人，所以殺紂不是弒君，只是殺一匹夫。孟子所提倡王者行仁義之王道，是肯定了人的價值，假若有人用武力或暴力破壞了人的基本價值，殘害人的生命，就算是君王，也只會變成匹夫。傅佩榮《孟子新解》云：

> 孟子採取實話實說的態度。「賊仁者」、「賊義者」，傷害仁德叫做賊害，因為仁德來自人性，傷害人性的話，誰還願意做好人？「義」是義行，就是什麼事該做，是什麼角色、什麼身份就要做什麼事情。把仁德、義行破壞了，天下的人都將無路可走。這樣的人就是獨夫，眾叛親離，所以該殺。因此，這是剷除獨夫，而不是殺害國君。「一夫」不仁不義以至眾叛親離，成為獨夫。
>
> 孟子這種思想對歷代統治者是一大警惕。不過即使面臨「獨夫」在統治，若無商湯與周武這些仁君，大家依然無可奈何。在古代，暴虐的國君很多，為什麼還可以長期維持政權呢？因為沒有相對的商湯、周武王這些仁君出現。百姓總是聽天由命，缺少反抗或革命的條件。但即使如此，孟子的立場也毫不含糊。
>
> 孔子、孟子肯定每一個人都有最基本的價值，只要是人，就具有共同的人性。人權來自人性，亦即每一個人都有內在的價值，可以使他覺悟自己有尊貴之處。如果因貧窮就被別人歧視，或者因地位低下就被別人輕視，就表示人的價值是由外而來的。
>
> 儒家認為，人的價值在內不在外，尤其在於人有行善的能力，因此人只要行善，就自然展現人的尊嚴與可貴。反之，人若為非作歹，那麼即使是國君，也難逃獨夫的下場，受到大家的唾棄。〔註 452〕

孟子的政治思想，著重人的內在道德，看重人的生命價值，從《梁惠王下》整章經文可以清楚理解孟子政治精神的精義所在。《梁惠王下》第八章，云：

> 齊宣王問曰：「湯放桀，武王伐紂，有諸？」孟子對曰：「於傳有之。」曰：「臣弒其君，可乎？」曰：「賊仁者，謂之賊；賊義者，謂之殘。殘賊之人，謂之一夫。聞誅一夫紂矣，未聞弒君也。」〔註 453〕

〔註 452〕傅佩榮：《孟子新解》，上冊，第 91～92 頁。

〔註 453〕《孟子注疏》，北京：中華書局影印〔清〕阮元刻《十三經注疏》本，第二卷下，第三頁，總第五冊，第 5828 頁。

孟子與齊宣王討論「臣弒其君」的問題，於孟子而言，夏桀與商紂根本不是人君，那麼成湯與武王也就不是搶奪天下。荀子亦與孟子站在同一立場，提倡這種政治精神。《荀子．正論篇》云：

> 世俗之為說者曰：「桀紂有天下，湯武篡而奪之。」是不然。以桀紂為嘗有天下之籍則然，親有天下之籍則然，天下謂在桀紂則不然。……天下無君，諸侯有能威積，海內之民莫不願以為君師，然而暴國獨侈安能誅之。必不傷害無罪之民，誅暴國之君若誅獨夫，若是則可謂能用天下矣。能用天下之謂王，湯武非取天下也。脩其道，行其義，興天下之同利，除天下之同害，而天下歸之也。桀紂非去天下也，反禹湯之德，亂禮義之分，禽獸之行，積其凶，全其惡，而天下去之也。天下歸之之謂王，天下去之之謂亡。故桀紂無天下，而湯武不弒君，由此效之也。湯武者，民之父母也，桀紂者，民之怨賊也。今世俗之為說者，以桀紂為君，而以湯武為弒，然則是誅民之父母，而師民之怨賊也，不祥莫大焉。以天下之合為君，則天下未嘗合於桀紂也，然則以湯武為弒，則未嘗有說也，直墮之耳。〔註454〕

「暴國獨侈安能誅之」此句，王先謙解之云：「以安代則字用。暴國獨侈安能誅之者，暴國獨侈則誅之也。」〔註455〕

孟子的立場是以「仁政王道」為原則，這「仁政王道」加諸人君變成君道，只有當人君盡其應盡的君道，才可以護得臣民的尊重，假如君不君，人人都可得而誅之。「可見儒家並不以為掌握了政權的人便是君，只有履行了人君的義務的人，儒家才尊他為君。」〔註456〕孟子用這理論回答齊宣王，是正氣凜然之舉。〔註457〕「一夫紂」這個稱呼帶出了儒家的整體政治精神的核心價值，理氏對此理解不深。

二、引用《武成》考

理氏一共兩次引用《武成》解釋《孟子》，茲分別討論之。

〔註454〕〔先秦〕荀卿著，王先謙集解：《荀子集解》，臺北：藝文印書館影印本，第十二卷，第二至三頁，總第453～456頁。

〔註455〕〔先秦〕荀卿著，王先謙集解：《荀子集解》，臺北：藝文印書館影印本，第十二卷，第三頁，總第455頁。

〔註456〕唐端正：《先秦諸子論叢：續編》，第8頁。

〔註457〕唐端正：《先秦諸子論叢：續編》，第8頁。

（一）

理氏引用《書經・武成》為《孟子》未說明出處的歷史事件探源。《滕文公下》第五章第五節：「有攸不為臣，東征，綏厥士女。篚厥玄黃，紹我周王見休，惟臣附于大邑周。」〔註 458〕

理雅各《孟子》英譯本注云：

> Down to 大邑周, —— the substance of this paragraph is found in the *Shû-ching*; —— see Pt. V. iii. 7; but this Book is confessed to require much emendation in its arrangement. 士女＝男女, 匪, —— used for 篚. 匪厥玄黃, —— "basketed their azure and yellow *silks*." It is said: —— "Heaven is azure, and Earth is yellow. King Wu was able to put away the evils of the Yin rule, and gave the people rest. He might be compared to Heaven and Earth, overshadowing and sustaining all things in order to nourish men." 紹（we have 昭 in the *Shû-ching*）, —— "to continue." We must understand a "saying" and bring out the meaning of 紹 thus: —— "Formerly we served Shang, and now we continue to serve, but our service is to Châu." 大邑周, literally, "great city (or citied) Châu," which is an irregular phrase, perhaps equal to Châu of the Great Capital.〔註 459〕

理氏是說，由有攸至大邑周，這句話的意思可見諸《書經》的《武成》篇。但這本書被認為需要重新排列次序。士女指男女。匪亦作篚，匪厥玄黃——盛載他們的玄色（蔚藍色）與黃色的絲，其寓意是天玄地黃，武王有能力將殷商的暴政剷除，覆蓋及支持所有事物以養育百姓。紹《書經》作昭，意為繼續。我們必須從紹這個字的意思明白這句話。所以，其意是：以前我們服事殷商，現在我們仍然要服事，不過是服事周。大邑周，字意是『大城市周』，但是這一句不規則片語，可能等於周都。」

理氏認為「匪」亦作「篚」。理氏所用《四書》的中文底本，應該是用朱熹《四書》。關於「匪厥玄黃」的「匪」字，理氏的《中國經典・孟子》的中文原文是「匪厥玄黃。」這是根據朱熹的《四書集註》而來，巴蜀書店影印的

〔註 458〕《孟子注疏》，北京：中華書局影印〔清〕阮元刻《十三經注疏》本，第六卷上，第十頁，總第五冊，第 5897 頁。

〔註 459〕James Legge, *The Works of Mencius*, p.273~274.

怡府藏板《四書集註・孟子集註》是「匪厥玄黃。」〔註 460〕藝文印書館影印清人吳志忠《四書集註・孟子集註》刊本也是「匪厥玄黃。」〔註 461〕香港太孚書局仿古字版也是「匪厥玄黃。」〔註 462〕上海古籍出版社《朱子全書・孟子集注》也是「匪厥玄黃。」〔註 463〕〔清〕阮元刻《十三經注疏・孟子》則作「篚厥玄黃。」〔註 464〕

現引述《尚書・武成》相關經文，其云：「華夏蠻貊，罔不率俾，恭天成命，肆予東征，綏厥士女。惟其士女，篚厥玄黃，昭我周王。天休震動，用附我大邑周。」〔註 465〕相較而言，《孟子》的引述，較為簡單，但是《孟子》使用時，與《武成》原意不同。《武成》此段經文的意思，據孔安國《尚書傳》云：「冕服采章曰華，大國曰夏。及四夷皆相率而使奉天承命。言東國士女筐篚盛其絲帛，奉迎道次，明我周王為之除害。」〔註 466〕可見《武成》一文，是說「武王伐殷」〔註 467〕四夷都來迎接武王之師，認為武王是奉天承命而做君王。

《孟子》解釋周王東征的原因，是「有攸不為臣」，有攸是一國家的名稱，甲文和金文都有「攸國」之名。〔註 468〕周王是指周武王。〔註 469〕周武王因為這個國不願臣服，所以東征。但《武成》的內容是說周武王伐殷的原因，並沒有提及「有攸」不臣服之事。而《滕文公下》第五章則說攸國不臣服周武王，周武王便東行討伐，有攸的百姓都帶禮物見周武王，希望作大周國的

〔註 460〕〔宋〕朱熹：《四書集註・孟子集註》，影印怡府藏板，第三卷，第二十三頁。

〔註 461〕〔宋〕朱熹：《四書集註・孟子集註》，藝文印書館影印〔清〕吳志忠教刊本，第六卷，第七頁。

〔註 462〕〔宋〕朱熹：《四書集註・孟子集註》，香港：太平書局仿古字版，第三卷，第八六頁。

〔註 463〕〔宋〕朱熹：《四書集註・孟子集註》，上海：上海古籍出版社，《朱子全書》本，2002 年，第陸冊，第 327 頁。

〔註 464〕《孟子注疏》，北京：中華書局影印〔清〕阮元刻《十三經注疏》本，第六卷上，第十頁，總第五冊，第 5897 頁。

〔註 465〕《尚書正義》，北京：中華書局影印〔清〕阮元刻《十三經注疏》本，第十一卷，第廿三頁，總第一冊，第 392 頁。

〔註 466〕《尚書正義》，北京：中華書局影印〔清〕阮元刻《十三經注疏》本，第十一卷，第十八頁，總第一冊，第 389 頁。

〔註 467〕《尚書正義》，北京：中華書局影印〔清〕阮元刻《十三經注疏》本，第十一卷，第十頁，總第一冊，第 385 頁。

〔註 468〕楊伯峻：《孟子譯注》，上冊，第 150 頁。

〔註 469〕《孟子注疏》，北京：中華書局影印〔清〕阮元刻《十三經注疏》本，第六卷上，第十頁，總第五冊，第 5897 頁。

臣民。〔註470〕張居正《四書集註闡微直解》論之云：「蓋以商紂暴虐，民方陷於水火，武王興兵征伐，以救民於水火之中，惟取殘民者誅之。除殘之外，未嘗妄有誅戮，故民懷其德，而以類相迎如此。其與成湯之時，民皆徯後來蘇者，何以異哉？」〔註471〕孟子仍然是強調行仁政王道的重要性，無論成湯或周武都是因為行王道，四夷都歡喜他們來到解救他們的苦難。

（二）

理氏引用《尚書・武成》解釋《孟子》盡信書則不如無書之「書」，是作歷史典故的考證。《盡心下》第三章第一至二節：「吾於《武成》，取二三策而已矣。仁人無敵於天下。以至仁伐至不仁，而何其血之流杵也！」〔註472〕

理雅各《孟子》英譯本注云：「《武成》is the title of the third Book in the fifth Part of the *Shû-ching*, professing to be an account by king Wû of his enterprise against the tyrant Châu. The words quoted in the next paragraph are found in par. 8.」〔註473〕理氏意謂，《武成》是《書經・周書》第五篇的名稱，聲稱是記載武王為了其王朝而討伐無道之紂王。《孟子》在下一節所引用的句子是《武成》的第八章。

理雅各云「血之流杵」一句，可見於其譯《尚書》第五卷，第3篇，第8章，實則是見於其譯本第10章。〔註474〕茲據阮元刻《十三經注疏・尚書・武成》引述相關經文云：「罔有敵于我師，前徒倒戈攻于後，以北，血流漂杵。一戎衣，天下大定。」〔註475〕孔安國《尚書傳》云：「紂眾服周仁政，無有戰心，前徒倒戈自攻于後，以北走，血流漂舂杵，甚之言。」〔註476〕孔穎達《尚書正義》曰：

> 罔有敵于我師，言女紂眾雖多，皆無有敵我之心，故自攻於後，以北走，自攻其後，必殺人不多，「血流漂舂杵」甚之言也。《孟子》

〔註470〕楊伯峻：《孟子譯注》，上冊，第149頁。

〔註471〕〔明〕張居正：《張居正講論孟子》，第十九卷，第十六頁，總第558頁。

〔註472〕《孟子注疏》，北京：中華書局影印〔清〕阮元刻《十三經注疏》本，第十四卷上，第三頁，總第五冊，第6035頁。

〔註473〕James Legge, *The Works of Mencius*, p.479.

〔註474〕James Legge, *The Shoo King*, p.314~315.

〔註475〕《尚書正義》，北京：中華書局影印〔清〕阮元刻《十三經注疏》本，第十一卷，第廿三至廿四頁，總第一冊，第392頁。

〔註476〕《尚書正義》，北京：中華書局影印〔清〕阮元刻《十三經注疏》本，第十一卷，第廿四頁，總第一冊，第392頁。

以信書不如無書，吾於武成取二三策而已。仁者無敵於天下，以至仁伐不仁，如何其血流漂杵也。是言不實也，《易繫辭》云：「斷木為杵，掘地為臼」。是杵為臼器也。〔註477〕

孔安國《尚書傳》與孔穎達《尚書正義》都認為商紂之兵，在前者叛變而轉攻向後，是以紂兵敗北而走，照理是殺人不多，這是以戰略情況來判斷，《尚書．武成》「血流漂杵」一句，是誇飾之詞。孔穎達更引用《孟子》之解釋，周武王是仁義之師，不會使生靈塗嘆至「血流漂杵」，則是從武王的政治倫理來判斷《武成》之言乃誇飾之語。楊伯峻《孟子譯注》解釋云：

盡信書，則不如無書。吾於武成——書，《尚書》。《武成》，《尚書》篇名，所敘大概是周武王伐紂時的事。依《尚書正義》引鄭氏說，《武成》到建武（東漢光武帝年號）之際已經亡失。今日的《尚書．武成》是偽古文，敘「血流漂杵」為商紂士兵倒戈自相殘殺所致，與孟子原意不合，自不可信。〔註478〕

楊伯峻則認為《尚書．武成》是《偽古文尚書》，所以《武成》所說的事不可信。阮刻《十三經注疏．尚書》近代學者都稱作《偽古文尚書》，大大減低其可信性。

然而《孟子》所見之《武成》確實有「血流漂杵」一句，但孟子卻認為這句不可信，其理由是文王乃仁者之師，所到之處，應該如成湯伐紂般受人擁戴，斷無「血流漂杵」的情況出現，趙岐仍是順著《孟子》的意思作出解說，其《孟子注》云：

書《尚書》，經有所美言，事或過。若《康誥》曰：「冒聞于上帝。」《甫刑》曰：「皇帝請問下民。」《梓材》曰：「欲至于萬年。」又曰：「子子孫孫永保。」民人不能聞天，天不能問於民，萬年永保，皆不可得為，《書》豈可按文而皆信之哉。《武成》逸《書》之篇名，言武王誅紂，戰鬬殺人，血流舂杵。孟子言，武王以至仁伐至不仁，殷人簞食壺漿而迎其王師，何乃至於血流飄杵乎，故吾取武成兩三簡策，可用者耳，其過辭則不取之也。〔註479〕

〔註477〕《尚書正義》，北京：中華書局影印〔清〕阮元刻《十三經注疏》本，第十一卷，第廿四頁，總第一冊，第392頁。

〔註478〕楊伯峻：《孟子譯注》，下冊，第325頁。

〔註479〕《孟子注疏》，北京：中華書局影印〔清〕阮元刻《十三經注疏》本，第十四卷上，第三頁，總第五冊，第6035頁。

焦循《孟子正義》云：

> 武王伐紂於牧之野，河北地高壤，靡不乾燥，兵頓血流，輒燥入土，安得杵浮？且周、殷士卒，皆賫盛糧，或作乾糧，無杵臼之事，安得末而浮之？言血流杵，欲言誅紂惟兵頓士傷，故至浮杵。是杵為杵臼之杵，故趙氏言血流舂杵。《說文．木部》云：「杵，舂杵也。」〔註 480〕

張居正《四書集註闡微直解》的剖釋，頗有見地，其云：

> 孟子見當時好殺之徒，多藉口于武王伐紂之事以自解，故辯之說道：「書以紀事為義，本欲傳信於天下後世者也，然亦有事掩於虛詞，詞浮於實事，而不可盡信者，學者惟識其大義足矣。若但執過甚之言，而皆信為必然之事，不惟無以明聖賢之心，且適滋後人之惑矣。豈如無書之為愈哉？何以見書之不可盡信也。彼武成一書，乃武伐紂既歸，而史官作以紀事者也。其簡篇固為甚多，吾於其間，僅取其所稱奉天伐暴，反政施仁之二、三策而已矣。自此之外，如所謂血流漂杵之一言，以理斷之，仁人之師，上奉天討，下順民心，天下自然莫與之敵，今以武王之至仁，伐紂之至不仁，必有兵不血刃，而人自歸附者，何致與商紂師徒為敵，至使血流漂杵，若是之慘酷乎。即此推之，武成之不可盡信也明矣。今乃有托古訓，以逞其殺戮之心，如時君世主之為，非惟得罪於天下，實得罪于武王也。」〔註 481〕

孟子提倡仁政，不提倡以軍事為主的霸政，所以認為《武成》「血流漂杵」是誇飾的表達手法，不可盡信，勸誡君王不要用《武成》作藉口發動戰爭，應該像文王行仁政，自然可以無敵於天下。

三、引用《康誥》考

理氏引《書經》解釋《孟子》所引《康誥》之出處，作語言典故探源。《萬章下》第四章第四節：「《康誥》曰：『殺越人于貨，閔不畏死，凡民罔不譈。』是不待教而誅者也。」〔註 482〕

〔註 480〕〔清〕焦循：《孟子正義》，北京：中華書局，下冊，第 961 頁。

〔註 481〕〔明〕張居正：《四書集註闡微直解》，第二十七卷，第三頁，總第 728 頁。

〔註 482〕《孟子注疏》，北京：中華書局影印〔清〕阮元刻《十三經注疏》本，第十卷下，第一頁，總第五冊，第 5969 頁。

理雅各《孟子》英譯本注云：「《康誥》曰 see the *Shû-ching*, Bk. V. x. 15, though the text is somewhat altered in the quotation, and 閔 and 譈 take the place of 暋 and 憝。」〔註 483〕理氏意謂，《康誥》曰，見《書經・周書》，第十卷，第 15 章。雖然《書經》的經文與《孟子》的引述有些不同，而且用閔與譈代替了暋與憝。

理氏引述有誤，據理氏所譯《尚書》，《康誥》是第五冊，第九卷，而第十卷則是《酒誥》。茲引《尚書・康誥》相關之經文云：「凡民自得罪，寇攘奸宄，殺越人于貨，暋不畏死：罔弗憝。」〔註 484〕孔安國《尚書傳》云：「凡民用得罪為寇盜，攘竊姦宄，殺人，顛越人，於是以取貨利。暋，強也。自強為惡而不畏死，人無不惡之者，言當消絕之。」〔註 485〕

孟子引用《康誥》這段經文的目的，是回答其徒萬章的問題，萬章問孟子「今有禦人於國門之外者，其交也以道，其餽也以禮，斯可受禦與？」〔註 486〕意思就是，有人攔途截劫了別人的財物，但卻按照禮節送這些劫來的禮物給人，是不是可以接受。〔註 487〕趙岐《孟子注》：

> 孟子曰，不可受也。《康誥》，《尚書》篇名，周公戒成王、封康叔。越、于皆於也。〔註 488〕殺於人，取於貨，閔然不知畏死者。譈，殺也。凡民無不得殺之者，若此之惡，不待君之教命，遭人得討之。三代相傳以此法，不須辭問也。於今為烈，然明法，如之何受其餽也。〔註 489〕

朱熹《四書集註・孟子集註》：「譈，書作憝，徒對反。《康誥》《周書》篇名。越，顛越也。今書閔作愍，無凡民二字。譈，怨也。言殺人而顛越之，因

〔註 483〕James Legge, *The Works of Mencius*, p.380.

〔註 484〕《尚書正義》，北京：中華書局影印〔清〕阮元刻《十三經注疏》本，第十四卷，第八頁，總第一冊，第 433 頁。

〔註 485〕《尚書正義》，北京：中華書局影印〔清〕阮元刻《十三經注疏》本，第十四卷，第八頁，總第一冊，第 433 頁。

〔註 486〕《孟子注疏》，北京：中華書局影印〔清〕阮元刻《十三經注疏》本，第十卷下，第一頁，總第五冊，第 5969 頁。

〔註 487〕《孟子注疏》，北京：中華書局影印〔清〕阮元刻《十三經注疏》本，第十卷下，第一頁，總第五冊，第 5969 頁。

〔註 488〕阮元刻《十三經注疏・孟子》作「周公戒成王、康叔，封越於皆於也。」現據焦循：《孟子正義》第 698 頁校改之。

〔註 489〕《孟子注疏》，北京：中華書局影印〔清〕阮元刻《十三經注疏》本，第十卷下，第一頁，總第五冊，第 5969 頁。

取其貨，閔然不知畏死，凡民無不怨之。孟子言此乃不待教戒而誅者也。」〔註 490〕孟子說明對殺人越貨的強盜，不能用先教後罰的方法，應該盡快消滅這些人。孟子在此所提倡的，是任何禮物，都要按禮節而受，非法得來的禮物就不應接受。

四、引用《洛誥》考

理氏引用《書經．洛誥》是為《孟子》所引經文探源，作語言典故探源的工作。《告子下》第五章第四節：「非也。《書》曰：『享多儀，儀不及物，曰不享。惟不役志于享。』為其不成享也。」〔註 491〕

理雅各《孟子》英譯本注云：「《書》曰，—— see the *Shû-ching* V. xii. 12, but in the classic the last clause 惟不役志于享 is not explanatory of the preceding, but is itself the first clause of a new sentence. See the *Shû-ching*, in loc.」〔註 492〕理氏意謂，《書》曰，見《書經》第五卷第十二篇第 12 章，但在《書經》「惟不役志于享」不是解釋前文「享多儀，儀不及物，曰不享。」「惟不役志于享」此句是與下文「凡民惟曰不享，惟事其爽侮。」是同一節經文的。是下一節的首句，見《書經》相關部份。

理氏的引述有誤，出了問題。據理氏所譯《尚書》第五卷，第十二篇是《召誥》，然《告子下》五章所引，實出自《洛誥》，是理氏所譯《尚書》第五卷，第十三篇。

茲根據阮元刻本《尚書正義．洛誥》云：「享多儀，儀不及物，惟曰不享。惟不役志于享，凡民惟曰不享，惟事其爽侮。」〔註 493〕清人孫星衍撰，陳杭、盛冬鈴點校之《尚書今古文注疏》之斷句亦相同，〔註 494〕周秉鈞：《尚書易解》亦跟隨此斷句，〔註 495〕但亦有將「惟不役志于享」獨立成句的，如屈萬里《尚書今註今譯》，〔註 496〕曾運乾：《尚書正讀》。〔註 497〕

〔註 490〕〔宋〕朱熹：《四書集註．孟子集註》，影印怡府藏版，第五卷，第二十三頁。

〔註 491〕《孟子注疏》，北京：中華書局影印〔清〕阮元刻《十三經注疏》本，第十二卷上，第八頁，總第五冊，第 5998 頁。

〔註 492〕James Legge, *The Works of Mencius*, p.431~432.

〔註 493〕《尚書正義》，北京：中華書局影印〔清〕阮元刻《十三經注疏》本，第十五卷，第十九頁，總第一冊，第 457 頁。

〔註 494〕〔清〕孫星衍撰，《尚書今古文注疏》，下冊，第 408 頁。

〔註 495〕周秉鈞：《尚書易解》，第 214 頁。

〔註 496〕屈萬里：《尚書今註今譯》，第 125 頁。

〔註 497〕曾運乾：《尚書正讀》，臺北：洪氏出版社，1975 年，第 204 頁。

孔安國《尚書傳》解「享多儀，儀不及物，惟曰不享。」云：「奉上謂之享，言汝為王，其當敬識百君諸侯之奉上者，亦其有違奉上者，奉上之道，多威儀，威儀不及禮物，惟曰不奉上。」〔註 498〕而其解「惟不役志于享，凡民惟曰不享，惟事其爽侮。」則云：「言人君惟不役志於奉上，則凡人化之，惟曰不奉上矣。如此，則惟政事其差錯侮慢不可治理。」〔註 499〕

周秉鈞：《尚書易解》云：

> 享，享禮，諸侯來朝，須行享禮。多，重也。多儀，重視禮儀。儀不及物，謂物有餘而禮不足。惟，助詞，用于語首或語中，見《詞詮》。曰，謂也。役，《周禮．小宰》注：謂使用也。役志，用心。爽，差也。侮，輕慢。百辟不用心于享，凡民聞之，亦謂不享可也，則國事將差錯侮慢矣。曾運乾曰：「百辟不役志於享，則亦不役志於王朝所頒之政令，故曰惟事其爽侮也。」時周公欲成王親受朝享，以瞻諸侯向背，故使之不觀其物而概其儀如此。〔註 500〕

屈萬里《尚書今註今譯》云：「進獻有很多儀式；如果儀式不及所獻的禮物那麼隆盛，那就算是他沒來進獻。（因為）他並不用誠意來進獻。大凡人們要不來進獻，那麼政事就錯亂，政府就要受侮慢了。」〔註 501〕

楊伯峻《孟子譯注》語譯云：「《尚書》說過：『享獻之禮可貴的是儀節，如果儀節不夠，禮物雖多，只能叫做沒有享獻，因為享獻人的心意並沒有用在這上面。』這是因為他沒有完成那享獻的緣故。」〔註 502〕

比較上引各學者的注解與譯注，可見，《尚書》或《孟子》「惟不役志于享。」是解釋上文「享多儀，儀不及物，曰不享。」理氏對《尚書》此段經文與及《孟子》的引述都不理解。句讀不同，並不是說意思不相連貫，《尚書》「惟不役志于享，凡民惟曰不享，惟事其爽侮。」整句都是解釋前文「享多儀，儀不及物，惟曰不享。」，如果因為句讀問題，而認為「惟不役志于享」與下節連讀，就不是解釋上文，是不明白《尚書》與《孟子》。

〔註 498〕《尚書正義》，北京：中華書局影印〔清〕阮元刻《十三經注疏》本，第十五卷，第十九頁，總第一冊，第 457 頁。

〔註 499〕《尚書正義》，北京：中華書局影印〔清〕阮元刻《十三經注疏》本，第十五卷，第十九至二十頁，總第一冊，第 457 頁。

〔註 500〕周秉鈞：《尚書易解》，第 214 頁。

〔註 501〕屈萬里：《尚書今註今譯》，第 126 頁。

〔註 502〕楊伯峻：《孟子譯注》，下冊，第 283 頁。

《孟子·告子下》五章引用《洛誥》，若單單這一節而論，就是講朝聘之禮的規格，孫星衍：《尚書今古文注疏》云：「鄭康成曰：『朝聘之禮至大，其禮之儀不及物，謂所貢篚者多，而威儀簡也。威儀既簡，亦是不享也。』」〔註 503〕

但是，解《孟子》此段文字，需要從《告子下》第五章全文來看，茲引述全文云：

> 孟子居鄒，季任為任處守，以幣交，受之而不報。處於平陸，儲子為相，以幣交，受之而不報。他日由鄒之任，見季子，由平陸之齊，不見儲子。屋廬子喜曰：「連得間矣。」問曰：「夫子之任見季子，之齊不見儲子，為其為相與？」曰：「非也。《書》曰：享多儀，儀不及物，曰不享。惟不役志于享。為其不成享也。」屋廬子悅。或問之，屋廬子曰：「季子不得之鄒，儲子得之平陸。」〔註 504〕

《告子下》第五章是說，孟子住在鄒國的時候，季任代理任國的國政，送禮物來和孟子交友，孟子接受季任的禮物，並不按禮回報。但是，當孟子住在平陸的時候，儲子做齊國的卿相，儲子送禮物來和孟子交友，孟子接受了，也沒有按禮回報。過了一段時間，孟子從鄒國到任國，拜訪了季任；從平陸去到齊國，卻未拜訪儲子。屋廬子便誤以為找到孟子的錯處，孟子便以《洛誥》回答屋廬子，指儲子是可以親身去平陸送禮給孟子，但只是禮到人不到，這是不合禮的行徑。〔註 505〕

孟子是藉用《尚書》所講享獻之禮教導其弟子屋廬子，士人與卿相相交的禮儀，季子所做是合乎禮儀，而儲子的做法就沒有禮儀了。

五、引用《君奭》考

理氏引用《尚書·君奭》為《孟子》所載文王之言行舉出例子，為人物言行溯源。《離婁下》第二十章第三節：「文王視民如傷，望道而未之見。」〔註 506〕

理雅各《孟子》英譯本注云：「See the *Shû-ching*, V. xvi. 11, 12, for illustrations of Wăn」s care of the people, and the *Shû-ching*, III i.Ode VI, for illustration of the

---

〔註 503〕〔清〕孫星衍：《尚書今古文注疏》，下冊，第 408～409 頁。

〔註 504〕《孟子注疏》，北京：中華書局影印〔清〕阮元刻《十三經注疏》本，第十二卷上，第八至九頁，總第五冊，第 5998～5999 頁。

〔註 505〕楊伯峻：《孟子譯注》，下冊，第 282～283 頁。

〔註 506〕《孟子注疏》，北京：中華書局影印〔清〕阮元刻《十三經注疏》本，第八卷上，第十一頁，總第五冊，第 5932 頁。

other characteristic.」〔註 507〕理氏之意謂，見《書經・周書・君奭》第十一與十二章，是文王照顧百姓的例子。與及《書經・夏書・禹貢》第六章，是文王性格的舉例。

理氏在此引用了《書經》兩段經文，第一段是出自《尚書・君奭》。然而第二段文字，「the *Shû-ching*, III i.Ode VI」《書經・夏書・禹貢》第六章，與文王沒有甚麼相干，而且《書經》也沒有誦詩（Ode）。理氏所引用者，應是指《詩經》而不是書經，理氏所譯《詩經・大雅・文王之什》第六首《思齊》一詩與文王有關。

先引《尚書・君奭》之經文云：「公曰：『君奭！在昔，上帝割，申勸寧王之德，其集大命于厥躬。惟文王尚克修和我有夏，亦惟有若虢叔，有若閎夭，有若散宜生，有若泰顛，有若南宮括。』」〔註 508〕

《君奭》之篇乃周公為召公而作，孫星衍：《尚書今古文注疏》云：「史遷說：『成王既幼，周公攝政，當國踐祚，召公疑之。作《君奭》。君奭不說周公，周公乃稱：湯時有伊尹云云，於是召公乃說。』」〔註 509〕奭是燕召公之名，君是對召公的尊稱。〔註 510〕

《君奭》此段經文意思，周公勸勉召公，從前上帝為甚麼重複勸勉文王的德行，又把重任交託在文王身上，第一是因為文王能夠治理協和我們華夏，這是文王的個人德行與能力，第二是因為他有像虢叔、閎夭、散宜生、泰顛、南宮括那樣的賢臣作輔助。〔註 511〕

至於《詩經・思齊》之詩，《詩序》云：「思齊，文王所以聖也。」〔註 512〕鄭玄《毛詩箋》云：「言非但天性，德有所成也。」〔註 513〕孔穎達《毛詩正義》云：「作思齊詩者，言文王所以得聖，由其賢母所生，文王自天性當聖，聖亦

〔註 507〕James Legge, *The Works of Mencius*, p.326.

〔註 508〕《尚書正義》，北京：中華書局影印〔清〕阮元刻《十三經注疏》本，第十六卷，第二十三頁，總第一冊，第 477 頁。

〔註 509〕〔清〕孫星衍：《尚書今古文注疏》，下冊，第 446 頁。

〔註 510〕〔清〕孫星衍：《尚書今古文注疏》，下冊，第 446 頁。

〔註 511〕黃懷信：《尚書注訓》，第 263 頁。

〔註 512〕《毛詩正義》，北京：中華書局影印〔清〕阮元刻《十三經注疏》本，嘉慶二十年江西南昌府學開雕版，2009 年，第十六卷之三，第十一頁，總第一冊，第 1111 頁。

〔註 513〕《毛詩正義》，北京：中華書局影印〔清〕阮元刻《十三經注疏》本，第十六卷之三，第十一頁，總第一冊，第 1111 頁。

由母大賢，故歌詠其母，言文王之聖，有所以而然也。」〔註514〕可見此詩原本是歌頌其母而作。

《思齊》之詩如下：

> 思齊大任，文王之母。思媚周姜，京室之婦。大姒嗣徽音，則百斯男。惠于宗公，神罔時怨，神罔時恫。刑于寡妻，至于兄弟，以御于家邦。雝雝在宮，肅肅在廟，不顯亦臨，無射亦保。肆戎疾不殄，烈假不瑕。不聞亦式，不諫亦入。肆成人有德，小子有造。古之人無斁，譽髦斯士。〔註515〕

其意是說，文王順承祖宗德澤，得到神靈護祐，亦愛護家庭，使宮中和睦。對祖宗和各神靈存敬畏之心，做事光明正大，毫無錯失，自動從善如流，以身作則，教化百姓，又得到很多人才幫助施政。〔註516〕

理雅各引用《書經·君奭》與《詩經·思齊》作例子，說明文王愛護百姓，這兩個例子不太貼切。

現論述《離婁下》第二十章第三節：「文王視民如傷，望道而未之見。」〔註517〕趙岐《孟子注》云：「視民如傷者，雍容不動擾也。望道而未至，殷錄未盡，尚有賢臣，道未得至，故望而不致，誅於紂也。」〔註518〕朱熹《四書集註·孟子集註》云：「而，讀為如，古字通用。民已安矣，而視之猶若有傷，道已至矣，而望之猶曰未見，聖人之愛民深而求道切如此，不自滿足，終日乾乾之心也。」〔註519〕可見「視民如傷」與「望道未至」是不同意義。焦循《孟子正義》曰：

> 周氏廣業《孟子章指考證》云：「《左傳》逢滑曰：臣聞國之興也，視民如傷，是其福也。杜注：如傷，恐驚動。與趙注：雍容不動擾也。正合。」按《呂氏春秋·分職篇》云：「天寒起役死傷民，」

〔註514〕《毛詩正義》，北京：中華書局影印〔清〕阮元刻《十三經注疏》本，第十六卷之三，第十一頁，總第一冊，第1111頁。

〔註515〕《毛詩正義》，北京：中華書局影印〔清〕阮元刻《十三經注疏》本，第十六卷之三，第十一頁至十六頁，總第一冊，第1111～1113頁。

〔註516〕江陰香：《詩經譯注》，北京：中國書店，1983年，第六卷，第20頁。

〔註517〕《孟子注疏》，北京：中華書局影印〔清〕阮元刻《十三經注疏》本，第八卷上，第十一頁，總第五冊，第5932頁。

〔註518〕《孟子注疏》，北京：中華書局影印〔清〕阮元刻《十三經注疏》本，第八卷上，第十一頁，總第五冊，第5932頁。

〔註519〕〔宋〕朱熹：《四書集註·孟子集註》，影印怡府藏版，第八卷，第七頁。

注曰：「傷，病也。」文王視民如有疾病，凡有疾病之人不可動擾，故如傷為不動擾，因不動擾，故雍容不急迫也。……（《漢書·司馬相如傳·子虛賦》·《顏師古注》）又云：「王者受命，質家言天命已，使已誅無道。」趙氏之意，謂紂無道，誅之所以致道。文王三分天下有其二以服事殷，故望道而未至，道即命也。天命已在文王，而不代殷有天下也。近時通解有二，一謂文王以紂在上，望天下有治道而未之見，此仍趙氏義而稍變者也。一讀而為如，謂文王愛民無已，未傷如傷，望道心切，見如未見也。〔註520〕

《孟子》之意，是商紂之年，百姓苦於苛政，文王望民如傷，不起兵攻紂，不願百姓陷於恐慌，本可順天道而伐紂，但因愛民如子，不想百姓再受傷害，所以沒有伐紂，彷彿天命沒有降臨。

六、引用《君牙》考

理氏引用《書經·君牙》是為《孟子》之歷史事件尋找出處，《滕文公下》第九章第六節云：「周公相武王……天下大悅。《書》曰：『丕顯哉文王謨！丕承哉武王烈！佑啟我後人，咸以正無缺。』」〔註521〕

理雅各《孟子》英譯本注云：「書曰，—— see the *Shû-ching*, V. xxv. 6.」〔註522〕理氏認為《孟子》此段乃出自《尚書·周書·君牙篇》第六章。

茲引《尚書·周書·君牙》證之，其經文云：「嗚呼！丕顯哉，文王謨；丕承哉，武王烈。啟佑我後人，咸以正罔缺。」〔註523〕

《孟子》引述《君牙》，作了些許改動，《君牙》是「啟佑我後人」，《孟子》作「佑啟我後人」。《君牙》作：「咸以正罔缺」《孟子》則作「咸以正無缺。」孔安國《尚書傳》解此段經文後兩句云：「文武之謀業大明，可承奉開助我後嗣，怕以正道無邪缺。」〔註524〕可見啟即開，佑即助，罔者無也。《孟子》並無改動《尚書》之原意，然其改動，較之《尚書》經文易讀。

〔註520〕〔清〕焦循：《孟子正義》，北京：中華書局，下冊，第570頁。

〔註521〕《孟子注疏》，北京：中華書局影印〔清〕阮元刻《十三經注疏》本，第六卷下，第四頁，總第五冊，第5903頁。

〔註522〕James Legge, *The Works of Mencius*, p.281.

〔註523〕《尚書正義》，北京：中華書局影印〔清〕阮元刻《十三經注疏》本，第十九卷，第十二頁，總第一冊，第523頁。

〔註524〕《尚書正義》，北京：中華書局影印〔清〕阮元刻《十三經注疏》本，第十九卷，第十二頁，總第一冊，第523頁。

《孟子》引用《君牙》篇之文，也是承上文所講一治一亂之道，都是君王與臣子的責任，周公助武伐紂，平定天下，朱熹《四書集註．孟子集註》云：「此一治也。」〔註 525〕趙岐《孟子注》云：「言文王大顯明王道，武王大纘承天光烈。佑開後人，謂成康皆行正道，無虧缺也，此周公輔相，以撥亂之功也。」〔註 526〕張居正《四書集註闡微直解》云：

> 孟子承上文說，當紂之時，天下大亂，於是武王受命而起，周公為之輔佐，伐暴救民，奉行天討，以誅獨夫之紂。……當時天下之民，苦於暴君虐政久矣，一旦睹聖王之澤，莫不歡欣鼓舞，交相慶倖，熙熙然成太平之治焉，故《周書．君牙篇》說道：「丕顯哉！文王創業之謨；丕承哉！武王致政之烈。所以建立法制以佑助開迪我後人者，莫非正大之道，盡善盡美，而無一毫之虧缺也。」蓋周公於治定功成之後，制樂作樂，以光文武之道也，一代王業不由此而興乎！此又世之一治也。〔註 527〕

由此可見，縱有文王、武王之功勳，平治天下，解救百姓於水火之困，若無周公之助，則治世不能延續久遠。《孟子》此章，是回答其徒公都子之問，公都子認為孟子好辯，而孟子由堯開始一直說到周代的一治一亂，都是由於人的因素，治世有聖王與賢臣治理國家，衰世是由於大道荒廢，孟子是藉辯論而希望在其所處之大道衰微之世，重振大道之盛世。〔註 528〕

理氏只停留在名物制度之深源功夫，沒有對此章的思想有所闡釋。

第五節　理雅各引用《書經》文獻的文學技巧

理氏《孟子》英譯本注解引用《書經》文獻顯示了三種文學手法。

一、審音別義的文學手法

文學的研究與欣賞，不能脫離文字的理解，朱自清謂：「文學是以語言文字為媒介的藝術。」〔註 529〕漢代稱文字之學作小學，章太炎謂：「漢儒稱文

〔註 525〕〔宋〕朱熹：《四書集註．孟子集註》，影印怡府藏版，第三卷，第二十八頁。

〔註 526〕《孟子注疏》，北京：中華書局影印〔清〕阮元刻《十三經注疏》本，第六卷下，第四頁，總第五冊，第 5903 頁。

〔註 527〕〔明〕張居正：《四書集註闡微直解》，第十九卷，第二十六頁，第 563 頁。

〔註 528〕傅佩榮：《孟子新解》，上冊，第 297 頁。

〔註 529〕朱光潛：《談文學》，桂林：廣西師範大學出版社，2004 年，第 1 頁。

字之學作『小學』。」〔註 530〕《漢書・藝文志》云：「古者八歲入小學，故《周官・保氏》：掌養國子，教之六書。謂象形、象事、象意、象聲、轉注、假借，造字之本也。」〔註 531〕而且，《藝文志》將「小學」置於「六藝略」之末，說明「小學」是明白六經的基礎，不能本末倒置，《國學略說》云：「古人先識文字，後究大學之道。後代則垂髫而諷六經；篆籀古文，反以當時罕習，致白首而不能通。」〔註 532〕文字之學需要涵括形、聲、義三者才算完備。〔註 533〕

理雅各引用《書經》解釋孟子，頗著重文字之學，對中國文字語音作出巧究，在西方漢學家而言是頗有特色之作。例如解釋《孟子・滕文公上》第四章「洪水橫流」〔註 534〕之「橫」字的讀音是第四聲（in 4th tone）〔註 535〕，《書經・堯典》「放勳」〔註 536〕之「放」字的讀音是第三聲（3rd tone）〔註 537〕。《孟子・滕文公上》第四章「使契為司徒」之「契」與《書經・舜典》「帝曰：契」之「契」字的讀音是 Xiè（read Hsieh）〔註 538〕。這些字都是多音字，中國人讀到這些字，都需要師長教導或查考字典，找出正確讀音，才明白其字義與用法，現時流行的《十三經注疏・尚書》，收錄了陸德明《經典釋文》的注音，以便讀者明白讀音，從而有助讀者欣賞《尚書》的文學意義。讀音錯誤，往往導致文學意義的錯判，因為讀音不同，一些多音多義字，解釋往往出現歧異。況且，理氏的英譯《孟子》以外國學生為對象，更需要說明多音字的讀音。

二、以實表虛的文學手法

《孟子》一書，時常運用以實表虛的文學手法，理氏的《孟子》譯注亦

〔註 530〕章太炎：《國學略說》，香港：寰球文化服務社，1972 年，第 3 頁。
〔註 531〕〔漢〕班固撰，〔清王先謙補注：《漢書補注》，虛受堂刻本，第三十卷，第二十四頁，上冊，第 876 頁。
〔註 532〕章太炎：《國學略說》，第 3 頁。
〔註 533〕章太炎：《國學略說》，第 4 頁。
〔註 534〕《孟子注疏》，北京：中華書局影印〔清〕阮元刻《十三經注疏》本，第五卷下，第三頁，總第五冊，第 5884 頁。
〔註 535〕James Legge, *The Works of Mencius*, p.251.
〔註 536〕《尚書正義》，北京：中華書局影印〔清〕阮元刻《十三經注疏》本，第三卷，第二十二頁，總第一冊，第 274 頁。
〔註 537〕James Legge, *The Works of Mencius*, p.252.
〔註 538〕James Legge, *The Works of Mencius*, p.251.

使用同樣手法。《孟子・萬章上》「使之主祭而百神享之」，〔註 539〕孟子使用以實數表虛數的文學語言技巧，古人說「百」、「千」、「萬」、「億」都是表示「眾多」，而非實數，〔註 540〕所以《孟子》的「百」不是實數的一百。理氏的英譯《孟子》注是「the hundred (= all the) spirits」，〔註 541〕理氏的英譯《孟子》的譯文是「all the spirits」〔註 542〕理氏也懂得這種中文文學表達手法，譯「百神」作「all the spirits」，如果直譯作「the hundred spirits」整個文學的想像空間就會受局限，譯作「眾多」或「全部」都使讀者的想像空間擴闊，理氏的注解與翻譯都運用了「以實表虛」的文學技巧。

三、譯注互補的文學手法

理氏的英譯《孟子》譯文與注文的互相補充，帶出鮮明人物性格，使讀者更容易掌握《孟子》與《書經》的文學意義。《孟子》兩次提及大禹好善言，但用字經過修辭改動，活靈活現大禹追求德性的性格。理氏透過譯文與注解互補，將《書經》與《孟子》所載的大禹形象連成一起，又突出了《孟子》所載的大禹形象。

第一是《孟子・公孫丑上》第八章：「禹聞善言則拜」〔註 543〕理氏引用《尚書・皐陶謨》注解《孟子》，「In the *Shû-ching*, II. Iii. I, we have an example of this in Yü. It is said, ——禹拜昌言，『Yu bowed at these excellent words.』」〔註 544〕理氏的《孟子》注將「昌言」譯作「excellent word」即是「最好的言語」。理氏的英譯《孟子》則把「善言」譯作「good word」〔註 545〕而理氏的《書經・皐陶謨》英譯「昌言」作「the admirable words」。〔註 546〕

第二是《離婁下》二十章一節：「禹惡旨酒而好善言。」〔註 547〕理氏引用

〔註 539〕《孟子注疏》，北京：中華書局影印〔清〕阮元刻《十三經注疏》本，第九卷下，第一頁，總第五冊，第 5954 頁。

〔註 540〕楊伯峻、何樂士：《古漢語語法及其發展》，北京：語文出版社，修訂本，2001年，上冊，第 190 頁。

〔註 541〕James Legge, *The Works of Mencius*, p.355.

〔註 542〕James Legge, *The Works of Mencius*, p.356.

〔註 543〕《孟子注疏》，北京：中華書局影印〔清〕阮元刻《十三經注疏》本，第三卷下，第九頁，總第五冊，第 5853 頁。

〔註 544〕James Legge, *The Works of Mencius*, p.205.

〔註 545〕James Legge, *The Works of Mencius*, p.205.

〔註 546〕James Legge, *The Shoo King*, p.69.

〔註 547〕《孟子注疏》，北京：中華書局影印〔清〕阮元刻《十三經注疏》本，第八卷上，第十頁，總第五冊，第 5931 頁。

《尚書・大禹謨》注解《孟子》云：「Yü's love of good words is commemorated in the *Shû-ching*, II. Ii. 21.」〔註 548〕理氏《尚書・大禹謨》：英譯「昌言」作「excellent words」〔註 549〕

現剖析英文「excellent」、「admirable」、「good」三字的意思。「excellent」的意思，根據《牛津簡明英漢詞典》（*The Concise Oxford English Dictionary*）所載「excellent」可解作「extremely good; outstanding; ORIGIN ME（in the general sense『outstanding』in either a good or bad way）.」〔註 550〕「excellent」這字出自中世紀英語，原意是出眾、特別，並無好壞之分。而「admirable」的意思是「deserving respect and approval.」〔註 551〕其意是指值得讚許和接受。

至於「good」這個字，除了可以解「好的」、「令人滿意」之外，有一個意思，是「excellent」和「admirable」兩字沒有的，根據《牛津簡明英漢詞典》「good」字有「morally right, virtuous」〔註 552〕的意思，就是道德正確，有良好的德性。「good」這個字，基督教《聖經》常常用來形容上帝的良善，例如《聖經・馬可福音》第十章第十八節：「耶穌對他說：你為甚麼稱我是良善的。除了上帝一位之外，再沒有良善的。」〔註 553〕「良善」這詞語，幾部流行的英文《聖經》都是使用「good」，*The Holy Bible*（King James Version）：「And Jesus said unto him. Why callest thou me good? There is none good but one, that is, God.」〔註 554〕*The New Oxford Annotated Bible*（Revised Standard Version）：「And Jesus said unto him,『Why do you call me good? No one is good but God alone.』」〔註 555〕*The Holy Bible*（New International Version）：「Why do you call me good?」Jesus answered.「No one is good —— except God alone.」〔註 556〕理氏的翻譯，向西方讀者顯示了大禹的儒家聖賢性格。

〔註 548〕James Legge, *The Works of Mencius*, p.326.

〔註 549〕James Legge, *The Shoo King*, p.66.

〔註 550〕Judy Pearsall ed. *The Concise Oxford English Dictionary*, Beijing: Foreign Language Teaching and Research Press, 2004, p.496.

〔註 551〕*The Concise Oxford English Dictionary*, p.17.

〔註 552〕*The Concise Oxford English Dictionary*, p.611.

〔註 553〕《聖經》和合本，香港：聖經公會，第 2609 版，《新約》，第 63 頁。

〔註 554〕*The Holy Bible* (King James Version), New York: Thomas Nelson Publishers, 1977, p.591.

〔註 555〕*The New Oxford Annotated Bible* (Revised Standard Version), New York: Oxford University Press, 1977, p.1228.

〔註 556〕*The Holy Bible* (New International Version), Michigan: Zondervan Bible Publishers, 1984, p.578.

自《尚書》到《孟子》大禹的形象有了改變。《尚書》「禹拜昌言」所塑造的人物性格是謙虛納諫，願意聽取意見的形象。但《孟子》用「禹聞善言則拜」和「禹惡旨酒而好善言」，善言與昌言有分別，善表達了道德含意，《孟子》所載的大禹，形象更是特出，不單作事為人虛心，更追求德性的長進，這是儒家典型的聖賢形象，只要將《尚書》與《孟子》一併來看，在孟子的文學手法改造之下，便可以看到大禹在中國歷史文化的形象演變。

理雅各的《孟子》英譯本注解，譯文與注文也同樣使用了這種文學手法。只要把理氏的《書經》英譯本和《孟子》英譯與注解一併來看，比較互參，就知道大禹的形象，由虛心聽取美言之人，轉而成為聽取道德善言之人。譯注互補這種文學手法，解釋了理雅各著作大量注解的原因。倘若有譯文而無詳細注釋，《尚書》和《孟子》所載大禹的形象差異，外國讀者便較難理解。

第六節　小結

理雅各英譯《書經》共有三個英文名稱，第一是 *Shû-ching*，第二是 *Shoo King*，第三是 *The Book of Historical Documents*。

理氏《尚書》英文譯注本分《書經》作五大部份，第一是《唐書》，第二是《虞書》，第三是《夏書》，第四是《商書》，第五是《周書》。

理氏一共引用了《書經》十六篇文獻，合共四十四段經文。這十七篇文獻是：《堯典》、《舜典》、《大禹謨》、《皐陶謨》、《益稷》、《湯誓》、《仲虺之誥》、《伊訓》、《太甲》、《說命》、《高宗肜日》、《西伯戡黎》、《微子》、《泰誓》、《武成》、《康誥》、《洛誥》、《君奭》、《君牙》。

其中六篇是《孟子》說明篇名的，在此六篇文獻共引用七段經文。此六篇文獻是《湯誓》、《伊訓》、《太甲》、《泰誓》、《武成》、《康誥》。有九段引用的經文，《孟子》只是說「《書》曰」，並未說明是那一篇文獻，需要藉翻查和比較，才可以知道是出自那一篇文獻，這些「《書》曰」的文獻是《大禹謨》、《仲虺之誥》、《太甲》、《說命》、《泰誓》、《洛誥》、《君牙》。其餘二十八段引用的經文，《孟子》並未講明篇名或「《書》曰」，是藉文字比較而考查出這些經文的出處，這些經文出自《堯典》、《舜典》、《益稷謨》、《仲虺之誥》、《太甲》、《說命》、《泰誓》、《武成》、《洛誥》、《君奭》、《微子》。理氏並沒有引用過《夏書》。

研究理雅各《孟子》英譯本，需要對其《書經》英譯本的篇名分類有所了解，理氏的《書經》分類與我國傳統的經學家有些不同，理氏把《堯典》歸類作《唐書》，而《舜典》、《大禹謨》、《皐陶謨》、《益稷》就歸類作《虞書》。所以，理氏的《書經》英譯本是分五大卷：《唐書》、《虞書》、《夏書》、《商書》、《周書》，理氏所持的理由是《說文解字》把《堯典》稱作《唐書》，其實這是跟隨了今文家的講法。古文家則會把《堯典》與《舜典》一併歸入《虞書》。

理氏並未直接引用《書經》解釋《孟子》，通常都是指出《孟子》所引的經文出自《書經》某篇，並沒有列出經文與《孟子》的引述作對比，遇到《孟子》與《書經》相關的文字有不同，就會指出彼此的用字不同之處。遇到《孟子》所載與《書經》有差異時，理氏亦會指出兩者差異之處。理氏也會解釋一些字的讀音，講求音與義的配合。理氏的注解與其翻譯也有密切的關係，例如《孟子・滕文公上》第四章第八節「聖人」，他便解釋了為甚麼要翻譯「聖人」做複數的「sages」。

但理氏忽略《孟子》引用《書經》的目的，孟子的目的不是解釋《尚書》，而是引用《尚書》的經文表達其思想，借用其中的史事加強其辯論的說服力。孟子對《書經》的文字也進行了一定程度的修訂。〔註 557〕

理氏的《孟子》英譯本注解，用了審音別義的文學技巧，解釋中文的多音字如横、放、契，以正確讀音表示合適的字義，是了解文學的基本要素。又用以實表虛的文學語言技巧把《孟子》與《尚書》所載的宗教意義擴闊，讀者的想空間也因而擴展。也用譯注互補文學技巧表達了鮮明人物性格，將《尚書》的昌言的「昌」，譯作「excellent」和「admirable」，《孟子》的善言的「善」譯作「good」，這種翻譯，再加上譯與注的互補，向外國讀者顯示了大禹儒家聖賢性格在中國歷史上的演變。

根據理雅各引述的《尚書》文獻，證明理氏引用的《尚書》是《偽古文尚書》，而理氏也把《偽古文尚書》翻譯成英語本。他的英譯《尚書》的《緒論》也沒出現過《偽古文尚書》此名稱。理雅各認為伏生《尚書》傳至孔安國，孔安國為《尚書》作傳，又傳至梅賾，中間沒有發生毀滅《尚書》之事〔註 558〕，孔穎達據此而作《尚書正義》。〔註 559〕所以，理雅各肯定不接受《偽古文尚書》

〔註 557〕鍾雲瑞：《戰國尚書學研究》，曲阜師範大學，碩士學位論文，2016 年，第 57 頁。

〔註 558〕James Legge, *The Shoo King, prolegomena*, p.39.

〔註 559〕James Legge, *The Shoo King, prolegomena*, p.29.

這種講法。

理氏引用書經的方式，可以分為歷史人物溯源、文字訓詁探索，歷史人物的名言溯源，歷史事件探索。可惜理雅各只能停留在溯源的層面，不能藉《孟子》引述《書經》的經文之中梳理出孟子使用《書經》的目的，搞不清彼此的關係。

第四章　引用《詩經》文獻考述

《詩經》在古代通常稱作《詩》,《論語・為政》載云:「子曰:『《詩》三百,一言以蔽之,曰:思無邪。』」〔註1〕漢代已開始稱為《詩經》,《史記・儒林傳》云:「申公獨以《詩經》為訓以教。」〔註2〕是我國最早的詩歌總集。據《漢書・藝文志》所載,漢代的《詩經》是指齊、魯、韓三家而非《毛詩》、其云:「《詩經》二十八卷,《魯》、《齊》、《韓》三家。……《毛詩》三十九卷。」〔註3〕但《魯》、《齊》、《韓》三家詩都已亡佚,只存《毛詩》,而且又與三家詩無大分別,所以現今的《詩經》就是《毛詩》。〔註4〕《詩經》的注本與版本也頗多,本書根據的是清人阮元刻《十三經注疏》本《毛詩正義》,嘉慶二十年江西南昌府學開雕版。

《詩經》是一部經學之作,也是文學經典之作。從文學角度而言,《詩經》是我國第一部詩歌總集,共有三百零五首詩,有六首笙詩有題目但無詩詞。全書收集了周初至春秋中葉五百多年間的作品。〔註5〕《詩經》中的詩歌,內容廣泛,深刻反映了殷周時期,尤其是西周初至春秋中葉社會生活的各個層面。《詩經》可說是一軸巨幅畫卷,當時的政治、經濟、軍事、文化以及世態

〔註1〕《論語注疏》,北京:中華書局影印〔清〕阮元刻《十三經注疏》本,嘉慶二十年江西南昌府學開雕版,2009年,第二卷,第一頁,總第五冊,第5346頁。

〔註2〕〔漢〕司馬遷:《史記》,臺北:藝文印書館,影印《乾隆武英殿刻本二十五史》,第一百二十一卷,第五頁,總第一冊,第1275頁。

〔註3〕〔漢〕班固撰,〔清〕王先謙補注:《漢書補注》,虛受堂刻本,1983年,第三十卷,第九頁,上冊,第869頁。

〔註4〕蔣伯潛:《十三經概論》,第184頁。

〔註5〕袁行霈主編:《中國文學史》,第1卷,第51頁。

人情、民俗風習等等，在其中都有形象鮮明的表現。〔註6〕

從文學思想而論，《詩經》充滿現實主義精神，〔註7〕抒發實際生活感觸的真實感情，詩歌具有強烈深厚的藝術魅力。從文學手法而言，在形式體裁、語言技巧，藝術形象的表現手法上，都顯示出藝術上的巨大成就。賦、比、興的運用，是《詩經》藝術特徵的標誌，也開啟了我國古代詩歌創作的基本手法。賦就是鋪陳直敘，詩人把思想感情及其相關的事物平鋪直敘地表達出來。比就是比方，以彼物比此物，詩人內心的思想或情感，借一個事物作比喻。興則是觸物興詞，客觀事物觸發了詩人內在的情感，引發詩人歌唱，所以這手法多用在詩歌的發端。賦、比、興三種手法，在詩歌創作中，往往交相使用，共同創造了詩歌的藝術形象，抒發了詩人的情感。〔註8〕

理氏英譯《詩經》的名稱有三，一是 *Shih-ching*，是一音譯名詞，其《孟子》英譯本注多數用此名稱。第二個名稱是 *The She King*，是英譯本《詩經》使用的名稱。第三個名稱是 *Book of Poetry*，是一意譯名詞，比較少用。

理氏所根據之《詩經》雖然都是《毛詩》，但卻是朱熹修訂的《詩集傳》，故此，很大可能不是清人阮元刻的《十三經注疏・詩經》之中的《毛詩》。從理雅各的《詩經》英文譯注本就可以知道理氏是用《詩集傳》作底本，而且可能是收入《欽定詩經傳說彙纂》的《詩集傳》，下文會作出詳述。

第一，《毛詩正義》在每首詩前面都有一個序言，即《詩小序》，而《詩集傳》除了《關雎》之外，都把每首詩前面的《小序》刪掉。理氏的《詩經》英文譯注本同於《詩集傳》的體例，把所有《詩小序》都刪去，但又把《詩小序》獨立成章，置之於《緒論》之內（Prolegomena. The Little Preface〔註9〕）。

第二是《詩經》的編什，《毛詩》的編什與《詩集傳》在《小雅》的編什有很大分別。《毛詩・小雅》的編什是：一《鹿鳴之什》之詩是：《鹿鳴》、《四牡》、《皇皇者華》、《常棣》、《伐木》、《天保》、《采薇》、《出車》、《杕杜》、《魚麗》。二《南有嘉魚之什》之詩是：《南有嘉魚》、《南山有臺》、《由庚》、《蓼蕭》、《湛露》、《彤弓》、《菁菁者莪》、《六月》、《采芑》、《車攻》、《吉日》。三《鴻

〔註6〕袁行霈主編：《中國文學史》，第1卷，第53頁。

〔註7〕劉大杰：《中國文學發展史》，上冊，第54頁。

〔註8〕袁行霈主編：《中國文學史》，第1卷，第61頁。

〔註9〕James Legge, "*Prolegomena*" in *The She King*, Vol. III. *The Chinese Classics with A Translation, Critical and Exegetical Notes, Prolegomena, and Copious Indexes*, Re-printed 1871 version by Taipei: SMC Publishing Inc. 2011, pp.37~81.

雁之什》之詩是：《鴻鴈》、《庭燎》、《沔水》、《鶴鳴》、《祈父》、《白駒》、《黃鳥》、《我行其野》、《斯干》、《無羊》。四《節南山之什》之詩是：《節南山》、《正月》、《十月之交》、《雨無正》、《小旻》、《小宛》、《小弁》、《巧言》、《何人斯》、《巷伯》。五《谷風之什》之詩是：《谷風》、《蓼莪》、《大東》、《四月》、《北山》、《無將大車》、《小明》、《鼓鍾》、《楚茨》、《信南山》。六《甫田之什》之詩是：《甫田》、《大田》、《瞻彼洛矣》、《裳裳者華》、《桑扈》、《鴛鴦》、《頍弁》、《車舝》、《青蠅》、《賓之初筵》。七《魚藻之什》之詩是：《魚藻》、《采菽》、《角弓》、《菀柳》、《都人士》、《采綠》、《黍苗》、《隰桑》、《白華》、《緜蠻》、《瓠葉》、《漸漸之石》、《苕之華》、《何草不黃》。

朱熹《詩集傳》《小雅》二編什是：一《鹿鳴之什》二之一之詩是：《鹿鳴》、《四牡》、《皇皇者華》、《常棣》、《伐木》、《天保》、《采薇》、《出車》、《杕杜》、《南陔》。二《白華之什》二之二之詩是：《白華》、《華黍》、《魚麗》、《由庚》、《南有嘉魚》、《崇丘》、《南山有臺》、《由儀》、《蓼蕭》、《湛露》。三《彤弓之什》二之三之詩是：《彤弓》、《菁菁者莪》、《六月》、《采芑》、《車攻》、《吉日》、《鴻鴈》、《庭燎》、《沔水》、《鶴鳴》。四《祈父之什》二之四之詩是：《祈父》、《白駒》、《黃鳥》、《我行其野》、《斯干》、《無羊》、《節南山》、《正月》、《十月之交》、《雨無正》。五《小旻之什》二之五之詩是：《小旻》、《小宛》、《小弁》、《巧言》、《何人斯》、《巷伯》、《谷風》、《蓼莪》、《大東》、《四月》。六《北山之什》二之六之詩是：《北山》、《無將大車》、《小明》、《鼓鍾》、《楚茨》、《信南山》、《甫田》、《大田》、《瞻彼洛矣》、《裳裳者華》。七《桑扈之什》二之七之詩是：《桑扈》、《鴛鴦》、《頍弁》、《車舝》、《青蠅》、《賓之初筵》、《魚藻》、《采菽》、《角弓》、《菀柳》。八《都人士之什》二之八之詩是：《都人士》、《采綠》、《黍苗》、《隰桑》、《白華》、《緜蠻》、《瓠葉》、《漸漸之石》、《苕之華》、《何草不黃》。〔註10〕

《毛詩》與《詩集傳》的編次有所不同，《毛詩》將《南陔》、《白華》與《華黍》此三首詩存其詩名和小序，置之於《鹿鳴之什》最末的位置，《毛詩》云：「《南陔》孝子相戒以養，《白華》孝子之絜白也。《華黍》時和歲豐，宜黍稷也。有其義而忘其辭。」〔註11〕此外，又把《由庚》、《崇丘》和《由儀》此

〔註10〕〔宋〕朱熹：《詩集傳》，香港：中華書局，1961年，目錄，第4～5頁。

〔註11〕《毛詩正義》，北京：中華書局影印〔清〕阮元刻《十三經注疏》本，第九卷之四，第十頁，總第一冊，第892頁。

三首詩，存其詩名和小序，置之於《南有嘉魚之什·南山有臺》之後，《毛詩》云：「《由庚》，萬物得由其道也。《崇丘》，萬物得極其高大也。《由儀》，萬物之生，各得其宜也。有其義而亡其辭。」〔註12〕

《詩集傳》把《南陔》一詩置於《杕杜》之後〔註13〕，而《白華》、《華黍》兩詩則置於《魚麗》之前。〔註14〕而《由庚》一詩置於《南有嘉魚》之前〔註15〕，又把《崇丘》一詩置於《南山有臺》之前，〔註16〕《由儀》一詩置於《蓼蕭》之前〔註17〕。朱熹又稱此六首詩是「笙詩也，有聲無詞。」〔註18〕

理雅各的《詩經》英文譯注本，完全跟隨了《詩集傳》的編什方式〔註19〕。

從《詩經》編什的方式，《詩小序》的處理方法，理雅各是以《詩集傳》做底本。但是，理雅各《詩經》英譯本的〈緒論〉列出了43種直接與《詩經》相關的中文著作，其中卻沒有獨立提及《詩集傳》，而是在清代皇室的課本《欽定詩經傳說彙纂》的簡介指出此書收錄了《詩集傳》，並對《詩集傳》做了簡述。因此，理氏英譯《詩經》使用的主要底本是《詩集傳》，而且最大可能是收錄於《欽定詩經傳說彙纂》的《詩集傳》。〔註20〕

孟子引用詩經，有時會直接說明所引用的篇名，例如《凱風》、《小弁》，但是這兩首詩名，在孟子時代應該人人皆知是《詩三百篇》裏面的詩。但現今的人若對《詩經》沒有認識，就不知道《凱風》、《小弁》是何所指，需要經過一番找尋才可以指出是出自《詩經》的篇什。孟子引用《詩經》時，有時又只稱《詩》，孟子時代人應該知道是指《詩三百篇》，但出自哪一首詩？又要作一翻查考的功夫。理氏做了一番考查的功夫，指出孟子所引每一首詩的篇名與出處。方便閱讀，對西方讀者提供不少幫助。

理氏引用《詩經》解釋《孟子》的方式，並無直接列出《詩經》整段詩文，只是說明是出自《詩經》的卷數、篇數、章數、節數，理氏所指的卷數、

〔註12〕《毛詩正義》，北京：中華書局影印〔清〕阮元刻《十三經注疏》本，第十卷之一，第四至五頁，總第一冊，第897～898頁。

〔註13〕〔宋〕朱熹：《詩集傳》，香港：中華書局，第109頁。

〔註14〕〔宋〕朱熹：《詩集傳》，香港：中華書局，第109頁。

〔註15〕〔宋〕朱熹：《詩集傳》，香港：中華書局，第110頁。

〔註16〕〔宋〕朱熹：《詩集傳》，香港：中華書局，第110頁。

〔註17〕〔宋〕朱熹：《詩集傳》，香港：中華書局，第111頁。

〔註18〕〔宋〕朱熹：《詩集傳》，香港：中華書局，第108頁。

〔註19〕James Legge, “Contents” in *The She King*, pp.ix-x.

〔註20〕James Legge, “Prolegomena” in *The She King*, pp.172~173.

篇數、章數、節數都是按他的《詩經》英譯本而言，而且是用羅馬數字方式表達。所以在本書翻譯理氏的英文注解時，把理氏所講卷數與篇數的方式修改，根據阮元刻《十三經注疏．詩經》，把卷數與篇數等改用名稱列出。理氏引用《詩經》會在一些字眼上加以闡釋，也會對一些詩的意義進行解讀，通常是根據朱熹《詩集傳》的解釋，但也有其個人的研究與判斷。

第一節　引用《國風》文獻考

《詩經》可分三大類，第一是國風、第二是雅、第三是頌。國風來自民間，是政府了解地方民情的媒介。《漢書．藝文志》云：「《書》曰：『詩言志，歌詠言。』故哀樂之心感，而歌詠之聲發。誦其言謂之詩，詠其聲謂之哥。故古有采詩之官，王者所以觀風俗，知得失，自考正也。」〔註21〕《漢書》的「哥」字即是「歌」，王先謙云：「錢大昭曰：『哥《書》作歌。《說文》：哥，聲也。』」〔註22〕《說文解字》云：「哥，聲也，从二可。古文以為歌字。」〔註23〕段玉裁云；「《漢書》多以哥為歌。」〔註24〕據《漢書》所載，風者乃朝廷采自地方之詩，目的是作為施政的參考，並考察施政結果。一共有十五個諸侯國之詩，孔穎達云：「國者，總謂十五國。風者，諸侯之詩。」〔註25〕十五國是指周南、召南、邶、鄘、衛、王、鄭、齊、魏、唐、秦、陳、檜、曹、豳。

一、引用《邶風．柏舟》考

理氏引《詩經》指出《孟子》所引詩文源自《柏舟》與及《緜》。《盡心下》第十九章第三節：「貉稽曰：『稽大不理於口。』孟子曰：『無傷也。士憎茲多口。《詩》云：憂心悄悄，慍于羣小，孔子也。肆不殄厥慍，亦不隕厥問，文

〔註21〕〔漢〕班固著，〔清〕王先謙補注：《漢書補注》，虛受堂刻本，上冊第三十卷，第九至十頁，上冊，第869～870頁。

〔註22〕〔漢〕班固著，〔清〕王先謙補注：《漢書補注》，虛受堂刻本，上冊第三十卷，第九頁，上冊，第869頁。

〔註23〕〔漢〕許慎著，〔清〕段玉裁注：《說文解字注》，第五篇上，第三十一頁，總第204頁。

〔註24〕〔漢〕許慎著，〔清〕段玉裁注：《說文解字注》，第五篇上，第三十一頁，總第204頁。

〔註25〕《毛詩正義》，北京：中華書局影印〔清〕阮元刻《十三經注疏》本，第一卷之一，第一至二頁，總第一冊，第561頁。

王也。』」〔註26〕

理雅各《孟子》英譯本注云：

> For the first quotation, see the *Shih-ching*, I. iii. Ode I. st.4, a description of her condition by the ill-used wife of one of the dukes of Wei (according to Chû Hsî), and which *Mencius* somewhat strangely would apply to Confucius. For the second, see III. i. Ode III. St. 8, descriptive of the king T' âi, though applied to Wăn. 問 is in the sense of 聞 "report", "reputation."〔註27〕

理氏意謂，第一段引述，見《詩經・國風・邶風・柏舟》第四章，據朱熹之意，是衛國一個大夫的夫人，心中憂思而說出自己的境況，但《孟子》奇怪地引此詩以喻孔夫子。第二段引述，見《詩經・大雅・文王之什・緜》第八章，此詩是講述太王之事蹟，但卻應用在文王身上。「問」意即「聞」，可解作報告、名譽。

《柏舟》一詩，《毛詩》與朱熹《詩集傳》都置於《詩經・國風・邶》第一首。〔註28〕二者章句都是「柏舟五章，章六句。」〔註29〕《孟子》所引者是第四章第一至二句，茲引《詩經・國風・邶風・柏舟》第四章云：「憂心悄悄，慍于羣小。」〔註30〕

理氏之解釋，將邶國歸屬於衛國，是根據朱熹的講法。《柏舟》一詩屬於《國風・邶風》，但是，朱熹認為邶、鄘、衛三個，都屬衛國，《詩集傳》云：

> 邶、鄘、衛，三國名，在禹貢冀州、西阻太行、北逾衡漳，東南跨河，以及兗州桑土之野。及商之季而紂都焉。武王克商，分自紂城，朝歌而北謂之邶，南謂之鄘，東謂之衛，以封諸侯。邶鄘不詳其始封。衛則武王弟康叔之國也。衛本都河北，朝歌之東，淇水之

〔註26〕《孟子注疏》，北京：中華書局影印〔清〕阮元刻《十三經注疏》本，第十四卷上，第九頁，總第五冊，第6038頁。

〔註27〕James Legge, *The Works of Mencius*, p.486~487.

〔註28〕《毛詩正義》，北京：中華書局影印〔清〕阮元刻《十三經注疏》本，第二卷之一，第五至八頁，總第一冊，第624～625頁，〔宋〕朱熹：《詩集傳》，香港：中華書局，第15～16頁。

〔註29〕《毛詩正義》，北京：中華書局影印〔清〕阮元刻《十三經注疏》本，第二卷之一，第八頁，總第一冊，第625頁，〔宋〕朱熹：《詩集傳》，香港：中華書局，第16頁。

〔註30〕《毛詩正義》，北京：中華書局影印〔清〕阮元刻《十三經注疏》本，第二卷之一，第七頁，總第一冊，第625頁。

北，百泉之南。其後，不知何時並邶鄘之地。至懿公為狄所滅。戴公東徙渡河，野處漕邑。文公又徙居于楚丘。朝歌故城在今衛州衛縣西二十二里，所謂殷墟。衛故都即今衛縣。漕、楚丘，皆在滑州、大抵今懷、衛、相滑、濮等州。開封大名府界，皆衛境也。但邶、鄘地既入衛，其詩皆為衛事，而猶繫其故國之名，則不可曉。〔註 31〕

這是理氏謂此詩是衛國之詩的根據。

《柏舟》一詩，《毛詩序》云：「《柏舟》，言仁而不遇也。衛頃公之時，仁人不遇，小人在側。」〔註 32〕《鄭箋》云：「不遇者，君不受已之志也，君近小人；則賢者見侵害。」〔註 33〕孔穎達《毛詩正義》云：「《箋》以仁人不遇，嫌其不得進仕，故言不遇者，君不受已之志以言。亦汎其流，明與小人並列也。言不能奮飛，是在位不忍去也。」〔註 34〕是說賢者不能得到君王之賞識，在君王身邊者盡皆小人之輩。〔註 35〕可見毛亨、鄭玄、孔穎達一脈相承之見解乃以政治之觀點釋此詩。

而朱熹《詩集傳》則持不同意見，其云：

婦人不得於其夫，故以柏舟自比。言以柏為舟，堅緻牢實，而不以乘載，無所依薄，但汎然於水中而已。故其隱憂之深如此，非為無酒可以遨遊而解之也。《列女傳》以此為婦人之詩。考其辭氣卑順柔弱，且居變風之首，而與下篇相類，豈亦莊姜之詩也歟。〔註 36〕

朱熹認為此乃婦人訴說衷情之詩，此亦是理氏「a description of her condition by the ill-used wife」之根據。以一女性藉此詩而抒發感情，是以文學角度解此詩，與《毛詩》一派顯然不同。

至於《孟子》引述之第四章第一至二句「憂心悄悄，慍于羣小。」〔註 37〕

〔註 31〕〔宋〕朱熹：《詩集傳》，香港：中華書局，第 15 頁。

〔註 32〕《毛詩正義》，北京：中華書局影印〔清〕阮元刻《十三經注疏》本，第二卷之一，第五頁，總第一冊，第 624 頁。

〔註 33〕《毛詩正義》，北京：中華書局影印〔清〕阮元刻《十三經注疏》本，第二卷之一，第五頁，總第一冊，第 624 頁。

〔註 34〕《毛詩正義》，北京：中華書局影印〔清〕阮元刻《十三經注疏》本，第二卷之一，第五頁，總第一冊，第 624 頁。

〔註 35〕《毛詩正義》，北京：中華書局影印〔清〕阮元刻《十三經注疏》本，第二卷之一，第五頁，總第一冊，第 624 頁。

〔註 36〕〔宋〕朱熹：《詩集傳》，香港：中華書局，第 15 頁。

〔註 37〕《毛詩正義》，北京：中華書局影印〔清〕阮元刻《十三經注疏》本，第二卷之一，第七頁，總第一冊，第 625 頁。

此兩句之解釋，亦因而出現不同之解說，《毛傳》云：「慍，怒也。悄悄，憂貌。」〔註38〕《鄭箋》云：「羣小，眾小人在君側者。」〔註39〕孔穎達《毛詩正義》云：「言仁人憂心，悄悄然而怨此羣小人在於君側者也。」〔註40〕至於《詩集傳》云：「悄悄，憂貌。慍，怒意。羣小，眾妾也。」〔註41〕毛亨一派，認為是仁者不受君王重用，乃因君王身邊都是小人之輩；而朱熹則認為，眾妾繞於夫君身旁，使夫人不得愛護。

然而，《毛傳》一派之說，實與《孟子》引用此詩句之意相合。《孟子》說：「《詩》云：憂心悄悄，慍于羣小，孔子也。」明言孔子之狀況，有如《柏舟》一詩所言，賢者被君王身邊之小人非議。趙岐《孟子注》云：「憂心悄悄，憂在心也。慍於羣小，怨小人聚而非議賢者也。孔子論此詩，孔子亦有武叔之口，故曰孔子之所苦也。」〔註42〕可見趙岐亦承《毛傳》之說，而且更解明《孟子》之意是把孔子與《柏舟》一詩相比，即是以此詩比擬於孔子，焦循《孟子正義》云：

> 《詩》非為孔子作，孟子引以況孔子，謂孔子當日為羣小非議，有如此詩。論與倫通，《禮記・中庸》：「毛猶有倫」，注云：「倫，比也。」孔子倫此詩，謂比儗此詩，則如叔孫武叔之毀，見《論語・子張篇》。是羣小之口，亦孔子之所苦也。〔註43〕

可知焦循亦謂孔子此賢者也受君王身邊的小人非議之苦。叔孫武叔之言，載於《論語・子張》第二十三章：「叔孫武叔語大夫於朝，曰：『子貢賢於仲尼。』」〔註44〕又第二十四章：「叔孫武叔毀仲尼。」〔註45〕而最特別者，就是

〔註38〕《毛詩正義》，北京：中華書局影印〔清〕阮元刻《十三經注疏》本，第二卷之一，第七頁，總第一冊，第625頁。

〔註39〕《毛詩正義》，北京：中華書局影印〔清〕阮元刻《十三經注疏》本，第二卷之一，第七頁，總第一冊，第625頁。

〔註40〕《毛詩正義》，北京：中華書局影印〔清〕阮元刻《十三經注疏》本，第二卷之一，第七頁，總第一冊，第625頁。

〔註41〕〔宋〕朱熹：《詩集傳》，香港：中華書局，第15頁。

〔註42〕《孟子注疏》，北京：中華書局影印〔清〕阮元刻《十三經注疏》本，第十四卷上，第九頁，總第五冊，第6038頁。

〔註43〕〔清〕焦循：《孟子正義》，北京：中華書局，下冊，第980頁。

〔註44〕《論語注疏》，北京：中華書局影印〔清〕阮元刻《十三經注疏》本，嘉慶二十年江西南昌府學開雕版，2009年第十九卷，第六頁，總第五冊，第5503頁。

〔註45〕《論語注疏》，北京：中華書局影印〔清〕阮元刻《十三經注疏》本，第十九卷，第七頁，總第五冊，第5504頁。

朱熹《四書集註‧孟子集註》對這兩句詩文之解釋，茲先引述之：「《詩‧邶風‧柏舟》……之篇也，悄悄憂貌。慍，怒也。本言衛之仁人，見怒於群小，孟子以為孔子之事，可以當之。」〔註46〕朱子解《盡心下》十九章此兩詩句，亦主張《柏舟》一詩這兩句是說衛國之仁者，被君王身邊之眾小人所慍怒。可見朱熹在《孟子集註》論《柏舟》之詩，與其《詩集傳》所言不合。

由此言之，理雅各在其《孟子》英譯本注之言，與《孟子》之意不合。理氏引用朱熹《詩集傳》之言，但卻不發覺朱熹《四書集註‧孟子集註》之說與《詩集傳》矛盾之處。因而覺得《孟子》將《柏舟》一詩與孔子比擬是一奇怪之舉。倘若理氏深究《毛傳》與《鄭箋》一派之言與《孟子》的關係，問題即迎刃而解。

二、引用《邶風‧凱風》考

理氏引《詩經》指《孟子》引述《凱風》一詩的出處。《告子下》第三章第三節：

> 曰：「《凱風》何以不怨？」曰：「《凱風》，親之過小者也；《小弁》，親之過大者也。親之過大而不怨，是愈疏也。親之過小而怨，是不可磯也。愈疏，不孝也；不可磯，亦不孝也。孔子曰：舜其至孝矣，五十而慕。」〔註47〕

理雅各《孟子》英譯本注云：

> 凱風，—— see the *Shih-ching*, I. iii. Ode VII. The ode is supposed to be the production of seven sons, bewailing the conduct of their widowed mother, who could not live quietly and chastely at home, but they take all the blame to themselves, and express no dissatisfaction with her. …… We must think there was room enough for dissatisfaction in both cases. And indeed, many commentators say that the received account of the subject of the K'ai Fang must be wrong, or that Mencius's decision on it is absurd. But here again, see the *Shih-ching*, in loc.〔註48〕

理氏意謂，《凱風》見《詩經‧國風‧邶‧凱風》，此詩據說是由一個寡婦

〔註46〕〔宋〕朱熹：《四書集註‧孟子集註》，影印怡府藏版，第十四卷，第五至六頁。
〔註47〕《孟子注疏》，北京：中華書局影印〔清〕阮元刻《十三經注疏》本，第十二卷上，第五頁，總第五冊，總第5997頁。
〔註48〕James Legge, *The Works of Mencius*, p.427~428.

的七個兒子所作，他們悲哀其寡居母親的行為，因為這寡婦不嫺靜地於家中守節，但他們只是指責自己，並無對寡母不滿。但在兩者之間（《小弁》親之過大者也，）尚有很多討論空間。而實際上，很多解經家對此詩題旨的主流解釋是錯誤的，而且，《孟子》的判斷是不合理的。實況可參考此詩的內容。

《凱風》一詩，《毛詩》與朱熹《詩集傳》都置於《詩經．國風．邶》第七首〔註49〕，二者章句都是「凱風四章，章四句。」〔註50〕茲先引述全詩，《詩經．國風．邶．凱風》：「凱風自南，吹彼棘心。棘心夭夭，母氏劬勞。凱風自南，吹彼棘薪。母氏聖善，我無令人。爰有寒泉，在浚之下。有子七人，母氏勞苦。睍睆黃鳥，載好其音。有子七人，莫慰母心。」〔註51〕

理氏對此詩的介紹，是根據朱子的《詩集傳》而來，朱熹云：「衛之淫風流行，雖有七子之母，猶不能安其室。故其子作此詩，以凱風比母，棘心比子之幼時。蓋曰母生眾子，幼而育之，其劬勞甚矣。本其始而言，以起自責之端也。」〔註52〕可見朱子之意，是認為此詩是七子責備自己之詩，而無怪罪母親不安於室之情，此乃理氏所據之論。而理氏謂傳統之說，應是指《毛詩序》，《毛詩序》云：「凱風，美孝子也。衛之淫風流行，雖有七子之母，猶不能安其室，美七子能盡其孝道，以慰其母心，而成其志爾。」〔註53〕《毛詩序》注重者，乃此詩是贊美七個孝子之詩，而朱子謂此詩是七子自責之詞。這是二者不同之處，歷來論此詩者，有支持《毛詩序》者，例如陳奐《詩毛氏傳疏》，〔註54〕有支持《詩集傳》者，如方玉潤《詩經原始》。〔註55〕

然而，尚有一說，謂此詩之作，乃七子之母沒之後，不得後母之愛，乃作

〔註49〕《毛詩正義》，北京：中華書局影印〔清〕阮元刻《十三經注疏》本，第二卷之二，第一至三頁，總第一冊，第635～636頁，〔宋〕朱熹：《詩集傳》，香港：中華書局，第19頁。

〔註50〕《毛詩正義》，北京：中華書局影印〔清〕阮元刻《十三經注疏》本，第二卷之二，第三頁，總第一冊，第636頁，〔宋〕朱熹：《詩集傳》，香港：中華書局，第19頁。

〔註51〕《毛詩正義》，北京：中華書局影印〔清〕阮元刻《十三經注疏》本，第二卷之二，第一至二頁，總第一冊，第635頁。

〔註52〕〔宋〕朱熹：《詩集傳》，香港：中華書局，第19頁。

〔註53〕《毛詩正義》，北京：中華書局影印〔清〕阮元刻《十三經注疏》本，第二卷之二，第一頁，總第一冊，第635頁。

〔註54〕〔清〕陳奐：《詩毛氏傳疏》，臺北：學生書局影印文瑞樓藏版鴻章書局石印本，1981年，上冊，第91頁。

〔註55〕〔清〕方玉潤：《詩經原始》，臺北：藝文印館，1981年，上冊，第三卷，第十二頁，總第297頁。

詩自責。牟廷《詩切》云：

> 《易林》曰：「凱風無母，何恃何怙？幼孤弱子，為人所苦。」此用三家詩說，《凱風》為母沒之後，七子不見愛於後母，而作詩以自責也。……而《孟子》所云：「親之過小者，謂後母也。後母不愛其前子，是為後母者之過也。自其子言之，不愛己身，是親之過小者也。如此，則三家詩與《孟子》合矣。」〔註 56〕

隨其說者有王先謙：《詩三家義集疏》：

> 凱風，注：「《齊》說曰：凱風無母，何恃何怙？幼孤弱子，為人所苦。」……「凱風」至「所苦」，《易林・咸之家人》文。《後漢・姜宏傳》：「肱性篤孝，事繼母恪勤，感《凱風》之義，兄弟同被而寢，不入房室，以慰母心。」據此，則《易林》所稱，無母而孤子「為人所苦者」，人即繼母，故肱讀此詩而感其義也。《魯》、《韓》當與《齊》說同。〔註 57〕

《詩經》之演變與注解，因學風與學派之別，有不同之理論，並非本書可以解決。但理氏引用此詩時，判斷不對。今茲從《毛詩序》之說，試看《孟子》與《毛詩序》所言有無可通之處，《孟子》對《小弁》與《凱風》二詩之評論是「《凱風》，親之過小者也；《小弁》，親之過大者也。」「過」錯誤也。「過小者」，小錯誤，「過大者」大錯誤。〔註 58〕《毛詩・凱風》序云：「凱風，美孝子也。衛之淫風流行，雖有七子之母，猶不能安其室，美七子能盡其孝道，以慰其母心，而成其志爾。」〔註 59〕

母親改嫁，是一種較小的錯誤，方玉潤《詩經原始》云：「蓋古來婦人改嫁，原屬常然，故曰『小過』。」〔註 60〕與《小弁》相較，可謂小錯，姚際恒《詩經通論》云：「按《孟子》曰：『親之過小』，若子闕奉養而母憤怒，乃子之過，非親之過矣。過小云者，較《小弁》『親之過大者而言。古婦人改適亦為常事，故曰過小。』」〔註 61〕而《毛詩序・小弁》則云：「小弁，刺幽王也。

〔註 56〕〔清〕牟廷：《詩切》，山東：齊魯書社，1983 年，第一冊，第 318～319 頁。
〔註 57〕〔清〕王先謙：《詩三家義集疏》，北京中華書局，1987 年，上冊，第 155 頁。
〔註 58〕楊伯峻：《孟子譯注》，下冊，第 279 頁。
〔註 59〕《毛詩正義》，北京：中華書局影印〔清〕阮元刻《十三經注疏》本，第二卷之二，第一頁，總第一冊，第 635 頁。
〔註 60〕〔清〕方玉潤：《詩經原始》，臺北：藝文印館，上冊，第三卷，第十二頁，總第 297 頁。
〔註 61〕〔清〕姚際恒：《詩經通論》，臺北：廣文書局，1961 年，第 57 頁。

大子之傅作焉。」〔註62〕乃刺幽王之詩，一國之君，影響體國經野，害苦全國百姓，國君的錯，即是大錯。《毛詩序》與《孟子》之意實有共通之處。

《孟子》乃藉此兩詩，解釋人對父母，有怨與不怨的情況，據此二詩而釋怨有時，不怨亦有時，怨與不怨俱由父母親所犯之錯而定。張居正《四書集註闡微直解》云：

> 公孫丑又問孟子說：「《小弁》之怨，固是親親，至於《凱風》之詩，七子不得於其母，猶《小弁》不得于其父也，何為痛自刻責，卻不怨其親乎？」孟子答說：「人子之情，本無親疏，而父母之過，則有大小。《凱風》之母，雖是有過，然失節之辱，止貽玷於家庭，是過之小者也。若《小弁》之父，賊天性之恩，亂嫡庶之分，禍且及于宗社，是過之大者也。使親之過大，而我漠然無所動其念，不知諮嗟哀怨望之以恩，則親既絕我，我又自絕於親，己疏而益疏，其薄於親甚矣，於心何忍焉！若使親之過小，而我憤然有所迫於中，遂即抵觸叫號，繼之以怨，就如以石激水，水不能容乎石，微激而遽怒，其不可磯甚矣，于心亦何忍焉！以此觀之，愈疏，是有忘親之心，忘親不可謂之孝也。此《小弁》所以怨也。不可磯，是無順親之心，不能順親，亦不可謂之孝也，此凱風所以不怨也。怨與不怨，各有攸當，惡可比而同之乎。」〔註63〕

張居正分析《孟子》對《凱風》、《小弁》的評論比較恰當，只影響一家的錯是小錯，影響一國之錯是大錯。孟子認為因母親之小錯而怨，是「不可磯也」，朱熹解之為「言微激之而遽怒也」，〔註64〕這是不孝之行為，君子之怨需要視實際處境而發。如此說來，理雅各對《孟子》引用此詩的評論，有商榷餘地。

三、引用《齊風・南山》考

理氏一共引用此詩兩次，第一次是講媒妁，第二次是講舜的婚姻。

（一）

理氏指《孟子》所講的「媒」出自《詩經・南山》。《滕文公下》第三章第六節：

〔註62〕《毛詩正義》，北京：中華書局影印〔清〕阮元刻《十三經注疏》本，第十二卷之三，第四頁，總第一冊，第970頁。

〔註63〕〔明〕張居正：《四書集註闡微直解》，第二十五卷，第九至十頁，總第681頁。

〔註64〕〔宋〕朱熹：《四書集解・孟子集註》，影印怡府藏版，第六卷，第二十頁。

> 丈夫生而願為之有室，女子生而願為之有家。父母之心，人皆有之。不待父母之命、媒妁之言，鑽穴隙相窺，踰牆相從，則父母、國人皆賤之。古之人未嘗不欲仕也，又惡不由其道。不由其道而往者，與鑽穴隙之類也。〔註 65〕

理雅各《孟子》英譯本注云：

> 丈夫 and 女子, —— here simply "a son," "a daughter." A man marrying is said 有室, "to have an apartment," and a woman marrying, 有家, "to have a family," or "home." On the go-between, see the *Châu Li*, Pt. II. Bk. Vi. Pars. 54~60; the *Shih-ching*, I. viii. Ode VI. st. 4. The law of marriage here referred to by *Mencius* still obtains, and seems to have been the rule of the Chinese race from time immemorial.〔註 66〕

理氏謂，丈夫與女子就是兒子與女兒，男子結了婚就是「有室」，即有了居室。女子結了婚就是「有家」，即有了家庭。至於「媒人」可參考《周禮》卷二，第六冊，第 54～60 章與及《詩經・國風・齊風・南山》。《孟子》所講的婚嫁習俗現時仍然流行，這種婚俗似乎在史前時代就已是中華民族的傳統習俗。

《南山》一詩，阮刻《詩經》是置於《齊風》第六首，其章句是「四章，章六句。」〔註 67〕《詩集傳》亦置諸《齊風》第六首，章句亦是四章，章六句。〔註 68〕理氏所引述以解《孟子》者是《詩經・國風・齊風・南山》第四章第三至四句，茲引述之：「取妻如之何？匪媒不得。」〔註 69〕鄭玄《毛詩箋》云：「此言取妻必待媒乃得也。」〔註 70〕

《南山》一詩使用「媒」，而《孟子》則使用「媒妁」。《說文》云：「媒，謀也。謀合二姓者也。妁，酌也。斟酌二姓者也。」〔註 71〕孫奭《孟子音義》：

〔註 65〕《孟子注疏》，北京：中華書局影印〔清〕阮元刻《十三經注疏》本，第六卷上，第六頁，總第五冊，第 5895 頁。

〔註 66〕James Legge, *The Works of Mencius*, p.268.

〔註 67〕《毛詩正義》，北京：中華書局影印〔清〕阮元刻《十三經注疏》本，第五卷之二，第一至五頁，總第一冊，第 745～747 頁。

〔註 68〕〔宋〕朱熹：《詩集傳》，香港：中華書局，第 60 頁。

〔註 69〕《毛詩正義》，北京：中華書局影印〔清〕阮元刻《十三經注疏》本，第五卷之二，第五頁，總第一冊，第 747 頁。

〔註 70〕《毛詩正義》，北京：中華書局影印〔清〕阮元刻《十三經注疏》本，第五卷之二，第五頁，總第一冊，第 747 頁。

〔註 71〕〔漢〕許慎著，〔清〕段玉裁注：《說文解字注》，第十二篇下第四頁，第 613 頁。

「丁云：謂媒氏酌二姓之可否，故謂之媒妁也。」〔註72〕朱熹《四書集註・孟子集註》：云「妁亦媒也。」〔註73〕媒妁二字原本雖有不同，然使用上漸成一體，《詩經》用「媒」，至孟子時代，則「媒妁」二字同用而成一詞語。孫奭引用丁氏所言，頗有意思，據《周禮》所載，「媒氏」乃一官職，〔註74〕其目的是酌合二姓之婚配。

雖然「父母之命，媒妁之言」在中國婚姻文化傳統久遠，但實際上卻古今不同，多所變化。陳顧遠《中國婚姻史》云：

> 媒妁。媒之為言，謀也，謀合異類使和成者，於是謀合二姓以成婚媾，亦曰媒；妁之為言亦謀也，又酌也，斟酌二姓也，故《孟子》「以媒妁之言」是稱。此在往昔之婚姻要件上，視為與「父母之言」同重，於禮於法既有關係，而其制度之本身亦有變遷。分及於左。
>
> 一、媒妁與婚制及其沿革：《路史》「太昊伏義氏正姓氏，通媒妁，以重萬民之麗」；又「女皇氏正姓氏，職婚姻，通行媒，以重萬物之判，是曰神媒。」此乃後世學者推崇媒聘之制，輒託古為言，不足信也。愚以為媒妁具有居間人之性質，在買賣婚時代當即有之，殆買賣婚演變而為聘娶婚，買妻賣女之居間人亦演變而為媒妁，遂以合姓為難，賴媒往來，以傳婚姻之言矣。其始也，或即節為「使」。《左》成八年，「宋公使華元來聘，聘共姬也。」《疏》雖謂「諸侯不可求媒於其國，使臣自行，則亦媒之義。」實則《曲禮》既謂「男女非有行媒，不相知名。」行媒云者，意皆使也。《儀禮・士昏禮》由問名以迄納吉所稱之「賓」，或即其人。至於《周禮》地官之屬有媒氏，掌媒合男女之事，《管子・入國編》有掌媒之官，取鰥寡而和合之。縱有其事，亦係出於婚姻之統制而然，固無禁乎行媒之存在，愚且疑其所云，以學者理想之成分居多也。現代學者或根據《燕策》周地賤媒云云，謂所謂媒，皆官媒，私媒至周末乃盛行，似不盡然。蓋行媒亦近私媒，周末所盛行者乃私家職業媒耳。降至後世，一般

〔註72〕〔宋〕孫奭：《孟子音義》，〔清〕徐乾學輯：《通志堂經解》本，第卅五冊，卷上，第九頁，總第20389頁。

〔註73〕〔宋〕朱熹：《四書集註・孟子集註》，第六卷，第四至五頁。

〔註74〕《周禮注疏》，北京：中華書局影印〔清〕阮元刻《十三經注疏》本，第十四卷，第十三至十七頁，總第二冊，第1579～1581頁。

之行媒，結合兩姓，以事而起，非視為業，此無論矣。其在官媒方面，於特殊情形中時亦設置。如《三國志》云「為設媒官，始知嫁娶。」《元史》云：「張復叔母孀居且瞽，丐食以活，呂思誠憐其貧，令為媒互人以養之。」《元典章》並稱媒妁由地方長老，保送信實婦人，充官為籍，皆官媒也。清，各地方官遇發堂擇配之婦女，交充官役之婦人執行，稱曰官媒。同時各地方官鑒於管轄區內之貧女婢女，婚嫁為難。由官代為媒妁，殺禮以成其婚，亦曰官媒。其在私家職業媒「婚」方面，周末既已盛行，後世莫減其勢，類多由媼為之，《抱朴子》云：「求媒媼之美談」，是晉時亦然。吳處厚《青箱雜記》云：「使媒婦通意」，媒而稱婦，與近世之媒婆云云，固無所異。「媒妁之言」雖不成為婚姻上之要件，然於定婚成婚之際，世俗仍必有所謂介紹人在，即純粹形式上之媒妁也是。〔註 75〕

可見媒妁在中國歷史已多有變遷，理氏所見者，乃清代中葉社會婚俗的媒人，與《詩經．南山》一詩與及《孟子》所講的媒妁已非一事矣。

孟子的目的，並非解釋媒妁，是藉婚姻與媒妁作比喻，指士人無不欲為官作仕，但必須用合禮的方法，如婚姻之必須媒妁，方是合禮，不應越禮求仕。

（二）

理氏指《孟子》引述的《詩經》出自《南山》。《萬章上》第二章第一節：「萬章問曰：『《詩》云：娶妻如之何？必告父母。』信斯言也，宜莫如舜。舜之不告而娶，何也？」〔註 76〕

理雅各《孟子》英譯本注云：「詩云，—— see the *Shih-ching*, I. viii. Ode VI. St. 3.」〔註 77〕理氏意謂，見《詩經．國風．齊風．南山》第三章。

《南山》一詩，《毛詩》與朱熹《詩集傳》同置於《詩經．國風．齊風》第六首。〔註 78〕二者章句都是「南山，四章，章六句。」〔註 79〕

〔註 75〕陳顧遠：《中國婚姻史》上海：上海文藝出版社，1987 年，第 147～148 頁。

〔註 76〕《孟子注疏》，北京：中華書局影印〔清〕阮元刻《十三經注疏》本，第九卷上，第四頁，總第五冊，第 5947 頁。

〔註 77〕James Legge, *The Works of Mencius*, p.345.

〔註 78〕《毛詩正義》，北京：中華書局影印〔清〕阮元刻《十三經注疏》本，第五卷之二，第一至五頁，總第一冊，第 745～747 頁，〔宋〕朱熹：《詩集傳》，香港：中華書局，第 60～61 頁。

〔註 79〕《毛詩正義》，北京：中華書局影印〔清〕阮元刻《十三經注疏》本，第五卷之二，第五頁，總第 747 頁，〔宋〕朱熹：《詩集傳》，香港：中華書局，第 60 頁。

茲將《詩經・國風・齊風・南山》第三章列出如下：「蓺麻如之何？衡從其畝；取妻如之何？必告父母。既曰告止，曷又鞠止！」〔註80〕《孟子》所引用者，是第三至四句「取妻如之何？必告父母。」《毛傳》云：「必告父母廟。」〔註81〕《鄭箋》云：「取妻之禮，議於生者，卜於死者，此之謂告。」〔註82〕孔穎達《毛詩正義》云：「《傳》以經云：必告父母。嫌其唯告生者，故云：必告父母之廟。《箋》又嫌其唯告於廟，故云：議於生者，卜於死者以足之。婚有納吉之禮，卜而得吉，使告女家，是娶妻必卜之。」〔註83〕朱熹《詩集傳》：「欲取妻者，必先告其父母。」〔註84〕據此而言，娶妻者，必須先告訴父母，實即是必須得到父母同意，父母健在，則稟告父母，倘父母不健在，則到祠廟向考妣稟告。

《萬章上》此章，引用《詩經》的人不是孟子而是孟子的學生萬章。萬章認為人娶妻必須先告訴父母，要徵得父母同意，但萬章卻指出，舜娶妻前也沒有先徵詢父母的意見，究竟是甚麼道理，孟子的答案是：「孟子曰：『告則不得娶。男女居室，人之大倫也。如告則廢人之大倫以懟父母，是以不告也。』」〔註85〕帝舜的處境，逼使他娶妻時不能先徵詢父母的意見。

張居正認為，孟子採用權宜方法，解決舜的孝於父母與義於大倫的做法，足見孟子懂得因事制宜，行權變之策，張居正《四書集註闡微直解》云：

> 懟，是仇怨。萬章問於孟子說：「婚娶人道之常，然未有不稟明于父母者。《詩・國風・南山》之篇有云：妻（當）如之何？必告（于）父母。而后敢娶。誠如《詩》之所言，能盡人子之禮而不失者，當莫如大舜矣。舜乃不告父母，而娶帝堯之二女，似與詩之所言，大相違背，此何說也？」孟子答說：「告而后娶禮之常。舜之所處人倫之變。蓋舜父母頑嚚，每有害舜之心。若稟命而娶，必不聽從，竟

〔註80〕《毛詩正義》，北京：中華書局影印〔清〕阮元刻《十三經注疏》本，第五卷之二，第四頁，總第一冊，第746頁。

〔註81〕《毛詩正義》，北京：中華書局影印〔清〕阮元刻《十三經注疏》本，第五卷之二，第四頁，總第一冊，第746頁。

〔註82〕《毛詩正義》，北京：中華書局影印〔清〕阮元刻《十三經注疏》本，第五卷之二，第四頁，總第一冊，第746頁。

〔註83〕《毛詩正義》，北京：中華書局影印〔清〕阮元刻《十三經注疏》本，第五卷之二，第四頁，總第一冊，第746頁。

〔註84〕〔宋〕朱熹：《詩集傳》，香港：中華書局，第60頁。

〔註85〕《孟子注疏》，北京：中華書局影印〔清〕阮元刻《十三經注疏》本，第九卷上，第四頁，總第五冊，第5947頁。

至於不得娶矣。而不娶則豈可哉！蓋男女屋室，上以承祖考之統，下以衍嗣續之傳，乃人之大倫也。若告而不得娶，既違室家之願，廢人之大倫，又傷父母之心，致親之仇怨。舜之處此，誠有大不得已者，於是酌量於倫理兩難之地，與其告而廢倫，陷身於不孝之大，寧不告而廢禮，猶可以全父子之恩，此所以不告而娶也。」蓋事處其變，不得不通之以權耳！豈可以稟命之常禮而概律之哉！〔註 86〕

孟子的思想，主張嚴謹守禮，然而在這嚴肅的守禮行為之外，孟子會用權變的方法來應付特殊情況，帝舜的婚姻例子，就是一種權變的例子，舜若遵守告訴父母而娶的禮，會亂了人倫關係，因為，不告而娶是不合禮，但告而不能娶就亂了人倫之道，違反了人倫之道造端乎夫婦的天理。〔註 87〕在這種情況下，孟子就主張用權變的方法。

理雅各引用《南山》兩次，兩次都與婚姻關係。孟子與及儒家整體思想都相當重視夫妻關係，是五倫關係之一，這種人倫思想與禮制有緊密關係。《南山》一詩，證實了孟子的人倫思想的淵源。

四、引用《魏風．伐檀》考

理氏引用《詩經》說明《孟子》所引詩出自《伐檀》。《盡心上》第卅二章云：「公孫丑曰：『《詩》曰：不素餐兮。君子之不耕而食何也？』」〔註 88〕

理雅各《孟子》英譯本注云：

> 詩曰—— see the *Shih-ching*, I. ix. Ode VI. 素＝空 “empty,” without doing service. The old commentators and the new differ somewhat in their interpretations of the ode, but they agree in understanding its great lesson to be that people should not be receiving emolument, who do not actively serve their country.〔註 89〕

理氏意謂，《詩》見《詩經．國風．魏風．伐檀》。素即空，不做事。舊的解釋與新的註解對此詩有不同解說，但二者都同意此詩的最大教訓是，無為國家勞動者不能收任何報酬。

〔註 86〕張居正：《四書集註闡微直解》，第二十二卷，第五至六頁，總第 618～619 頁。

〔註 87〕《禮記正義》北京：中華書局影印〔清〕阮元刻《十三經注疏》本，第五十二卷，第七頁，總第三冊，第 882 頁。

〔註 88〕《孟子注疏》，北京：中華書局影印〔清〕阮元刻《十三經注疏》本，第十三卷下，第五頁，總第五冊，第 6026 頁。

〔註 89〕James Legge, *The Works of Mencius*, p.467~468.

《伐檀》一詩，阮刻《毛詩》與朱熹《詩集傳》都置於《詩經・國風・魏風》第六首，〔註 90〕二者章句都是「伐檀三章，章九句。」〔註 91〕

理氏謂此詩之解釋有新舊二說，雖然他未明言甚麼是新與舊。但我們從《詩經》的研究歷史之中，可以知道舊說是《毛詩序》，新說乃指朱熹《詩集傳》，理雅各《詩經》英譯本的註解有此說明：

> Choo does not, in his work on the *She*, admit the allusive element, and puts the lines from the 4th downwards into the mouth of the woodcutter, solacing himpself under his toil, and with the results to which it might lead. The interpretation which I hive given, more in accordance with the Preface, seems preferable; Choo himself held it, when commenting on *Mencius* VII. Pt.i. XXXII.〔註 92〕

理氏《詩經》英譯本的註解之意是，朱熹《詩集傳》不贊成此詩有諷喻的元素，又認為每章第四句以下都是伐檀之人的說話，他是自我安慰地認為，自食其力必有成果。理氏的註解多根據《詩序》，因《詩序》較可取，而朱熹《孟子註解》解釋《盡心下》第三十二章也引用《詩序》之意。據理氏《詩經》英譯本註解，可知理氏《孟子》英譯本註解所講新舊二說，是指《毛詩序》與《詩集傳》。

理氏所謂舊說，《毛詩序》云：「伐檀，刺貪也。在位貪鄙，無功而受祿，君子不得進仕爾。」〔註 93〕《毛詩序》之意，乃謂在位之人，貪得無厭，不用付出努力，卻身受富貴。君子之人，乃無功不受祿，賢人君子，在此社會風氣之下，不能進入仕途，孔穎達《毛詩正義》云：「君子不進，由在位貪鄙，故責在位之人。」〔註 94〕

新說則是朱熹《詩集傳》所說：

〔註 90〕《毛詩正義》，北京：中華書局影印〔清〕阮元刻《十三經注疏》本，第五卷之三，第九至十二頁，總第一冊，第 760～761 頁，〔宋〕朱熹：《詩集傳》，香港：中華書局，第 66 頁。

〔註 91〕《毛詩正義》，北京：中華書局影印〔清〕阮元刻《十三經注疏》本，第五卷之三，第十二頁，總第一冊，第 761 頁，〔宋〕朱熹：《詩集傳》，香港：中華書局，第 66 頁。

〔註 92〕James Legge, *The She King*, p170.

〔註 93〕《毛詩正義》，北京：中華書局影印〔清〕阮元刻《十三經注疏》本，第五卷之三，第九頁，總第一冊，第 760 頁。

〔註 94〕《毛詩正義》，北京：中華書局影印〔清〕阮元刻《十三經注疏》本，第五卷之三，第十頁，總第一冊，第 760 頁。

詩人言有人於此，用力伐檀，將以為車而行陸也。今乃寘之河干，則河水清漣而無所用，雖欲自食其力而不可得矣。然其志則以為不耕則不可以得禾，不獵則不可以得獸，是以甘心窮餓而不悔也。詩人述其事而歎之，以為是真不能空食者。後世者如徐稺之流非其力不食，其厲志蓋如此。〔註95〕

朱熹之說，注重個人心志之描寫，而整首詩則失去了政治上教化社會意義，而以以文學上個人感情形成感化作用。

《毛詩序》之說，言《伐檀》一詩有諷刺社會的作用，符合《詩大序》之「上以風化下，下以風剌上」之意。而朱熹解釋國風之意義與《詩大序》沒有矛盾，都認為詩歌是用以教化百姓之意，反而朱熹對國風的解釋與對其《伐檀》的解釋不大協調，《詩集傳》云：

國風一，國者，諸侯所封之域。而風者，民俗歌謠之詩也。謂之風者，以其被上之化以有言，而其言又足以感人，如物因風之動以有聲，而其聲又足以動物也。是以諸侯采之以貢於天子，天子受之而列於樂官，於以考其俗尚之美惡，而知其政治之得失焉。〔註96〕

《毛詩序》所說之刺貪，貪官在位無功而受祿，促使賢人君子不得仕進。這樣才像朱熹所講的「考其俗尚之美惡，而知其政治之得失焉。」故此，《毛詩序》之說較可取。

而《孟子》所引用的「不素餐兮。」是《伐檀》第一章最末一句。但要與上句連讀，才可容易明瞭其意義，茲引《伐檀》最後兩句云：「彼君子兮，不素餐兮！」〔註97〕《毛傳》：「素，空也。」〔註98〕鄭玄《毛詩箋》云：「彼君子者斥，伐檀之人仕，有功乃肯受祿。」〔註99〕孔穎達《毛詩正義》云：「彼伐檀之君子，終不肯而空餐兮，汝何為無功而受祿，使賢者不進也。」〔註100〕

〔註95〕〔宋〕朱熹：《詩集傳》，香港：中華書局，第66頁。
〔註96〕〔宋〕朱熹：《詩集傳》，香港：中華書局，第1頁。
〔註97〕《毛詩正義》，北京：中華書局影印〔清〕阮元刻《十三經注疏》本，第五卷之三，第九至十頁，總第一冊，第760頁。
〔註98〕《毛詩正義》，北京：中華書局影印〔清〕阮元刻《十三經注疏》本，第五卷之三，第十頁，總第一冊，第760頁。
〔註99〕《毛詩正義》，北京：中華書局影印〔清〕阮元刻《十三經注疏》本，第五卷之三，第十頁，總第一冊，第760頁。
〔註100〕《毛詩正義》，北京：中華書局影印〔清〕阮元刻《十三經注疏》本，第五卷之三，第十頁，總第一冊，第760頁。

《鄭箋》之「斥」字，不是現今常用之斥責之意，而是被斥逐，被遺棄的意思。朱駿聲《說文通訓定聲》云：「斥，卻屋也。从广屰聲，今字作斥。謂卻退其屋不居。……《漢書・郊祀志》：『乘輿斥車馬帷帳器物。』注：不用也。《武帝紀》：『無益於民者斥。』注謂棄逐之。」〔註 101〕可見《鄭箋》「彼君子者斥」之意，乃君子被棄而不得用之意。此兩句詩文就是說，君子是要付出努力才可以受祿，這是正確的道德責任，是社會有道之現象。但其時社會風氣卻是貪鄙無道，無功受祿之人充滿朝廷，行正道之君子則不能仕進。

這兩句詩文，並不是孟子本人所引，乃是其學生公孫丑之引述，其引述的目的是向孟子問問題，茲引述《孟子・盡心上》第三十二章云：「公孫丑曰：『《詩》曰：不素餐兮。君子之不耕而食，何也？』孟子曰：『君子居是國也，其君用之，則安富尊榮；其子弟從之，則孝弟忠信。不素餐兮，孰大於是？』」〔註 102〕公孫丑的問題是：君子不耕而食，不靠勞動就可得到糧食，有違《詩》教。孟子則認為，君子之責任，是推動教化與人倫，這種貢獻比《伐檀》所講的更有意義。〔註 103〕張居正《四書集註闡微直解》云：

> 公孫丑問於孟子說：「《伐檀》詩人說道：不素餐兮。蓋言守志之士，不肯無事而空食也。以此看來，君子必居位而有功，方可因勞而受祿，乃今不事躬耕之勞，而安享國君之養，則何以解於素餐之譏乎？」孟子答說：「子以君子不在其位，為無功而食，不知君子尊主庇民之功，正不待居位而後著也。蓋君子居是國也，其言論足以經邦，其表儀足以範俗，如使為君者能聽用其言，而道得行於上，則嘉謀嘉猷，可以定社稷之大計。邦基以固，邦賦以充，而既安且富也。必得其位，必得其名，而既尊且榮也。雖未居輔理之位，而集思廣益，貽邦君以多福之休，功不少矣。如使為子弟者，能服從其教，而道得行於下，則先知先覺，可以開一世之群蒙。入則孝，出則悌，而天倫以敦也。忠不欺，信無妄，而民性以復也。雖未任治教之責，而端軌樹則，導國人以興行之風，功不細矣。夫上焉有功於君，則食君之祿不為縻。下焉有功於民，則享民之奉不為泰。

〔註 101〕〔清〕朱駿聲：《說文通訓定聲》，豫部第九第五十七頁，總第 467 頁。

〔註 102〕《孟子注疏》，北京：中華書局影印〔清〕阮元刻《十三經注疏》本，第十三卷下，第五頁，總第五冊，第 6026 頁。

〔註 103〕楊伯峻：《孟子譯注》，第 314 頁。

詩人所稱不素餐兮，孰有大於君子哉？蓋稼穡而後食者，士人無求之節，不耕而食者，君子可食之功，義各有攸當也。使飾小廉而妨大德，不幾于於陵仲子之為哉？」〔註 104〕

《孟子．滕文公上》第五章第六節說過：「勞心者治人，勞力者治於人。治於人者食人，治人者食於人，天下之通義也。」〔註 105〕公孫丑所講之「君子之不耕而食」，近於農家之言，以勞力躬耕而食，用勞力養活自己。而孟子所答者，乃勞心之人靠勞力之人之耕種而得食，是天經地義之事。自古以來，每個社會都是分工合作，但農家不懂得這個道理，認為民以食為天，人人要親自耕田而食，如果真的這樣的話，社會其他的必須品就無人從事生產了。沒有勞心之人，社會的禮義、法則就無從制定，道德教化也無所推廣，教育也無人負責了。〔註 106〕《孟子》論勞心者與《伐檀》之詩，可互相發明。

五、引用《豳風．七月》考

理氏引用《詩經》指《孟子》的引述源自《七月》。《滕文公上》第三章第二節：「《詩》云：『晝爾于茅，宵爾索綯。亟其乘屋，其始播百穀。』」〔註 107〕

理雅各《孟子》英譯本注云：「For the ode, see the *Shih-ching* I. xv. Ode I. st. 7, written, it is said, by Châu-kung, to impress the sovereign Ch'ang with a sense of the importance and toils of husbandry.」〔註 108〕理氏意謂，《詩》云者，指《詩經．國風．豳風．七月》第七章，是周公勸告成王，用力於農耕的重要性。

阮刻《詩經》〔註 109〕與《詩集傳》〔註 110〕，《七月》之詩的章句都是「八章，章十一句。」《孟子》所引者，是第七章第八至十一句。茲將《詩經．國風．豳風．七月》第七章列出如下：「九月築場圃，十月納禾稼。黍稷重穋，禾麻菽麥。嗟我農夫！我稼既同，上入執宮功。晝爾于茅，宵爾索綯，亟其乘

〔註 104〕〔明〕張居正：「四書集註闡微直解」，第二十六卷，第三十九至四十頁，總第 717～718 頁。

〔註 105〕《孟子注疏》，北京：中華書局影印〔清〕阮元刻《十三經注疏》本，第五卷下，第二頁，總第五冊，第 5883 頁。

〔註 106〕傅佩榮：《孟子新解》，上冊，第 250～252 頁。

〔註 107〕《孟子注疏》，北京：中華書局影印〔清〕阮元刻《十三經注疏》本，第五卷上，第六頁，總第五冊，第 5876 頁。

〔註 108〕James Legge, *The Works of Mencius*, p.239.

〔註 109〕《毛詩正義》，北京：中華書局影印〔清〕阮元刻《十三經注疏》本，第八卷之一，第二十五頁，總第一冊，第 838 頁。

〔註 110〕〔宋〕朱熹：《詩集傳》，香港：中華書局，第 93 頁。

屋，其始播百穀。」〔註 111〕

《孟子》引此詩的八至十一句與原文並沒有任何用字的不同。「晝爾于茅，宵爾索綯，亟其乘屋，其始播百穀。」此四句是勸誡成王著力作好準備，發展農業，《毛傳》云：「宵，夜。綯，絞也。」〔註 112〕鄭玄《毛詩箋》云：「爾，女也。女當晝日往取茅歸，夜作絞索，以待時用。乘，升也。亟，急。乘，治也。七月定星將中，急當治野廬之屋，其始播百穀，謂祈來年百穀于公社。」〔註 113〕《詩集傳》云：「故晝往取茅，夜而絞索，亟升其屋而治之。蓋以來歲將復始播百穀，而不暇於此故也。不待督責而自相警戒，不敢休息如此。呂氏曰：此章終始農事，以極憂勤艱難之意。」〔註 114〕可見此詩是注重農事，解決百姓衣食問題。

孟子引用此詩，是回答滕文公問治理國家的策略，《孟子．滕文公上》第三章第一至三節云：「滕文公問為國。孟子曰：『民事不可緩也。《詩》云：晝爾于茅，宵爾索綯。亟其乘屋，其始播百穀。』民之為道也，有恒產者有恒心，無恒產者無恒心。苟無恒心，放僻邪侈，無不為已。」〔註 115〕《七月》這節經文的意思是：「白天割取茅草，晚上絞成繩索，趕緊修繕房屋，到時播種五穀。」〔註 116〕孟子藉此詩與滕文公討論治國之道，是用民力於適當時候。古代是農業社會，百姓的生活要配合季節，工作很緊湊。〔註 117〕所以，凡事要早作準備，君王為人民提供穩定的產業，人民必須有穩定的生活，才是長治久安之道。

六、引用《豳風．鴟鴞》考

理氏指出《孟子》的引詩是《詩經》的《鴟鴞》。《公孫丑上》第四章第三節：「《詩》云：『迨天之未陰雨，徹彼桑土，綢繆牖戶。今此下民，或敢侮

〔註 111〕《毛詩正義》，北京：中華書局影印〔清〕阮元刻《十三經注疏》本，第八卷之一，第二十頁，總第一冊，第 835 頁。

〔註 112〕《毛詩正義》，北京：中華書局影印〔清〕阮元刻《十三經注疏》本，第八卷之一，第二十頁，總第一冊，第 835 頁。

〔註 113〕《毛詩正義》，北京：中華書局影印〔清〕阮元刻《十三經注疏》本，第八卷之一，第二十頁，總第一冊，第 835 頁。

〔註 114〕〔宋〕朱熹：《詩集傳》，香港：中華書局，第 92 頁。

〔註 115〕《孟子注疏》，北京：中華書局影印〔清〕阮元刻《十三經注疏》本，第五卷上，第六頁，總第五冊，第 5876 頁。

〔註 116〕楊伯峻：《孟子譯注》，上冊，第 119 頁。

〔註 117〕傅佩榮：《孟子新解》，上冊，第 232 頁。

予？』」〔註 118〕

理雅各《孟子》英譯本注云：

> See the *Shih-ching*, I. xv. Ode II st.2, where for 今此下民, we have 今女下民, the difference not affecting the sense. The ode is an appeal by some small bird to an owl not to destroy its nest, which bird, in *Mencius's* application of the words, is made to represent a wise prince taking all precautionary measures.〔註 119〕

理氏意謂，此詩章見於《詩經・國風・豳風・鴟鴞》第二章，但「今此下民」在《詩經》是「今女下民」，唯對詩意沒有影響。這首詩是講一隻小鳥請求貓頭鷹（鴟鴞）不要破壞其巢穴，《孟子》引用此詩，將小鳥比喻智慧的王者，作好預防措施。

阮刻《詩經》〔註 120〕與《詩集傳》〔註 121〕都是「鴟鴞，四章，章五句。」茲引述《詩經・國風・豳風・鴟鴞》第二章云：「迨天之未陰雨，徹彼桑土，綢繆牖戶。今女下民，或敢侮予！」〔註 122〕

《毛詩序》云：「鴟鴞，周公救亂也，成王未知周公之志，公乃為詩以遺王，名之曰鴟鴞焉。」〔註 123〕此詩是一首周公教導成王救治亂國之詩。而第二章是未雨綢繆，作預防工作，朱熹《詩集傳》云：

> 比也。迨、及。徹、取也。桑土，桑根皮也。綢繆，纏綿也。牖，巢之通氣處。戶，其出入處也。亦為鳥言。我及天未陰雨之時，而往取桑根以纏綿巢之隙穴，使之堅固，以備陰雨之患，則此下土之民、誰敢有侮予者。亦以比己深愛王室而預防其患難之意。故孔子贊之曰：為此詩者，其知道乎。能治其國家，誰敢侮之。〔註 124〕

《孟子》引用「鴟鴞」的詩句是發揮國不在小，最重要是懂得管治之道的

〔註 118〕《孟子注疏》，北京：中華書局影印〔清〕阮元刻《十三經注疏》本，第三卷下，第二頁，總第五冊，第 5849 頁。

〔註 119〕James Legge, *The Works of Mencius*, p.198.

〔註 120〕《毛詩正義》，北京：中華書局影印〔清〕阮元刻《十三經注疏》本，第八卷之二，第一頁，總第一冊，第 842 頁。

〔註 121〕〔宋〕朱熹：《詩集傳》，香港：中華書局，第 94 頁。

〔註 122〕《毛詩正義》，北京：中華書局影印〔清〕阮元刻《十三經注疏》本，第八卷之二，第三頁，總第一冊，第 843 頁。

〔註 123〕《毛詩正義》，北京：中華書局影印〔清〕阮元刻《十三經注疏》本，第八卷之二，第一頁，總第一冊，第 842 頁。

〔註 124〕〔宋〕朱熹：《詩集傳》，香港：中華書局，第 94 頁。

政治理念，把此詩的思想運用至治理國家的方法。傅佩榮《孟子新解》說：「他把『鴟鴞』比喻為小國，知道未雨綢繆，利用休暇的時間，居安思危，準備充份，就不會被大國欺負了。」〔註 125〕

《孟子》引用此詩時，其上下文都說未雨綢繆的重要，茲引之下：

> 賢者在位，能者在職；國家閒暇，及是時明其政刑，雖大國，必畏之矣。《詩》云：「迨天之未陰雨，徹彼桑土，綢繆牖戶。今此下民，或敢侮予？」孔子曰：「為此詩者，其知道乎！能治其國家，誰敢侮之？」今國家閒暇，及是時般樂怠敖，是自求禍也。〔註 126〕

孟子的整體政治觀念是行仁政，此仁政之一，是處事合時制宜，國家閒暇之時，是教化人民的好時機，不該讓百姓迨惰疏懶。在太平盛世之時，不應躭於逸樂，反要乘此時機推行教化，是未雨綢繆之舉。小國只要懂得利用時機，就不怕大國的欺侮。

第二節　引用《小雅》文獻考

一、引用《南有嘉魚之什·車攻》考

理氏引《詩經》說明《孟子》之引述源自《車攻》。《滕文公下》第一章第四節：「《詩》云：『不失其馳，舍矢如破。』」〔註 127〕

理雅各《孟子》英譯本注云：「詩云，—— see the *Shih-ching*, II. Iii.Ode V. st. 6. Literally the two lines are, 『They err not in the galloping; they let go the arrows, as if rending.』」〔註 128〕理氏謂，《詩》者，見《詩經·小雅·南有嘉魚之什，車攻》第六章，這兩句的文意是，他們騎馬奔馳沒有失手，箭之發射如撕裂布塊而出。

《車攻》一詩，《毛詩》是置於《南有嘉魚之什》第十首。〔註 129〕朱熹《詩

〔註 125〕傅佩榮：《孟子新解》，上冊，第 157 頁。

〔註 126〕《孟子注疏》，北京：中華書局影印〔清〕阮元刻《十三經注疏》本，第三卷下，第二頁，總第五冊，第 5849 頁。

〔註 127〕《孟子注疏》，北京：中華書局影印〔清〕阮元刻《十三經注疏》本，第六卷上，第二頁，總第五冊，第 5893 頁。

〔註 128〕James Legge, *The Works of Mencius*, p.263.

〔註 129〕《毛詩正義》，北京：中華書局影印〔清〕阮元刻《十三經注疏》本，第十卷之三，第七頁，總第一冊，第 919 頁，〔宋〕朱熹：《詩集傳》，香港：中華書局，第 118 頁。

集傳》則屬於《彤弓之什》第五首。〔註 130〕二者章句都是「車攻，八章，章四句。」〔註 131〕理氏《詩經》英文譯注本與《詩集傳》同。〔註 132〕《孟子》所引是第六章第三至四句。茲引述《詩經．小雅．南有嘉魚之什．車攻》第六章云：「四黃既駕，兩驂不猗。不失其馳，舍矢如破。」〔註 133〕

《孟子》所引的「不失其馳，舍矢如破。」者，《毛傳》云：「言習於射御法也。」鄭玄《毛詩箋》云：「御者之良，得舒疾之中。射者之工，矢發則中，如椎破物也。」〔註 134〕孔穎達《毛詩正義》云：「御者，節御此馬，令不失其馳騁之法，故令射者舍放其矢，則如椎破物，能中而駛也。言御良射善，所以美之。」〔註 135〕朱熹《詩集傳》云：「馳，馳驅之法也。舍矢如破，巧而力也。蘇氏曰：不善射御者，詭遇則獲，不然不能也。今御者不失其馳驅之法，而射者舍矢如破，則可謂善射御矣。此章言田獵而見其射御之善也。」〔註 136〕從這兩句詩文而言，可見御車與射箭之人，需要互相合作，才可以達到適當的果效。

《孟子》引用此詩的目的，是用之作為一個比喻，說明用合禮的方法揀選合作伙伴的重要性，並以之教訓陳代不按規矩而獲取利益的想法。《孟子．滕文公下》第一章第一節云：「陳代曰：『不見諸侯，宜若小然。今一見之，大則以王，小則以霸。且《志》曰：枉尺而直尋。宜若可為也。』」〔註 137〕孟子的學生陳代希望孟子去謁見諸侯，屈就自己而伸大道，是合宜行為。〔註 138〕孟子認為不合禮儀，不肯去見諸侯，但陳代只放眼於利益，情願先受委屈於諸侯，換來日後的榮華富貴。〔註 139〕但孟子的看法卻完全不同，《孟子．滕文公下》第一章第四至五節云：

〔註 130〕〔宋〕朱熹：《詩集傳》，香港：中華書局，第 117～118 頁。
〔註 131〕《毛詩正義》，北京：中華書局影印〔清〕阮元刻《十三經注疏》本，第十卷之三，第一至第七頁，總第一冊，第 916～919 頁。
〔註 132〕James Legge, *The She King*, pp288～290.
〔註 133〕《毛詩正義》，北京：中華書局影印〔清〕阮元刻《十三經注疏》本，第十卷之三，第五頁，總第一冊，第 918 頁。
〔註 134〕《毛詩正義》，北京：中華書局影印〔清〕阮元刻《十三經注疏》本，第十卷之三，第五頁，總第一冊，第 918 頁。
〔註 135〕《毛詩正義》，北京：中華書局影印〔清〕阮元刻《十三經注疏》本，第十卷之三，第五至六頁，總第一冊，第 918 頁。
〔註 136〕〔宋〕朱熹：《詩集傳》，香港：中華書局，第 117～118 頁。
〔註 137〕《孟子注疏》，北京：中華書局影印〔清〕阮元刻《十三經注疏》本，第六卷上，第一頁，總第五冊，第 5893 頁。
〔註 138〕謝冰瑩：《新譯四書讀本》，臺北：三民書局，1966 年，第 420 頁。
〔註 139〕傅佩榮：《孟子新解》上冊，第 269 頁。

昔者趙簡子使王良與嬖奚乘，終日而不獲一禽。嬖奚反命曰：「天下之賤工也。」或以告王良，良曰：「請復之。」強而後可，一朝而獲十禽。嬖奚反命曰：「天下之良工也。」簡子曰：「我使掌與女乘。」謂王良。良不可，曰：「吾為之範，我馳驅，終日不獲一；為之詭遇，一朝而獲十。《詩》云：『不失其馳，舍矢如破。』我不貫與小人乘，請辭。」御者且羞與射者比。比而得禽獸，雖若丘陵，弗為也。如枉道而從彼，何也？且子過矣，枉己者，未有能直人者也。〔註 140〕

據《孟子》所載，應該是王良引用《車攻》詩之此兩句回應趙簡子。王良借此詩向趙簡子解釋，他兩次為奚仲駕車，讓他射箭打獵，第一次失手，未捉到獵物，是因為守規矩。第二次卻有十隻獵物收穫，王良解釋原因是不守規矩之故。王良決定不再與嬖奚這種小人合作。〔註 141〕張居正《張居四書集註闡微直解》云：

王良卻又不肯，對說：「這獲禽之多，非射御之正，乃廢法曲狗之所致也。蓋御者自有法度，射者自有巧力，原不相謀。前者我以御車之法馳驅正路，嬖奚不能左右迎射，故終日不獲一禽。今我不由正道，只看禽所從來，迎而遇之，他才會迎著射去，一朝而獲十禽。是嬖奚之射，必使御者廢法而後可中也。《詩經．車攻篇》有云：不失其馳，舍矢如破。是說御車之人不曾失了馳驅之常度，而車中射者，發矢必中，就如破物一般，此君子射御之正法也。今必為之詭遇而後獲禽，乃小人之所為耳。我不慣與小人乘。請辭。」由此觀之，則王良之所以稱為善御者，在能循正道，不在詭遇以求獲也。射御且然，而況出處大節，其可苟且以就功名之會乎。〔註 142〕

此可見孟子做事必以正途正法，不會用不正確的手段以達到目的，他引用王良與《車攻》的目的，乃藉王良以說明御車之人尚且有不與小人乘之正氣，更何況幫助諸侯管理國家，這是重大關節之處，就更應按照正常的規矩行事，不應走後門循小道而獲得一官半職。

〔註 140〕《孟子注疏》，北京：中華書局影印〔清〕阮元刻《十三經注疏》本，第六卷上，第二至二頁，總第五冊，第 5893 頁。

〔註 141〕楊伯峻：《孟子譯注》，下冊，第 139 頁。

〔註 142〕〔明〕張居正：《四書集註闡微直解》，第十九卷，第三至四一頁，第 551～552 頁。

二、引用《節南山之什．正月》考

理氏引用《詩經》說明《孟子》引述的詩文出於《正月》。《梁惠王下》第五章第三節載：「《詩》云：『哿矣富人，哀此煢獨。』」〔註 143〕

理雅各《孟子》英譯本注云：「For the ode, see the *Shih-ching* II. Iv. Ode VIII. St. 13, where for 煢 we find 惸。」〔註 144〕理氏之意是《孟子》所引者，出自《詩經．小雅．祈父之什．正月》，「煢」《詩經》作「惸」。

阮刻《十三經注疏．詩經》，《正月》是置於《詩經．小雅．節南山之什》〔註 145〕朱熹《詩集傳》將此詩置於《祈父之什》第八首。〔註 146〕理氏之分卷，是據朱熹《詩集傳》而置《正月》於《祈父之什》第八首。〔註 147〕阮刻《十三經注疏．詩經．正月》的章句是「《正月》，十三章，八章章八句，五章章六句。」〔註 148〕《詩集傳》之章句亦相同。〔註 149〕

至於「煢」與「惸」之別，《說文》有「煢」而無「惸」字。《說文》云：「煢，回疾也，从卂，營省聲。」〔註 150〕段玉裁：《說文解字注》云：「回轉之疾飛也。引申為煢獨，取裴回無所依之意。或作惸。」〔註 151〕惸原寫作㽈，朱駿聲《說文通訓定聲》云：「㽈驚詞也。从兮，旬聲。或从恂。……按字又誤作惸。《周禮．大司寇》：『惸獨老幼』《注》：『無兄弟曰惸』。《詩．正月》：『哀此惸獨。』《孟子》：『哀此煢獨。』《書．洪範》：『無虐煢獨。』《離騷》：『夫何煢獨而不余聽，皆以煢為之。』」〔註 152〕故此，《孟子》用「煢」是正確的用法，《詩經》用「惸」不知是何時羼入。

《孟子》所引者，是此詩第十三章最後兩句，據阮刻《詩經．小雅．節南

〔註 143〕《孟子注疏》，北京：中華書局影印〔清〕阮元刻《十三經注疏》本，第二卷上，第十四頁，總第五冊，第 5821 頁。

〔註 144〕James Legge, *The Works of Mencius*, p.162.

〔註 145〕《毛詩正義》，北京：中華書局影印〔清〕阮元刻《十三經注疏》本，第十二卷之一，第九至十七頁，總第一冊，第 947～951 頁。

〔註 146〕〔宋〕朱熹：《詩集傳》，香港：中華書局，第 129～132 頁。

〔註 147〕James Legge, *The She King*, pp314~320.

〔註 148〕《毛詩正義》，北京：中華書局影印〔清〕阮元刻《十三經注疏》本，第十二卷之一，第十七頁，總第一冊，第 947 頁。

〔註 149〕〔宋〕朱熹：《詩集傳》，香港：中華書局，第 132 頁。

〔註 150〕〔漢〕許慎著，〔清〕段玉裁注：《說文解字注》，第十一篇下，第三十二頁，總第 583 頁。

〔註 151〕〔漢〕許慎著，〔清〕段玉裁注：《說文解字注》，第十一篇下，第三十二頁，總第 583 頁。

〔註 152〕〔清〕朱駿聲：《說文通訓定聲》，坤部第十六第二十三頁，總第 831 頁。

山之什·正月》，其文云「哿矣富人，哀此惸獨。」〔註 153〕

《正月》是周朝大夫諷刺周幽王之詩，〔註 154〕鄭玄《毛詩箋》云：「此言王政如是，富人已可，惸獨將困也。」〔註 155〕孔穎達《毛詩正義》云：「雖天下普遭其害，可矣富人，猶有財富以供之。哀哉！此單獨之民，窮而無告，為上天夭椓，將至困病，故甚可哀也。」〔註 156〕

《孟子》引用《正月》此詩句，目的是勸齊宣王施行仁政，要照顧弱勢社羣，茲連其上文一併引述：「老而無妻曰鰥，老而無夫曰寡，老而無子曰獨，幼而無父曰孤，此四者天下之窮民而無告者。文王發政施仁，必先斯四者。《詩》云：『哿矣富人，哀此煢獨。』」〔註 157〕所謂哀此煢獨就是指鰥、寡、獨、孤之人，用現代的語言來說就是弱勢社羣。《孟子》這種政論主張，出於人性的需要，目的是解決社會現實的問題，而這些實際幫助人的政策，周文王已經實行。

三、引用《節南山之什·小弁》考

理氏引用《詩經》說明《孟子》所引詩出自《小弁》。《告子下》第三章第一至二節：

> 公孫丑問曰：「高子曰：〈小弁〉，小人之詩也。」孟子曰：「何以言之？」曰：「怨。」曰：「固哉，高叟之為《詩》也！有人於此，越人關弓而射之，則己談笑而道之；無他，疏之也。其兄關弓而射之，則己垂涕泣而道之，無他，戚之也。《小弁》之怨，親親也。親親，仁也。固矣夫，高叟之為《詩》也！」〔註 158〕

理雅各《孟子》英譯本注云：

〔註 153〕《毛詩正義》，北京：中華書局影印〔清〕阮元刻《十三經注疏》本，第十二卷之一，第十八頁，總第一冊，第 951 頁。

〔註 154〕《毛詩正義》，北京：中華書局影印〔清〕阮元刻《十三經注疏》本，第十二卷之一，第九頁，總第一冊，第 947 頁。

〔註 155〕《毛詩正義》，北京：中華書局影印〔清〕阮元刻《十三經注疏》本，第十二卷之一，第十七頁，總第一冊，第 951 頁。

〔註 156〕《毛詩正義》，北京：中華書局影印〔清〕阮元刻《十三經注疏》本，第十二卷之一，第十七頁，總第一冊，第 495 頁。

〔註 157〕《孟子注疏》，北京：中華書局影印〔清〕阮元刻《十三經注疏》本，第二卷上，第十四頁，總第五冊，第 5821 頁。

〔註 158〕《孟子注疏》，北京：中華書局影印〔清〕阮元刻《十三經注疏》本，第二卷上，第四至五頁，總第五冊，第 5996～5997 頁。

Kâo appears to have been a disciple of Tsze-hsiâ, and lived to Mencius's time. From the expression 高叟 in par. 2, it is plain, he is not to be confounded with Mencius's own disciple of the same surname, mentioned in Bk. II. Pt. II. Xii. 2.《小弁》, —— see the *Shih-ching*, II. V. Ode III. 3. The ode is commonly understood to have been written by the master of Î-ch'iu（宜臼）, the son and heir-apparent of the sovereign Yû (B.C. 780~770).〔註 159〕

Chao Ch'i, however, assigns it another authorship, but on this and other questions, connected with it, see the *Shih-ching*, in loc.〔註 160〕

理氏之意謂，高子是子夏的門生，與孟子同時代，從第二節使用『高叟』之名稱，很明顯，這與《公孫丑下》第十二章第二節所講的『高子』有分別，《公孫丑》下所講的高子乃是孟子之門生。『小弁』見《詩經・小雅・節南山之什・小弁》第三節。一般認為，此詩是宜臼之師傅所作，是大禹的後人。但趙岐《孟子注》卻說是他人所作，詳見《詩經・小弁》。

《小弁》之詩，《毛詩》置於《節南山之什》第七首，〔註 161〕朱熹《詩集傳》則置於《小旻之什》第三首，〔註 162〕二者章句都是「小弁八章，章八句。」〔註 163〕

茲先論述理氏之《孟子》英譯本注，提到《小弁》之詩的作者問題。《毛詩序》謂此詩是太子之傅所作，其云：「小弁，刺幽王也。大子之傅作焉。」〔註 164〕孔穎達《毛詩正義》云：「太子謂宜咎也，幽王信褒姒之讒，放逐宜咎，其傅親訓太子，知其無罪，閔其見逐，故作此詩以刺幽王。」〔註 165〕理氏謂此詩「written by the master of Î-ch'iu」，即是說此詩乃宜咎之師傅所作，此

〔註 159〕James Legge, *The Works of Mencius*, p.426.

〔註 160〕James Legge, *The Works of Mencius*, p.427.

〔註 161〕《毛詩正義》，北京：中華書局影印〔清〕阮元刻《十三經注疏》本，第十二卷之三，第四至十頁，總第一冊，第 970～973 頁。

〔註 162〕〔宋〕朱熹：《詩集傳》，香港：中華書局，第 139～141 頁。

〔註 163〕《毛詩正義》，北京：中華書局影印〔清〕阮元刻《十三經注疏》本，第十二卷之三，第十頁，總第一冊，第 973 頁，〔宋〕朱熹：《詩集傳》，香港：中華書局，第 141 頁。

〔註 164〕《毛詩正義》，北京：中華書局影印〔清〕阮元刻《十三經注疏》本，第十二卷之三，第四頁，總第一冊，第 970 頁。

〔註 165〕《毛詩正義》，北京：中華書局影印〔清〕阮元刻《十三經注疏》本，第十二卷之三，第四頁，總第一冊，第 970 頁。

說乃據《毛詩序》而來。

而趙岐則認為是伯奇所作，趙岐《孟子注》:「〈小弁〉,〈小雅〉之篇，伯奇之詩也。」〔註 166〕焦循《孟子正義》持反對意見，認為此詩非伯奇所作，其云：

> 注則以為伯奇之詩，是見琴操尹吉甫愛後妻子而棄其適子伯作奇者，或以為《韓詩》說。蓋《趙注》言《詩》，往往從《韓》，如引《摽有梅》之「摽作莩」，解「以御于家邦」之御為享，與《毛》異趣。以《鴟鴞詩》為刺邠君，並違《尚書》。孫氏《音義》閒有證明，而此獨闕。第觀注云「父虐之」，其辭甚輕，則亦與母不安其室者，均為人子所遭之不幸，不足深較大小，適足以見所傳之不確，此《毛詩》所以單行至今，而三家多放失也。按琴操云:「《履霜操》者，尹吉甫之子伯奇所作也。吉甫，周上卿也。有子伯奇。伯奇母死，吉甫更娶後妻，生子曰伯邦，乃譖伯奇於吉甫曰：伯奇見妾有美色然，有欲心。吉甫曰：伯奇為人慈仁，豈有此也？妻曰：試置妾空房中，君登樓而察之。後妻知伯奇仁孝，乃取毒蜂綴衣領，伯奇前持之。於是吉甫大怒，放伯奇於野。伯奇編衣荷而衣之，采楟花而食之，清朝履霜，自傷無罪見逐，乃援琴而鼓之。」《太平御覽》引《韓詩》云:「《黍離》，伯封作也。」曹植《令禽惡鳥論》云：「昔尹吉甫信後妻之讒，而殺孝子伯奇。其弟伯封求而不得，作《黍離》之詩。」此伯奇之事，而不言其為《小弁》之詩。《漢書．中山靖王勝傳》云:「斯伯奇之所流離，比干所以橫分也。《詩》云：我心憂傷，惄焉如擣，假寐永歎，唯憂用老，心之憂矣，疢如疾首。臣之謂也。」此上言伯奇，下引《小弁》之詩，乃中閒以比干，則未必以《小弁》為伯奇所作。惟《論衡．書虛篇》云:「伯奇放流，首髮早白。詩云：惟憂用老。」則或者當時有伯奇作《小弁》之說也。《毛詩序》云:「《小弁》，刺幽王也。太子之傅作焉。」孔氏《正義》云:「以此述太子之言，太子不可作詩以刺父，自傅意述而刺之。」〔註 167〕

〔註 166〕《孟子注疏》: 北京：中華書局影印〔清〕阮元刻《十三經注疏》本，第十二卷上，第五頁，總第五冊，第 5817 頁。

〔註 167〕〔清〕焦循:《孟子正義》，北京：中華書局，下冊，第 817～818 頁。

可見焦循《孟子正義》接受《毛詩序》之講法，認為《小弁》之詩乃宜咎之師傅所作。然而王先謙《詩三家義集疏》卻接納趙岐之言，認為《小弁》一詩乃伯奇所作，其云：

> 《魯》說曰：《小弁》，《小雅》之篇，伯奇之詩也。伯奇仁人，而父虐之，故作《小弁》之詩。又曰《履霜操》者，尹吉甫之子伯奇所作也。吉甫娶後妻，生子曰伯邦，乃譖伯奇於吉甫，放之於野。伯奇清朝履霜，自傷無罪見逐，乃援琴而鼓之。宣王出遊，吉甫從之，伯奇乃作歌以言，感之於宣王，王聞之曰：此孝子之辭也。吉甫乃求伯奇於野而感悟，遂射殺後妻。《齊》說曰：讒邪交亂，貞良被害，自古而然。故伯奇放流，孟子宮刑，申生雉經，屈原赴湘。《小弁》之詩作，《離騷》之詞興。又曰：尹氏伯奇，父子生離。無罪被辜，長舌所為。
>
> 《御覽》五百八十八《琴部》，引楊雄《琴清英》云：「尹吉甫子伯奇至孝，後母譖之，自投江中，衣苔帶藻，忽夢見水仙賜其美藥，唯念養親，揚聲悲歌，船人聞而學之。吉甫聞船人之聲，疑，思伯奇，作子安之操。」愚案：伯奇逐後，于野投江，蓋傳聞不一。《履霜操》是求之於野，《子安操》則求之於江，莫知所終也。《後漢．黃瓊傳》「伯奇至賢，終於放流。」《李注》引《說苑》曰：「王國子前母子伯奇，後母子伯封。欲立其子為太子，（『欲立』上當有『後妻』二字。）說王曰：『伯奇好妾。』王不信。其母曰：『令伯奇於後園，妾過其旁，王上臺視之，即可知。』伯奇入園，後母陰取蜂十數置單衣中，過伯奇邊曰：『蜂螫我！』伯奇就衣中取蜂殺之。王遙見之，乃逐伯奇也。」《漢書．馮奉世傳贊注》，引《說苑》略同。愚案：尹吉甫為周名臣，不聞封國所在，《說苑》稱「王」、稱「太子」，未知其審據。琴操後母子為伯邦，《說苑》則欲立者為伯封。《王風．黍離篇》，三家以為伯封求兄之作，而又載別說亂之，皆當闕疑。此魯說。「讒邪」至「詞興」《漢書．馮奉世傳贊文》。陳喬樅云：「《小弁》句承伯奇言，『離騷』句承屈原言，蓋舉首尾以包中二人，否則文法偏枯矣。據此班亦以《小弁》為伯奇作，班用《齊詩》也。」《漢書．武五子傳》壺關三老茂上書曰：「孝己被謗，伯奇放流，骨肉至親，父子相疑，何也？積毀之所生也。」「尹氏」至「所

為」，《易林・訟之大有》文，《中孚之井》、《家人之謙》同。又《豐之鼎》云：「讒言亂國，覆是為非。伯奇流離，恭子憂哀。」《巽之覯》同，亦《齊》說。〔註 168〕

據王先謙此言，《小弁》是伯奇所作之說，是《齊詩》的講法，而班固亦遵從此說，所以趙岐之說有其根據。而且，王先謙指出，《韓詩》並無《小弁》乃伯奇所作之說，亦從而否定了焦循《孟子正義》謂「蓋《趙注》言《詩》，往往從《韓》」之講法。

然而朱熹之講法卻有矛盾之處，因他對《小弁》之作者，有兩種講法，其《四書集註・孟子集註》謂《小弁》之詩乃宜臼之傅所作，云：「《小弁》，《小雅》篇名，周幽王娶申后，生太子宜臼，於是宜臼之傅，為作此詩，以敘其哀痛迫切之情也。」〔註 169〕但其《詩集傳》卻說此詩乃宜臼所作，其云：「舊說幽王大子宜臼被廢，而作此詩。」〔註 170〕所謂舊說乃是《毛詩序》，朱熹又云：「幽王娶於申，生大子宜臼。後得褒姒而惑之，生子伯服。信其讒、黜申后，逐宜臼，而宜臼作此詩以自怨也。《序》以為大子之傅述大子之情，以為是詩，不知其何所據也。」〔註 171〕方玉潤《詩經原始》支持此說，其云：「此詩為宜臼作無疑，而朱子猶疑之者過矣。」〔註 172〕朱熹《孟子集註》謂《小弁》一詩是宜咎之傅所作，無疑是跟隨《毛詩》之說，而在《詩集傳》則謂是宜咎自作，又指《毛詩》之說無據，但他亦未指出舊說出自何處，而方玉潤雖支持朱子《詩集傳》之說，又說朱子有疑惑，但從《詩集傳》中，卻未見朱子有何疑惑。

《小弁》一詩之作者是誰，此一問題恐怕沒有定論，但從各學者之引述之中，以《小弁》為伯奇所作者較多。理雅各也沒有結論，只將兩個可能列出。

現茲論此詩之意義。《孟子》並無說明其引用之詩句，只云《小弁》一詩，理氏參考此詩第三章，茲引述《詩經・小雅・節南山之什・小弁》第三章如下：「維桑與梓，必恭敬止。靡瞻匪父，靡依匪母。不屬于毛，不罹于裏。天之生

〔註 168〕〔清〕王先謙：《詩三家義集疏》，下冊，第 697～698 頁。

〔註 169〕〔宋〕朱熹：《四書集註・孟子集註》，影印怡府藏板，第六卷，第十九至二十頁。

〔註 170〕〔宋〕朱熹：《詩集傳》，香港：中華書局，第 139 頁。

〔註 171〕〔宋〕朱熹：《詩集傳》，香港：中華書局，第 141 頁。

〔註 172〕〔清〕方玉潤：《詩經原始》，臺北：藝文印館，下冊，第十一卷，第六頁，總第 884 頁。

我，我辰安在？」〔註173〕

《毛傳》云：「父之所樹已尚，不敢不恭敬。毛在外，陽以言父。裏在內，陰以言母。辰，時也。」〔註174〕鄭玄《毛詩箋》云：「此言人無所不瞻仰其父，取法則者。無不依恃其母，以長大者。今我獨不得父皮膚之氣乎，獨不處母之胞胎乎，何曾無恩於我。此言我生所值安在乎，謂六物之吉凶。」〔註175〕孔穎達《毛詩正義》云：

> 毛以為，言凡人父之所樹者，維桑與梓，見之必加恭敬之止，況父身乎，固當恭敬之矣。既恭孝如此，以至不容，故言人無不瞻仰其父取法則者。無不依怙其母以長大者。今我獨不連屬於父乎，不離歷於母乎。何由如此不得父母之恩也。若此，則本天之生我，我所遇值之時，安所在乎？豈皆值凶時而生，使我獨遭此也。毛指謂父也，裏指謂母也。〔註176〕

朱熹《詩集傳》云：

> 言桑梓父母所植，尚且必加恭敬，況父母至尊至親，宜莫不瞻依也。然父母之不我愛，豈我不屬于父母之毛乎，豈我不離于父母之裏乎。無所歸咎，則推之於天曰，豈我生時不善哉，何不祥至是也。〔註177〕

比較數家之言，可謂大同而小異，《小弁》此章所言者，乃作者對父母之孝敬，見父所種的桑梓如見父。雖然父之不加愛於己，但不對父母怨恨，只怨自己生不逢時而已。

《孟子》所載，是高子評論《小弁》之詩為小人之詩，孟子卻不認同此講法，孟子認為此詩之怨，是出於愛敬父母而怨，即「親親」之怨，故云「《小弁》之怨，親親也。親親，仁也。」故此，孟子評論此詩乃仁人之詩，而非小人之詩。張居正《四書集註闡微直解》云：「夫謂《小弁》為怨則可，謂怨小

〔註173〕《毛詩正義》，北京：中華書局影印〔清〕阮元刻《十三經注疏》本，第十二卷之三，第六頁，總第一冊，第971頁。

〔註174〕《毛詩正義》，北京：中華書局影印〔清〕阮元刻《十三經注疏》本，第十二卷之三，第六頁，總第一冊，第971頁。

〔註175〕《毛詩正義》，北京：中華書局影印〔清〕阮元刻《十三經注疏》本，第十二卷之三，第六頁，總第一冊，第971頁。

〔註176〕《毛詩正義》，北京：中華書局影印〔清〕阮元刻《十三經注疏》本，第十二卷之三，第六頁，總第一冊，第971頁。

〔註177〕〔宋〕朱熹：《詩集傳》，香港：中華書局，第140頁。

人則不可，何者？《小弁》乃怨其當怨者。」〔註 178〕傅佩榮《孟子新解》云：「宜臼為什麼抱怨父親？因為他對父親有愛與關懷，自己受委屈是一回事，他是不忍心父親犯錯，結果後來父親變成昏君，西周也滅亡了。所以，抱怨父母有時是合理的，有感情才會抱怨。」〔註 179〕孟子並非說怨父母是要不得的行為，然而必須要出於親親愛護之情，要怨得其所，而非為自私利益而怨。

四、引用《節南山之什．巧言》考

理氏用《詩經》指《孟子》所載之言出自《巧言》。《梁惠王上》第七章第九節：「王說曰：『《詩》云：他人有心，予忖度之。夫子之謂也。』」〔註 180〕

理雅各《孟子》英譯本注云：「For the ode, see the *Book of Poetry*, II. V. Ode IV st4, where the 他人 has a special reference.」〔註 181〕理氏意謂，《詩》云者，見於《詩經．小雅．節南山之什．巧言》第四章，在此詩，『他人』有特別的指稱。

在此可見到，理氏不用音譯的 *Shih-ching* 而用意譯的 *Book of Poetry*。

《巧言》一詩，《毛詩》置之於《小雅．節南山之什》第八首，〔註 182〕朱熹《詩集傳》則置之於《小雅．小旻之什》第四首。〔註 183〕理氏跟隨朱熹《詩集傳》之分類，把《巧言》一詩置於《小雅．小旻之什》之內。〔註 184〕《毛詩》與《詩集傳》二者的章句都是「巧言六章，章八句。」〔註 185〕

茲據《毛詩正義．小雅．節南山之什．巧言》第四章云：「奕奕寢廟，君子作之。秩秩大猷，聖人莫之。他人有心，予忖度之。躍躍毚兔，遇犬獲之。」〔註 186〕見諸《孟子》者乃是第五至六句：「他人有心，予忖度之。」《孟子》

〔註 178〕〔明〕張居正：《四書集註闡微直解》，第二十五卷，第八頁，總第 680 頁。

〔註 179〕傅佩榮：《孟子新解》，下冊，第 203 頁。

〔註 180〕《孟子注疏》，北京：中華書局影印〔清〕阮元刻《十三經注疏》本，第一卷下，第三頁，總第五冊，第 5808 頁。

〔註 181〕James Legge, *The Works of Mencius*, p.141.

〔註 182〕《毛詩正義》，北京：中華書局影印〔清〕阮元刻《十三經注疏》本，第十二卷之三，第十四頁，總第一冊，第 975 頁。

〔註 183〕〔宋〕朱熹：《詩集傳》，香港：中華書局，第 141～143 頁。

〔註 184〕James Legge, *The She King*, p.330~359.

〔註 185〕《毛詩正義》，北京：中華書局影印〔清〕阮元刻《十三經注疏》本，第十二卷之三，第十至十四頁，總第一冊，第 973～975 頁。

〔註 186〕《毛詩正義》，北京：中華書局影印〔清〕阮元刻《十三經注疏》本，卷第十二之三，第十二頁，總第一冊，第 974 頁。

所引之詩句，不是孟子本人引述，而是齊宣王引《巧言》詩這兩句，回應孟子的講論。

《巧言》一詩，是一首受讒言所傷而作之詩，《毛詩序》云：「《巧言》，刺幽王也。大夫傷於讒，故作是詩也。」〔註 187〕朱熹講法亦相近，《詩集傳》云：「大夫傷於讒，無所控告，而訴之於天。曰，攸攸昊天，為人之父母，胡為使無罪之人遭亂如此其大也。昊天之威已甚矣，我審無罪也。昊天之威甚大矣，我審無辜也。此自訴求免之詞也。」〔註 188〕《毛詩序》謂此詩是刺幽王之詩，而朱熹說此詩是向上天訴苦之詩。然而向上天訴苦與刺幽王兩者並無衝突。

而「他人有心，予忖度之。」兩句詩文，鄭玄《毛詩箋》云：「因己能忖度讒人之心。」〔註 189〕理氏所謂：「where the 他人 has a special reference」應該是指鄭玄《毛詩箋》之解釋，「他人」者，「讒人」也。理氏《詩經》英譯本注解，亦使用這解釋，其云：「By 他人 he intends the slanders.」〔註 190〕朱熹亦用此說，其云：「以見讒人之心，我皆得之，不能隱其情也。」〔註 191〕

齊宣王引用這兩詩句，是說孟子能夠明白他的心意，可見齊宣王引用這兩詩句時，並沒有理會整首詩的背境，只著重這兩句詩的字面意義。齊宣王的目的是說孟子揣摩到他的心意，因其下文云：「夫我乃行之，反而求之，不得吾心；夫子言之，於我心有戚戚焉。此心之所以合於王者，何也？」〔註 192〕張居正《四書集註闡微直解》云：

> 齊宣王因孟子之言，有感於心，乃歡喜說道：「人藏其心，難可測度。我聞《詩經》有云：『他人有心，予忖度之。』這兩句說話，正夫子之謂也。夫以羊易牛，乃我所行的事；及反之吾心，求以小易大的緣故，自家茫然也，不知是何念頭。夫子乃能推究來由，說是見牛未見羊之故。將我前日不忍的初心，不覺打動，戚戚然宛如堂下觳觫的形狀，復在目前一般。此非夫子能忖度之，則我亦何自

〔註 187〕《毛詩正義》，北京：中華書局影印〔清〕阮元刻《十三經注疏》本，第十二卷之三，第十頁，總第一冊，第 973 頁。

〔註 188〕〔宋〕朱熹：《詩集傳》，香港：中華書局，第 141 頁。

〔註 189〕《毛詩正義》，北京：中華書局影印〔清〕阮元刻《十三經注疏》本，第十二卷之三，第十二頁，總第一冊，第 974 頁。

〔註 190〕James Legge, *The She King*, p.342.

〔註 191〕〔宋〕朱熹：《詩集傳》，香港：中華書局，第 142 頁。

〔註 192〕《孟子注疏》，北京：中華書局影印〔清〕阮元刻《十三經注疏》本，第一卷下，第三至四頁，總第五冊，第 5808 頁。

而得其本心哉？」〔註 193〕

《孟子》引用《書經》與《詩經》的目的，都不是解釋古代的經典，而是藉經文表達其個人的思想，齊宣王亦復如此。可見這種襲其經文而不襲其意義的方式，是戰國時期的普遍風氣。

五、引用《谷風之什・大東》考

理氏引《詩經》指出《孟子》所引詩文來自《大東》。《萬章下》第七章第八節：「夫義，路也；禮，門也。惟君子能由是路，出入是門也。《詩》云：『周道如底，其直如矢；君子所履，小人所視。』」〔註 194〕

理雅各《孟子》英譯本注云：「詩云，see the *Shih-ching*, II. V. Ode IX. St. I.」〔註 195〕理氏謂，見《詩經・小雅・谷風之什・大東》第一章。

阮刻《十三經注疏・詩經・大東》之詩置於《詩經・小雅・谷風之什》第三首，〔註 196〕朱熹《詩集傳》則置於《詩經・小雅・小旻之什》第九首。〔註 197〕二者的章句都是「大東，七章，章八句。」〔註 198〕

茲將《詩經・小雅・谷風之什・大東》第一章引述如下：「有饛簋飧，有捄棘匕。周道如砥，其直如矢。君子所履，小人所視。睠言顧之，潸焉出涕。」〔註 199〕《孟子》所引者，乃此章第三至六句「周道如砥，其直如矢。君子所履，小人所視。」

《詩經・大東》之詩第一章第三句是「周道如砥」，《孟子》則作「周道如底」。先論「砥」與「底」之異同。今本孟子多作「底」，例如阮刻《十三經注疏・孟子》、〔註 200〕怡府藏板的朱熹《四書集註・孟子集註》、〔註 201〕朱傑人

〔註 193〕〔明〕張居正：《四書集註闡微直解》，第十四卷，第二十二頁，第 463 頁。

〔註 194〕《孟子注疏》，北京：中華書局影印〔清〕阮元刻《十三經注疏》本，第十卷下，第十頁，總第五冊，第 5973 頁。

〔註 195〕James Legge, *The Works of Mencius*, p.390.

〔註 196〕《毛詩正義》，北京：中華書局影印〔清〕阮元刻《十三經注疏》本，第十三卷之一，第六至十四頁，總第一冊，第 987～991 頁。

〔註 197〕〔宋〕朱熹：《詩集傳》，第 147～148 頁。

〔註 198〕《毛詩正義》，北京：中華書局影印〔清〕阮元刻《十三經注疏》本，第十三卷之一，第十四頁，總第一冊，第 991 頁，〔宋〕朱熹：《詩集傳》，第 148 頁。

〔註 199〕《毛詩正義》，北京：中華書局影印〔清〕阮元刻《十三經注疏》本，第十三卷之一，第六至七頁，總第一冊，第 987～988 頁。

〔註 200〕《孟子注疏》，北京：中華書局影印〔清〕阮元刻《十三經注疏》本，第十卷下，第十頁，總第五冊，第 5973 頁。

〔註 201〕〔宋〕朱熹：《四書集註・孟子集註》，影印怡府藏板，第五卷，第二十八頁。

主編《朱子全書》本《四書章句集註・孟子集註》。〔註 202〕但根據學者研究的結果，「底」是誤字，「厎」字才是正確。阮元《十三經注疏・孟子校勘記》云：「周道如底，按底字誤也。當作厎，《說文》厎，柔石也。从厂，氐聲。或作砥，職雉切。底，山居也，下也，从广，氐聲，都禮切。今《毛詩》作『砥』，《孟子》作『厎』，正是一字。不當从广，音義亦誤。」〔註 203〕清人焦循《孟子正義》云：

> 翟氏灝《考異》云：「《說文・厂部》：厎柔石也。重文作砥，並職雉切。广部：底，山居也，下也，都禮切。厎實砥之本字，故《禹貢》：『厎柱析城』，《漢書》：『厎礪名號』，皆以厎為砥。今坊刻經文，多上加點，與底下字無別，並《詩》之砥字亦誤為邸音。」〔註 204〕

今考之《說文・厂部》云：「厎，柔也。从厂，氐聲。砥，厎或从石。」〔註 205〕段玉裁：《說文解字注》砥字下注云：「今字用此，而厎之本字廢矣，《毛詩・大東》：周道如砥。《孟子》作厎。」〔註 206〕由此言之，厎是本字，但後人把厎字誤寫作「底」字，而砥字則轉而流行。

《大東》「周道如砥，其直如矢。君子所履，小人所視。」此四句之意義，《毛傳》云：「如砥，貢賦平均也。如矢，賞罰不偏也。」〔註 207〕鄭玄《毛詩箋》云：「此言古者天子之恩厚也。君子皆發效而履行之，其如砥矢之平，小人又皆視之，共之無怨。」〔註 208〕孔穎達《毛詩正義》云：

> 法制均齊，周之貢賦之道，其均如砥石然，周之賞罰之制，其直如箭矢然。是所行之政，皆平而不曲也。以天子崇其施予之厚，故其時君子，皆共法傚，所以履而行之。以周道布其砥矢之平直。時小人皆共承奉，所以視而供之。既君子履其厚，小人視其平，是

〔註 202〕〔宋〕朱熹：《四書集註・孟子集註》，《朱子全書》本，第陸冊，第 393 頁。

〔註 203〕《孟子注疏》，北京：中華書局影印〔清〕阮元刻《十三經注疏》本，第十卷下，校勘記，第三頁，總第五冊，第 5976 頁。

〔註 204〕〔清〕焦循：《孟子正義》，北京：中華書局，下冊，第 723 頁。

〔註 205〕〔漢〕許慎著，〔清〕段玉裁注：《說文解字注》，第九篇下，第十九頁，總第 446 頁。

〔註 206〕〔漢〕許慎著，〔清〕段玉裁注：《說文解字注》，第九篇下，第十九頁，總第 446 頁。

〔註 207〕《毛詩正義》，北京：中華書局影印〔清〕阮元刻《十三經注疏》本，第十三卷之一，第七頁，總第一冊，第 988 頁。

〔註 208〕《毛詩正義》，北京：中華書局影印〔清〕阮元刻《十三經注疏》本，第十三卷之一，第七頁，總第一冊，第 988 頁。

上下相和，舉世安樂。〔註 209〕

朱熹《詩集傳》:「砥，礪石，言平也。矢，言直也。君子，在位。履，行。小人，下民也。……周道如砥，則其直如矢。是以君子履之，而小人視焉。」〔註 210〕此四句詩文之意，乃謂周朝的貢賦與法制都剛正不偏，做官者與百姓都可按此公平的法制而生活。

《孟子》引此詩句，是解釋其弟子萬章之問題，在《萬章下》第七章開首是「萬章問曰：敢問不見諸侯，何義也？」〔註 211〕萬章不明白，孟子不見諸侯的原因，是因為禮義的問題，此即第七章第八節所指出的問題，其云:「夫義，路也；禮，門也。惟君子能由是路，出入是門也。《詩》云:『周道如底，其直如矢；君子所履，小人所視。』」楊伯峻《孟子譯注》云:「義好比是大路，禮好比是大門。只有君子能從這一條大路行走，由這處大門出進。《詩經》說:『大路像磨刀石一樣平，像箭一樣直。這是君子所行走的，小人所效法的。』」〔註 212〕張居正《四書集註闡微直解》云：

> 蓋欲見賢人，須先開其門路。所謂門路，禮義而已。義以制事，坦然為蕩平之道，是人所共由之路也，禮以治躬，截然為中正之閑。是人所當出入之門也，而能循之者少矣。唯是君子識見高明，志趣端正，為能非義無行，所往來者，必由是路焉。非禮弗履，所出入者必由是門焉。其立身行己，一於道而不苟如此。《詩經・小雅・大東》之篇有云:「瞻彼周道，其寬平如砥而不險陂，正直如矢而不邪曲。是乃君子之所踐履，小人之所視效者也。」觀詩之所言，所謂君子能由義路，而出入禮門，因可知矣。夫君子以義禮自守如此，若往應不賢人之招，則是舍正路而不由，逾大閑而妄入，失己甚矣，豈其所肯為者哉？此欲見賢人者，必不可不由其道也。〔註 213〕

不守禮義，就是不正確的門路，孟子見諸侯，必按照正確的禮義，其教導學生也是如此，亦顯示其所表達的君子之行。

〔註 209〕《毛詩正義》，北京：中華書局影印〔清〕阮元刻《十三經注疏》本，第十三卷之一，第七頁，總第一冊，第 988 頁。

〔註 210〕〔宋〕朱熹:《詩集傳》，第 147 頁。

〔註 211〕《孟子注疏》，北京：中華書局影印〔清〕阮元刻《十三經注疏》本，第十卷下，第八至九頁，總第五冊，第 5972～5973 頁。

〔註 212〕楊伯峻:《孟子譯注》，上冊，第 250 頁。

〔註 213〕〔明〕張居正:《四書集註闡微直解》，第二十三卷，第三十四頁，總第 653 頁。

六、引用《谷風之什・北山》考

理氏引用《詩經》說明《孟子》的引述源自《北山》。《萬章上》第四章第二節：

> 咸丘蒙曰：「舜之不臣堯，則吾既得聞命矣。《詩》云：『普天之下，莫非王土。率土之濱，莫非王臣。』而舜既為天子矣，敢問瞽瞍之非臣如何？」曰：「是詩也，非是之謂也，勞於王事而不得養父母也。曰：此莫非王事，我獨賢勞也。」〔註 214〕

理雅各《孟子》英譯本注云：「詩云，—— see the *Shih-ching*, II. Vi. Ode I. st. 2.」〔註 215〕理氏謂此四詩句，見諸《詩經・小雅・谷風之什・北山》第二章。

《北山》一詩，《毛詩》置之於《詩經・小雅・谷風之什》第五首。〔註 216〕朱熹《詩集傳》則置之於《詩經・小雅・北山之什》第一首。〔註 217〕但二者的章句則同是「北山六章，三章章六句，三章章四句。」〔註 218〕

茲引述《詩經・小雅・谷風之什・北山》第二章云：「溥天之下，莫非王土；率土之濱，莫非王臣。大夫不均，我從事獨賢。」〔註 219〕《孟子》所引者是第一至四句：「溥天之下，莫非王土；率土之濱，莫非王臣。」《北山》一詩用「溥天之下」，《孟子》則作「普天之下」。《說文》云：「曾（普），日無色也。」〔註 220〕段玉裁：《說文解字注》云：「此義古籍少用，衣部衶下曰：無色也。讀若曾。兩無色同讀，是則曾之本義實訓日無色。今字借為溥，大字耳。今《詩》溥天之下。《孟子》及漢人引《詩》皆作普天，趙岐曰：普，徧也。」〔註 221〕焦循《孟子正義》云：「《孟子》作『普』，是假借字。《詩》作

〔註 214〕《孟子注疏》，北京：中華書局影印〔清〕阮元刻《十三經注疏》本，第九卷上，第十頁，總第五冊，第 5950 頁。

〔註 215〕James Legge, *The Works of Mencius*, p.353.

〔註 216〕《毛詩正義》，北京：中華書局影印〔清〕阮元刻《十三經注疏》本，第十三卷之一，第十九至廿一頁，總第一冊，第 994～995 頁。

〔註 217〕〔宋〕朱熹：《詩集傳》，香港：中華書局，第 150 頁。

〔註 218〕《毛詩正義》，北京：中華書局影印〔清〕阮元刻《十三經注疏》本，第十三卷之一，第廿一頁，總第一冊，第 995 頁，〔宋〕朱熹：《詩集傳》，香港：中華書局，第 150 頁。

〔註 219〕《毛詩正義》，北京：中華書局影印〔清〕阮元刻《十三經注疏》本，第十三卷之一，第十九頁，總第 994 頁。

〔註 220〕〔漢〕許慎著，〔清〕段玉裁注：《說文解字注》，第七篇上，第十三頁，總第 308 頁。

〔註 221〕〔漢〕許慎著，〔清〕段玉裁注：《說文解字注》，第七篇上，第十三頁，總第 308 頁。

『溥』，正字也。」〔註 222〕

「溥天之下，莫非王土；率土之濱，莫非王臣。」此四句詩文，《毛傳》云：「溥，大。率，循。濱，涯也。」〔註 223〕鄭玄《毛詩箋》云：「此言王之土地廣矣，王之臣又眾矣。何求而不得，何使而不行。」〔註 224〕

然而，單單解此四句，不足以明白《北山》此詩的意義，此章的第五至六句是：「大夫不均，我從事獨賢。」明顯有諷刺的意思，此詩之《序》云：「北山，大夫刺幽王也。役使不均，己勞於從事，而不得養其父母焉。」〔註 225〕馬瑞辰《毛詩傳箋通釋》云：

> 我從事獨賢，《傳》：「賢，勞也。」《箋》：「王不均大夫之使，而專以我有賢才之故，獨使我從事於役，自苦之辭。」瑞辰按：「《廣雅‧釋詁》賢，勞也。王觀察《疏證》曰：『《詩》我從事獨賢。《孟子》引而釋之曰，此莫非王事，我獨賢勞。賢亦勞也。賢勞猶言劬勞。故《毛傳》曰：賢勞也。』《鹽田‧地廣篇》亦曰：『《詩》云：莫非王事而我獨勞。刺不均也。《鄭箋》、《趙注》竝以賢為賢才，失其義矣。』今按『序』曰：『役使不均，己勞於從事。』即本詩『大夫不均，我從事獨賢』為說。正以賢為勞也。」〔註 226〕

故此，《北山》一詩是諷幽王無道，而第二章是指整個家的人都生活在不公之中，猶以勞於國事為甚。

此詩並非孟子本人所引述，而是孟子的學生咸丘蒙引用《北山》第二章第一至四句與孟子討論舜與瞽瞍的關係。咸丘蒙認為此四句詩是指全國上下的百姓都是君王的臣民，為甚麼舜的父親身份卻不是舜的臣民。孟子指出這首詩的原意不是這樣，孟子答咸丘蒙謂：「是詩也，非是之謂也，勞於王事而不得養父母也。曰：此莫非王事，我獨賢勞也。」〔註 227〕孟子首先澄清此詩之意，

〔註 222〕〔清〕焦循：《孟子正義》，北京：中華書局，下冊，第 637 頁。

〔註 223〕《毛詩正義》，北京：中華書局影印〔清〕阮元刻《十三經注疏》本，第十三卷之一，第十九頁，總第一冊，第 994 頁。

〔註 224〕《毛詩正義》，北京：中華書局影印〔清〕阮元刻《十三經注疏》本，第十三卷之一，第十九頁，總第一冊，第 994 頁。

〔註 225〕《毛詩正義》，北京：中華書局影印〔清〕阮元刻《十三經注疏》本，第十三卷之一，第十九頁，總第一冊，第 994 頁。

〔註 226〕〔清〕馬瑞辰：《毛詩傳箋通釋》，臺北：廣文書局，1971 年，第 212 頁。

〔註 227〕《孟子注疏》，北京：中華書局影印〔清〕阮元刻《十三經注疏》本，第九卷上，第十頁，總第五冊，第 5950 頁。

是指幽王時代，百姓的生活受到嚴重的打擊，為了服務國家而無法從事生產，以致不能養活父母。孟子隨即把此詩第二章的第五至六句的意思講解，指出此詩的真正目的。

據孟子與咸丘蒙的對答，看到孟子對於辯論的嚴謹態度，引用經書必須兼顧上文下理，不可以斷章取義。

七、引用《甫田之什・大田》考

理氏引用《詩經》說明《孟子》之言出自《大田》。《滕文公上》第三章第九節：「《詩》云：『雨我公田，遂及我私。』」〔註 228〕

理雅各《孟子》英譯本注云：「See the *Shih-ching* II. Vi. Ode VIII. St. 3, a description of husbandry under the Châu dynasty.」〔註 229〕理氏謂，《孟子》在此章所引詩句，出自《詩經・小雅・甫田之什・大田》第三章，是講周代的農業。

《大田》之詩，阮刻《詩經》是置於《甫田之什》第二首，〔註 230〕朱熹《詩集傳》則屬於《北山之什》第八首。〔註 231〕阮刻《詩經》與朱熹《詩集傳》章句都是「大田，四章，二章章八句，二章章九句。」〔註 232〕《孟子》所引者，是第三章第三至四句。茲將《詩經・小雅・甫田之什・大田》第三章全章列出：「有渰萋萋，興雨祈祈，雨我公田，遂及我私。彼有不穫穉，此有不斂穧；彼有遺秉，此有滯穗，伊寡婦之利。」〔註 233〕

「雨我公田，遂及我私。」是形容百姓先公後私的態度。鄭玄《毛詩箋》云：「古者陰陽和，風雨時。其來祈祈，然而不暴疾。其民之心，先公後私，令天主雨於公田，因及私田爾。此言民怙君德，蒙其餘惠。」〔註 234〕朱熹《詩集傳》云：「公田者，方里而井，井九百畝，其中為公田，八家皆私百畝，而

〔註 228〕《孟子注疏》，北京：中華書局影印〔清〕阮元刻《十三經注疏》本，第五卷上，第七頁，總第五冊，第 5877 頁。

〔註 229〕James Legge, *The Works of Mencius*, p.242.

〔註 230〕《毛詩正義》，北京：中華書局影印〔清〕阮元刻《十三經注疏》本，第十四卷之一，第十三至十八頁，總第一冊，第 1022～1024 頁。

〔註 231〕〔宋〕朱熹：《詩集傳》，香港：中華書局，第 157～158 頁。

〔註 232〕《毛詩正義》，北京：中華書局影印〔清〕阮元刻《十三經注疏》本，第十四卷之一，第十八頁，總第一冊，第 1024 頁。〔宋〕朱熹：《詩集傳》，香港：中華書局，第 158 頁。

〔註 233〕《毛詩正義》，北京：中華書局影印〔清〕阮元刻《十三經注疏》本，第十四卷之一，第十六至十七頁，總第一冊，第 1023～1024 頁。

〔註 234〕《毛詩正義》，北京：中華書局影印〔清〕阮元刻《十三經注疏》本，第十四卷之一，第十六至十七頁，總第一冊，第 1023～1024 頁。

同養公田也。……言農夫之心先公後私，故望此雲雨而曰：天其雨我公田，而遂及我之私田乎。冀怙君德而蒙其餘惠。」〔註 235〕

《孟子》引用此詩，目的是向滕文公說明周朝的稅法——助法。《滕文公上》第三章第九節全節云：「《詩》云：『雨我公田，遂及我私。』惟助為有公田。由此觀之，雖周亦助也。」〔註 236〕傅佩榮《孟子新解》云：

> 下雨時，先把公田照顧好，因為收成的時候，如果公田的收成比不上其他八家的話，要追究責任，公田沒有管好是要處罰的。這說明公家的事大家要認真去做。所以孟子接著說：「唯助為有公田。」由此觀之，雖周亦助也。〔註 237〕

有效推行稅制，百姓就會公私兼顧。孟子所注重者，不單單是稅制，更是人民的心態，天公下雨，那裏有公私之分，只是國家百姓主觀願望天雨先下在公田再下到私田，《大田》之詩與《孟子》都注重人民心態，先公後私，百姓必須先重視國家，看重公眾利益，其次才是私人利益，這樣才會有支持國家的百姓。

第三節　引用《大雅》文獻考

一、引用《文王之什・文王》考

理氏一共三次引用此詩來解釋《孟子》。《文王》一詩，《毛詩》置之於《大雅・文王之什》之首位，章句是「七章，章八句。」〔註 238〕《詩集傳》亦置此詩於《大雅・文王之什》之首位，章句同是「七章，章八句。」〔註 239〕

（一）

理氏引用《詩經》指出《孟子》所引詩是《文王》。《公孫丑上》第四章第六節云：「《詩》云：『永言配命，自求多福。』」〔註 240〕

〔註 235〕〔宋〕朱熹：《詩集傳》，香港：中華書局，第 158 頁。
〔註 236〕《孟子注疏》，北京：中華書局影印〔清〕阮元刻《十三經注疏》本，第五卷上，第七至八頁，總第五冊，第 5877 頁。
〔註 237〕傅佩榮：《孟子新解》，上冊，第 238 頁。
〔註 238〕《毛詩正義》，北京：中華書局影印〔清〕阮元刻《十三經注疏》本，第十六卷之一，第一至十四頁，總第一冊，第 1081～1087 頁。
〔註 239〕〔宋〕朱熹：《詩集傳》，香港：中華書局，第 175～177 頁。
〔註 240〕《孟子注疏》，北京：中華書局影印〔清〕阮元刻《十三經注疏》本，第三卷下第二頁，總第五冊，第 5849 頁。

理雅各《孟子》英譯本注云：「For the ode see the *Shih-ching*, III. I Ode I. st. 6. 言—念『to think of.』」〔註 241〕理氏謂此詩出自《詩經‧大雅‧文王之什‧文王》第六章，「言」意思是「念」。

《孟子》所引者是此詩第六章第三至四句，茲引述《詩經‧大雅‧文王之什‧文王》第六章：「無念爾祖，聿脩厥德。永言配命，自求多福。殷之未喪師，克配上帝。宜鑒于殷，駿命不易。」〔註 242〕

理氏認為《孟子》所引的「永言配命，自求多福」，「言」是念的意思。他的《詩經》英譯本此兩句的翻譯是「Always striving to accord with the will [of Heaven].」〔註 243〕意謂「永遠地努力配合上天的意旨。」其《詩經》英譯本注解則說：「言，is the particle.」〔註 244〕他的《孟子》英譯本就把此兩句譯作「Be always studious to be in harmony with the ordinances of God.」〔註 245〕意謂「永遠地用功於與上帝的法則和諧一致。」由理氏的《詩經》英譯本與《孟子》英譯本而論，《文王》之詩此句的英譯意義相去不遠。但他的《詩經》英譯本解「言」是「particle」意即「放在動詞後副詞小詞」〔註 246〕但《孟子》英譯本注解則解「言」是「念」，變成了動詞，兩個解釋並不協調，但「striving」與「studious」都有努力、用功的意思。可見理氏對「言」字的翻譯與注解有不協調的地方。

按照《毛詩》的傳統，「言」是解作「我」《毛傳》云：「永，長。言，我也。我長配天命而行，爾庶國亦當自求多福。」〔註 247〕陳奐《詩毛氏傳疏》云：「訓言為我，與《葛覃》、《泉水》、《彤弓》同。《下武》『永言配命』，《箋》『永，長。言，我也。正本此傳。』」〔註 248〕「言」解作「我」，段玉裁：《說文解字注》認為是方俗之語言，其云：「《爾雅》、《毛傳》言，我也。此於雙聲

〔註 241〕James Legge, *The Works of Mencius*, p.198~199.

〔註 242〕《毛詩正義》，北京：中華書局影印〔清〕阮元刻《十三經注疏》本，第十六卷之一，第十三頁，總第一冊，第 1087 頁。

〔註 243〕James Legge, *The She King*, p.431.

〔註 244〕James Legge, *The She King*, p.431.

〔註 245〕James Legge, *The Works of Mencius*, p.199.

〔註 246〕《牛津高楷英漢雙解詞典》，香港：牛津大學出版社，第四版修訂增補本，2002 年，第 1069 頁。

〔註 247〕《毛詩正義》，北京：中華書局影印〔清〕阮元刻《十三經注疏》本，第十六卷之一，第十三頁，總第 1087 頁。

〔註 248〕陳奐：《詩毛氏傳疏》，下冊，第 647 頁。

得之，本方俗語言也。」〔註 249〕朱駿聲《說文通訓定聲》指出《詩經》有很多「言」解作「我」的例子，其云：「《爾雅・釋詁》言，我也。……《傳》于《葛覃》、《彤弓》、《文王》三詩，訓我。《箋》于《采蘩》至《載見》十七詩訓我。」〔註 250〕可見《毛傳》、《鄭箋》解「言」為「我」的例子頗多。理氏解「言」為「念」，並無解釋此意之來源。朱熹《詩集傳》解此兩句云：「而又常自省察，使其所行無不合於天理，則盛大之福，自我致之。」〔註 251〕朱熹也接納《毛傳》的意思。理氏在《詩經》與《孟子》對「言」字解釋並不一致，其解釋頗值商榷。

《毛傳》之解釋，外表看來有點古怪，但細看卻頗有深意。此詩是告誡周成王之詩，《詩集傳》云：「周公追述文王之德，明周家所以受命而代商者，皆由於此，以戒成王。」〔註 252〕第五章首兩句云：「侯服于周，天命靡常。」〔註 253〕是說殷商之後人臣服於周，是出於天命，然天命不是永恆如此的，天命沒有永遠保護殷，也不會永遠保護周。至第六章首兩句是「無念爾祖，聿修厥德。」孔穎達《毛詩正義》認為：「毛以為作者戒成王，既無不念爾祖文王進臣之法，當述而脩行其德。」〔註 254〕是勸誡成王學習並實行祖先的德行，第六章第三至四句是「永言配命，自求多福。」孔穎達《毛詩正義》又云：「王當云，長我當為之者，我所配天命而行也，又當告庶國，云爾庶國亦當自求多福，言勤修德教，福自歸之。」〔註 255〕孔穎達亦順應《毛傳》之解釋。楊伯峻《孟子譯注》云：「言我周朝之命與天命相配。〔註 256〕」此兩句有承上啟下之作用，一是告誡成王，能永遠配合天命者，乃在於勤脩行，可云上應「天命靡常」之句，庶國亦可自求多福，說明天命之靡常，脩德求天命者自會配天

〔註 249〕〔漢〕許慎著，〔清〕段玉裁注：《說文解字注》，第三篇上，第七頁，總第 89 頁。

〔註 250〕〔清〕朱駿聲：《說文通訓定聲》，乾部第十四，第六十一頁，總第 731 頁。

〔註 251〕〔宋〕朱熹：《詩集傳》，香港：中華書局，第 176 頁。

〔註 252〕〔宋〕朱熹：《詩集傳》，香港：中華書局，第 175 頁。

〔註 253〕《毛詩正義》，北京：中華書局影印〔清〕阮元刻《十三經注疏》本，第十六卷之一，第十一頁，總第一冊，第 1086 頁。

〔註 254〕《毛詩正義》，北京：中華書局影印〔清〕阮元刻《十三經注疏》本，第十六卷之一，第十三頁，總第一冊，第 1087 頁。

〔註 255〕《毛詩正義》，北京：中華書局影印〔清〕阮元刻《十三經注疏》本，第十六卷之一，第十三頁，總第一冊，第 1087 頁。

〔註 256〕楊伯峻：《子孟子譯注》，第 76 頁。

命，是故此句可以下啟「殷之未喪師，克配上帝」二句，表示殷紂之前，殷商未喪失天下之時，是可以配天而行。〔註 257〕亦表示出，周若不能脩德行道，亦會像殷一樣失敗而亡。

「言」解作「我」，涵有深刻自我反省的意義，解作「念」便削弱了自我反省的意思。所以，《毛傳》之解釋，是顧及了全詩的意義，又表達出周公如何勸誡成王，配天命不是周之專利。理氏之解釋，未能顧及整首詩的意義。

《孟子》引述《詩經》此詩時，似與《毛傳》的解釋有所不同，茲將《孟子》此句之上文一併列出，《公孫丑上》第四章第五至六節云：「禍福無不自己求之者。《詩》云：『永言配命，自求多福。』」「自求多福者」，依《孟子》的上文而言，是指求福者自己而言，其意是說「我們永遠要與天命相配，自己去尋求更多的幸福。」〔註 258〕在此可見，《孟子》相當強調人的行為與意志，天命雖然沒有永恆不變的選擇，但人可以藉配合天命而行，福就會降臨，足見人可以改變天意的思想，個人的禍、福都是自己做事的結果。

（二）

理氏引用《詩經》說明《孟子》的引述源出《文王》。《滕文公上》第三章第十二節：「《詩》云：『周雖舊邦，其命維新。』」〔註 259〕

理雅各《孟子》英譯本注云：「See the *Shih-ching*, III. i. Ode I. st. I. 其命『the appointment,』i. e. which lighted on it from Heaven.」〔註 260〕理氏意謂，此兩句出自《詩經．大雅．文王之什．文王》第一章，其命——任命，是從天而來的任命。

茲將《詩經．大雅．文王之什．文王》第一章列出：「文王在上，於昭于天。周雖舊邦，其命維新。有周不顯，帝命不時。文王陟降，在帝左右。」〔註 261〕

《孟子》所引者是第三至四節「周雖舊邦，其命維新。」舊邦者，是指太王所立之國。維新者，指文王是天命所歸，為周國帶來新發展，《毛傳》云：

〔註 257〕《毛詩正義》，北京：中華書局影印〔清〕阮元刻《十三經注疏》本，第十六卷之一，第十三頁，總第一冊，第 1087 頁。

〔註 258〕楊伯峻：《孟子譯注》，第 76 頁。

〔註 259〕《孟子注疏》，北京：中華書局影印〔清〕阮元刻《十三經注疏》本，第五卷上，第八頁，總第五冊，第 5877 頁。

〔註 260〕James Legge, *The Works of Mencius*, p.243.

〔註 261〕《毛詩正義》，北京：中華書局影印〔清〕阮元刻《十三經注疏》本，第十六卷之一，第六頁，總第一冊，第 1083 頁。

「乃新在文王也。」〔註262〕鄭玄《毛詩箋》云：『大王聿來胥宇，而國於周，王迹起矣，而未有天命。至文王而受命，言新者，美之也。』」〔註263〕朱熹《詩集傳》云：

> 周公追述文王之德，明周家所以受命而代商者，皆由於此，以戒成王。此章言文王既沒、而其神在上、昭明于天。是以周邦雖自后稷始封，千有餘年，而其受天命，則自今始也。夫文王在上而昭于天，則其德顯矣。周雖舊邦，而命則新，則其命時矣。〔註264〕

《孟子》引用此詩，是勸誡滕文公學習周文王勵精圖治，為國家帶來新的國運，《滕文公上》第三章第十二節全節：「《詩》云：『周雖舊邦，其命維新。』文王之謂也。子力行之，亦以新子之國。」〔註265〕孟子是給滕文公挑戰，一個國家需要提振新的精神，才出現新的氣象。〔註266〕張居正《四書集註闡微直解》云：「可見修德行仁，不論國之大小，但恐不能行耳矣。誠能銳然以三代之治為必可復，奮發而力行之，則人心咸悅，天命自歸，亦可以建興王之業，而新子之國矣。」〔註267〕

孟子提倡的革新精神，是以歷史文化為根基，孟子沒有否定舊文化的意義。仁政王道乃根據深厚的歷史根源發展出來，並非憑空杜撰。社會的實際情況變化無窮，只要按實際情況行仁政，國家便會有新氣象。

（三）

理氏引用《詩經》指《孟子》的引述來自《文王》。《離婁上》第七章第五節：「《詩》云：『商之孫子，其麗不億。上帝既命，侯于周服。侯服于周，天命靡常。殷士膚敏，祼將于京。』孔子曰：『仁不可以為眾也，夫國君好仁，天下無敵。』」〔註268〕

〔註262〕《毛詩正義》，北京：中華書局影印〔清〕阮元刻《十三經注疏》本，第十六卷之一，第六頁，總第一冊，第1083頁。

〔註263〕《毛詩正義》，北京：中華書局影印〔清〕阮元刻《十三經注疏》本，第十六卷之一，第六頁，總第一冊，第1083頁。

〔註264〕〔宋〕朱熹：《詩集傳》，香港：中華書局，第175頁。

〔註265〕《孟子注疏》，北京：中華書局影印〔清〕阮元刻《十三經注疏》本，第五卷上，第八頁，總第五冊，第5877頁。

〔註266〕傅佩榮：《孟子新解》，上冊，第239頁。

〔註267〕〔明〕張居正：《四書集註闡微直解》，第十八卷，第十五頁，總第537頁。

〔註268〕《孟子注疏》，北京：中華書局影印〔清〕阮元刻《十三經注疏》本，第七卷上，第十頁，總第五冊，第5913頁。

理雅各《孟子》英譯本注云：

> See the *Shih-ching*, III. i. Ode. L. stt. 4, 5.〔註 269〕不億＝不止於十萬, "not hundreds of thousands only." 侯于周服 is an inversion for 侯服于周. 侯 is here an introductory particle, ＝惟. 仁不可為眾 is to be understood as a remark of Confucius on reading the portion of the *Shih-ching* just quoted; —— "against a benevolent prince, like king Wăn, the myriads of the adherents of Shang ceased to be myriads. They would not act against him."〔註 270〕

理氏意謂，此詩句見《詩經．大雅．文王之什．文王》第四及第五章，不億即是不止於十萬，侯于周服是侯服于周的倒裝句，侯是引導性副詞小詞，等於惟。『仁不可為眾』是孔子閱讀此詩後的評論，原本無數反對像文王這種仁君者，殷商的支持者，轉而不再支持商，改為支持文王。

理雅各的《孟子》英譯本的中文原文，把「殷士膚敏」錯寫成「殷十膚敏」〔註 271〕而其《詩經》英譯本的中文原文就寫成「殷士膚敏」〔註 272〕

現將《詩經．大雅．文王之什．文王》第四至五兩章詩句引述如下：「穆穆文王，於緝熙敬止。假哉天命，有商孫子。商之孫子，其麗不億，上帝既命，侯于周服。侯服于周，天命靡常。殷士膚敏，祼將于京。厥作祼將，常服黼冔。王之藎臣，無念爾祖。」〔註 273〕

《孟子》所引之詩句是第四章第五至八句及第五章一至四句。「商之孫子，其麗不億，上帝既命，侯于周服。」此四句之意，《毛傳》云：「麗，數也。盛德不可為眾也。」〔註 274〕鄭玄《毛詩箋》云：「于，於也。商之孫子，甚數不徒億，多言之也。至天已命文王之後，乃為君於周之九服之中，言眾之不如德也。」〔註 275〕孔穎達《毛詩正義》云：「商之孫子，其數至多，不徒止於

〔註 269〕James Legge, *The Works of Mencius*, p.297~298.
〔註 270〕James Legge, *The Works of Mencius*, p.298.
〔註 271〕James Legge, *The Works of Mencius*, p.298.
〔註 272〕James Legge, *The She King*, p.430.
〔註 273〕《毛詩正義》，北京：中華書局影印〔清〕阮元刻《十三經注疏》本，第十六卷之一，第十至十一頁，總第一冊，第 1085～1086 頁。
〔註 274〕《毛詩正義》，北京：中華書局影印〔清〕阮元刻《十三經注疏》本，第十六卷之一，第十頁，總第一冊，第 1085 頁。
〔註 275〕《毛詩正義》，北京：中華書局影印〔清〕阮元刻《十三經注疏》本，第十六卷之一，第十頁，總第一冊，第 1085 頁。

一億而已，言其數過億也。雖有過億之數，以紂為惡之故，至於上帝，既命文王之後，維歸於周而臣服之，明文王盛德之至也。」〔註 276〕朱熹《詩集傳》云：「麗，數也。不億，不止於億也。侯，維也。……蓋商之孫子，其數不止於億，然以上帝之命集於文王，而今皆維服於周矣。」〔註 277〕據孔穎達《禮記正義》所載，「億」有大小兩個數值，小是「十萬」，大是「萬萬」〔註 278〕楊伯峻《孟子譯注》認為此處的「億」是解作十萬。〔註 279〕理氏亦跟從此說。可見此四句詩文，是說商的子孫雖然超過十萬之多，但是當文王有盛大德行的仁政措施，上天之命又集於文王身上，商的子孫唯有臣服在周王之下。

然而，據此詩第五章第一至四句「侯服于周，天命靡常。殷士膚敏，祼將于京。」來看，此詩有更深層的意思，此詩的目的不僅是贊美文王，而且是藉殷商的子民臣服於周的例子，說明天命不是永恆不變的，做人君抑或做人臣，乃在乎德行的影響，《鄭箋》云：「無常者，善則就之，惡則去之。殷之臣壯美而敏，來助周祭。其助祭，自服殷之服，明文王以德不以強。」〔註 280〕朱熹《詩集傳》云：

> 言商之孫子而侯服于周，以天命之不可常也。故殷之士助祭於周京而服商之服也。……劉向曰：孔子論詩，至於殷士膚敏，祼將于京，喟然嘆曰：大哉天命，善不可不傳於後嗣，是以富貴無常，蓋傷微子之事周，而痛殷之亡也。〔註 281〕

解《詩經》者，注重文王之德行，強調以德服眾而非以力服眾。《孟子》引述此詩文時，是注重文王之仁，指其是有仁德之君，因而會天下無敵，民心所歸。所以，在引述這詩之後，再引用孔子之言解之，「孔子曰：『仁不可以為眾也，夫國君好仁，天下無敵。』」〔註 282〕孟子藉此詩文說明，不要以國力之

〔註 276〕《毛詩正義》，北京：中華書局影印〔清〕阮元刻《十三經注疏》本，第十六卷之一，第十頁，總第一冊，第 1085 頁。

〔註 277〕〔宋〕朱熹：《詩集傳》，香港：中華書局，第 176 頁。

〔註 278〕《禮記正義》，北京：中華書局影印〔清〕阮元刻《十三經注疏》本，嘉慶二十年江西南昌府學開雕版，2009 年，第二十七卷，第一頁，總第三冊，第 3165 頁。

〔註 279〕楊伯峻：《孟子譯注》，上冊，第 169 頁。

〔註 280〕《毛詩正義》，北京：中華書局影印〔清〕阮元刻《十三經注疏》本，第十六卷之一，第十一頁，總第一冊，第 1086 頁。

〔註 281〕〔宋〕朱熹：《詩集傳》，香港：中華書局，第 176 頁。

〔註 282〕《孟子注疏》，北京：中華書局影印〔清〕阮元刻《十三經注疏》本，第七卷上，十頁，總第五冊，第 5913 頁。

大小與其他國家比較，應該以仁政與其他國家比較，只要行仁政，即使小國也可勝於大國。

二、引用《文王之什・緜》考

理氏一共引用此詩三次來解釋《孟子》引文的出處。阮刻《十三經注疏・詩經・綿》之詩置於《文王之什》，〔註 283〕朱熹《詩集傳》亦相同。〔註 284〕阮刻本此詩是九章，每章六句。〔註 285〕朱熹《詩集傳》章句亦相同。〔註 286〕

（一）

理氏引《詩經》指《孟子》之言出自《綿》。《梁惠王下》第三章第一節：「文王事昆夷。」〔註 287〕

理雅各《孟子》英譯本注云：「Both Châo Ch'î and Chû Hsî make reference to the *Shih-ching* III, i. Ode III. St. 8; but what is there said would seem to be of things antecedent to king Wan.」〔註 288〕理氏意謂趙岐與朱熹都認為《孟子》所言是出於《詩經・大雅・文王之什・綿》第八節，但這首詩所說的事，應該發生在文王之前。

茲引《詩經・大雅・文王之什・綿》之言云：「混夷駾矣，維其喙矣。」〔註 289〕

《綿》的「混夷」，《孟子》作「昆夷」。據阮元《十三經注疏校勘記》云：「閩、監、毛三本同。音義、石經、廖本、孔本、韓本作混夷。按《詩・綿》混九兑矣。《皇矣》《箋》患夷即混夷。與此經正合。作昆非也。」〔註 290〕故此應該作「混夷」。

〔註 283〕《毛詩正義》，北京：中華書局影印〔清〕阮元刻《十三經注疏》本，第十六卷之二，第十二至二十五頁，總第一冊，第 1095～1102 頁。

〔註 284〕〔宋〕朱熹：《詩集傳》，香港：中華書局，第 179～181 頁。

〔註 285〕《毛詩正義》，北京：中華書局影印〔清〕阮元刻《十三經注疏》本，第十六卷之二，第二十五頁，總第一冊，第 1102 頁。

〔註 286〕〔宋〕朱熹：《詩集傳》，香港：中華書局，第 181 頁。

〔註 287〕《孟子注疏》，北京：中華書局影印〔清〕阮元刻《十三經注疏》本，第二卷上，第六頁，總第五冊，第 5817 頁。

〔註 288〕James Legge, *The Works of Mencius*, p.155.

〔註 289〕《毛詩正義》，北京：中華書局影印〔清〕阮元刻《十三經注疏》本，第十六卷之二，第二十二頁，總第一冊，第 1100 頁。

〔註 290〕《孟子注疏》，北京：中華書局影印〔清〕阮元刻《十三經注疏》本，卷二上《校勘記》，第一至二頁，總第五冊，第 5824 頁。

趙岐《孟子注》云：「《詩》云：『昆夷兑矣，唯其喙矣。』謂文王也，是則聖人行仁政，能以大事小者也。」〔註 291〕趙岐並沒有說明是哪一首詩，而引述則有三字不同。朱熹《詩集傳》云：「文王事見《詩・大雅》。」〔註 292〕也沒有說明是哪一首詩。但二者都說明《綿》之詩第八章是說文王之事，唯理氏則認為此詩所講之事是在文王之前。鄭玄《毛詩箋》解《綿》此章云：「混夷，夷狄國也。見文王之使者，將士眾過已國，則惶怖驚走奔突，入此柞棫之中而逃，甚困劇也。是之謂伐混夷，太王避狄，文王伐混夷，成道興國，其志一也。」〔註 293〕朱熹《詩集傳》云：「八章言至文王而服混夷。」眾解《詩經》者都認為此章乃說文王之事，理氏云此章所言之事，乃於文王之前，此言不知何據。

然而，理氏並沒有留意，《孟子》整節經文是說：「惟仁者，能以大事小，是故湯事葛，文王事昆夷。」〔註 294〕若以鄭、朱二人所解，則文王威服昆夷，與《孟子》所講的以大事小之意不合。在此應依焦循《孟子正義》之說：

> 依《鄭箋》，此言文王伐昆夷，不可為「以大事小」之證。《詩正義》引《帝王世紀》云：「文王受命四年，周正丙子，混夷伐周，一日三至周之東門，文王閉門脩德，而不與戰。王肅同其說，以申毛義，以為柞棫生柯、葉拔然時，混夷伐周。」推此，則《詩》言「肆不殄厥慍，亦不隕厥問」，謂混夷伐周奔突，而周為之困如此。文王雖不絕慍怒，然且使聘問而不廢交鄰之禮，是正文王事昆夷之事，故趙氏引詩以證。〔註 295〕

孟子的意思，是說只有仁愛的人，才會用大國的身份服事小國，商湯服事葛，文王服事昆夷是最好的例子。〔註 296〕

（二）

理氏引用《詩經》指《孟子》的引文來自《綿》。《梁惠王下》第五章第五節：「《詩》云：『古公亶父，來朝走馬，率西水滸，至于岐下；爰及姜女，聿

〔註 291〕《孟子注疏》，北京：中華書局影印〔清〕阮元刻《十三經注疏》本，第二卷上，第六頁，總第五冊，第 5817 頁。

〔註 292〕〔宋〕朱熹：《四書集註・孟子集註》，第一卷，第十九頁。

〔註 293〕《毛詩正義》，北京：中華書局影印〔清〕阮元刻《十三經注疏》本，第十六卷之二，第二十二頁，總第一冊，第 1100 頁。

〔註 294〕《孟子注疏》，北京：中華書局影印〔清〕阮元刻《十三經注疏》本，第二卷上，第六頁，總第五冊，第 5817 頁。

〔註 295〕〔清〕焦循：《孟子注疏》，北京：中華書局，上冊，第 111 頁。

〔註 296〕楊伯峻：《孟子譯注》，上冊，第 31 頁。

來胥宇。』」〔註 297〕

理雅各《孟子》英譯本注云：

> The king T'âi (see the *Doctrine of the Mean*, chap, xviii) was the ninth in descent from Kung Liû, by name Tan-fû (in 3rd tone). He removed from Pin to Ch'i, as is celebrated in the ode, *Shih-ching*, III. i. Ode III. St. 2. 古公＝先公, "the ancient duke," T'an-fû's title, before it was changed into 大王, "the king, or sovereign, T'âi."〔註 298〕

理氏之意是：太王（參考《中庸》第十八章）是公劉第九代孫，名亶父，他由豳遷到岐，就如《詩經・大雅・文王之什・綿》的贊美所說的，古公即是先公，亶父是他被稱為太王之前的稱號。

《孟子》所引，是此詩的第二章，茲引述《詩經・大雅・文王之什・綿》第二章云：「古公亶父，來朝走馬，率西水滸，至于岐下。爰及姜女，聿來胥宇。」〔註 299〕

《綿》之原文與《孟子》之引述，毫無分別。此詩之《序》云：「綿，文王之興，本由大王也。」〔註 300〕孔穎達《毛詩正義》云：「太王作王業之本，文王得因之以興。今見文王之興，本其上世之事，所以美太王也。」〔註 301〕可見此詩乃是贊美古公亶父，即周代之太王之詩。

第二章之意，《毛傳》云：「率，循也。滸，水厓也。姜女，大姜也。胥，相。宇，居也。」〔註 302〕鄭玄《毛詩箋》云：「來朝走馬，言其辟惡早且疾也。循西水厓，沮漆水側也。爰，於。及，與。聿，自也。於是與其妃大姜，自來相可居者，著大姜之賢智也。」〔註 303〕朱熹《詩集傳》引《孟子》解此章云：

〔註 297〕《孟子注疏》，北京：中華書局影印〔清〕阮元刻《十三經注疏》本，第二卷上，第十五頁，總第五冊，第 5822 頁。

〔註 298〕James Legge, *The Works of Mencius*, p.163~164.

〔註 299〕《毛詩正義》，北京：中華書局影印〔清〕阮元刻《十三經注疏》本，第十六卷之二，第十五至十六頁，總第一冊，第 1097 頁。

〔註 300〕《毛詩正義》，北京：中華書局影印〔清〕阮元刻《十三經注疏》本，第十六卷之二，第十二頁，總第一冊，第 1095 頁。

〔註 301〕《毛詩正義》，北京：中華書局影印〔清〕阮元刻《十三經注疏》本，第十六卷之二，第十六頁，總第一冊，第 1097 頁。

〔註 302〕《毛詩正義》，北京：中華書局影印〔清〕阮元刻《十三經注疏》本，第十六卷之二，第十六頁，總第一冊，第 1097 頁。

〔註 303〕《毛詩正義》，北京：中華書局影印〔清〕阮元刻《十三經注疏》本，第十六卷之二，第十六頁，總第一冊，第 1097 頁。

> 《孟子》曰：太王居邠，狄人侵之、事之以皮幣珠玉犬馬而不得免。乃屬其耆老而告之曰，狄人之所欲者、吾土地也。吾聞之也，君子不以其所以養人者害人。二三子何患乎無君，我將去之。去邠、踰梁山，邑於岐山之下居焉。邠人曰，仁人也，不可失也。從之者如歸市。〔註 304〕

孟子引用《綿》詩是藉古公亶父之事蹟，勸勉齊宣王，《孟子》整段經文是：

> 王曰：「寡人有疾，寡人好色。」對曰：「昔者太王好色，愛厥妃。《詩》云：『古公亶父，來朝走馬，率西水滸，至于岐下；爰及姜女，聿來胥宇。』當是時也，內無怨女，外無曠夫。王如好色，與百姓同之，於王何有？」〔註 305〕

孟子引用此詩，是經過其闡釋的，當是時，太王離開了其邠地的百姓，帶同其妃子一同遷居岐山之下。孟子就藉太王愛其妃子的這個是行為作例子，勸導齊宣王學古公亶父，用愛妃子的行為，以身作則，為社會帶來美滿的婚姻生活。這樣，對於實行王政來統一天下，是沒有什麼困難的。〔註 306〕

孟子認為古公亶父因為愛他的妃子，帶他到岐山下安居。孟子很技巧地把齊宣王「好色」的講法，轉為愛護妃子的意思，又藉這愛護妃子的例子轉移至推己及人，使社會人人愛其妻子。由此可見孟子的辯才。孟子隨時隨地都可以按照實際情況，引用古代的例子，加強他辯論的說服力。齊宣王提出諸多理由暗示其不行仁政，自認「好色」就是其中一個理由，孟子便引用太王好色的例子勸齊宣王實行與民好色，人人愛護其妻子。由此可見，孟子的辯才是建基於豐富的歷史知識。

（三）

理氏引《詩經》指出《孟子》所引詩文源自《柏舟》與及《緜》。《盡心下》第十九章第三節：「貉稽曰：『稽大不理於口。』孟子曰：『無傷也。士憎茲多口。《詩》云：憂心悄悄，慍于羣小，孔子也。肆不殄厥慍，亦不隕厥問，文王也。』」〔註 307〕

〔註 304〕〔宋〕朱熹：《詩集傳》，香港：中華書局，第 179 頁。

〔註 305〕《孟子注疏》，北京：中華書局影印〔清〕阮元刻《十三經注疏》本，第二卷上，第十四至十五頁，總第五冊，第 5821～5822 頁。

〔註 306〕楊伯峻：《孟子譯注》，上冊，第 38 頁。

〔註 307〕《孟子注疏》，北京：中華書局影印〔清〕阮元刻《十三經注疏》本，第十四卷上，第九頁，總第五冊，第 6038 頁。

理雅各《孟子》英譯本注云：

> For the first quotation, see the *Shih-ching*, I. iii. Ode I. st.4, a description of her condition by the ill-used wife of one of the dukes of Wei (according to Chû Hsî), and which *Mencius* somewhat strangely would apply to Confucius. For the second, see III. i. Ode III. St. 8, descriptive of the king T'âi, though applied to Wăn. 問 is in the sense of 聞 "report", "reputation".〔註 308〕

理氏意謂，第一段引述，見《詩經・國風・邶風・柏舟》第四章，據朱熹之意，是衛國一個大夫的夫人，心中憂思而說出自己的境況，但《孟子》奇怪地引此詩以喻孔夫子。第二段引述，見《詩經・大雅・文王之什・緜》第八章，此詩是講述太王之事蹟，但卻應用在文王身上。「問」意即「聞」，可解作報告、名譽。

《緜》一詩，《毛詩》與朱熹《詩集傳》都將此詩置於《詩經・大雅・文王之什》第三首，〔註 309〕二者之章句都是「緜九章，章六句。」〔註 310〕

理氏認為此詩講述的是太王之事蹟，但卻應用在文王身上（descriptive of the king T'âi，though applied to Wăn.）是採納了朱熹的講法，《四書集註・孟子集註》云：「本言大王事昆夷，雖不能殄絕其慍怒，亦不自墜其聲問之美。孟子以為文王之事可以當之。」〔註 311〕《毛詩序》云：「《緜》，文王之興，本由大王也。」〔註 312〕《毛傳》追溯文王事的歷史本源，朱熹的講法是從《毛傳》轉化而來。朱熹《詩集傳》則認為此詩是「周公戒成王之詩也。」〔註 313〕

《孟子》所引者，是《緜》第八章第一至二句「肆不殄厥慍，亦不隕厥問」。理氏謂「問」意即「聞」，應是據朱熹《詩集傳》之言，朱熹謂「問，聞

〔註 308〕James Legge, *The Works of Mencius*, p.486~487.

〔註 309〕《毛詩正義》，北京：中華書局影印〔清〕阮元刻《十三經注疏》本，第十六卷之二，第十二至二十五頁，總第一冊，第 1095～1102 頁，〔宋〕朱熹：《詩集傳》，香港：中華書局，第 179～181 頁。

〔註 310〕《毛詩正義》，北京：中華書局影印〔清〕阮元刻《十三經注疏》本，第十六卷之二，第二十五頁，總第一冊，第 1102 頁，〔宋〕朱熹：《詩集傳》，香港：中華書局，第 181 頁。

〔註 311〕〔宋〕朱熹：《四書集註・孟子集註》，影印怡府藏版，第七卷，第二十三頁。

〔註 312〕《毛詩正義》，北京：中華書局影印〔清〕阮元刻《十三經注疏》本，第十六卷之二，第十二頁，總第一冊，第 1095 頁。

〔註 313〕〔宋〕朱熹：《詩集傳》，香港：中華書局，第 179 頁。

通。」〔註314〕「問」與「聞」二字原本意義不同，許慎《說文解字》云：「問，訊也。从口，門聲。」〔註315〕段玉裁：《說文解字注》云：「言部曰：『訊，問也。引伸為禮之聘問。』」〔註316〕《說文解字》又云：「聞，知聲也。从耳，門聲。」〔註317〕段玉裁：《說文解字注》云：「往曰聽，來曰聞。《大學》曰：『心不在焉，聽而不聞。』引申之為令聞廣譽。」〔註318〕朱駿聲：《說文通訓定聲》云：「問……假借為聞，《詩・緜》：『亦不隕厥問。』《箋》說失之。《莊子・庚桑楚》：『因失吾問。』又《禮記・檀弓》：『問喪於夫子乎。』《漢書・禮樂志注》：『問，名也。』」〔註319〕朱熹謂「問」與「聞」通用，問字可假借作聞，按《說文》「聞」有二義，一是本義，謂知曉聲音；二是引伸之義，謂名聲名譽。是以《緜》詩之問字，可解作聲譽，名譽。趙岐《孟子注》亦主張此說云「不能殞失文王之善聲問也。」〔註320〕

理氏說「聞」有二義「report」報告、「reputation」名譽，「聞」確有「report 報告」之意，如《淮南子・主術訓》謂：「是故號令能下究，而臣情得上聞。」〔註321〕高誘注云：「聞，猶達也。」〔註322〕，然而此解釋與《緜》詩不合，理氏的注解似未能決定何義為合適。但理氏《孟子》英譯「亦不隕厥問」此句是「He did not let fall his own fame」，〔註323〕證明理氏採用了「聲譽」的意思。理氏的《詩經》英譯本也採用相同的翻譯。〔註324〕

《緜》之「肆不殄厥慍，亦不隕厥問」之意。《毛傳》云：「肆，故今也。

〔註314〕〔宋〕朱熹：《詩集傳》，香港：中華書局，第180頁。

〔註315〕〔漢〕許慎著，〔清〕段玉裁注：《說文解字注》，第二篇上，第十八頁，總第57頁。

〔註316〕〔漢〕許慎著，〔清〕段玉裁注：《說文解字注》，第二篇上，第十八頁，總第57頁。

〔註317〕〔漢〕許慎著，〔清〕段玉裁注：《說文解字注》，第十二篇上，第十七頁，總第592頁。

〔註318〕〔漢〕許慎著，〔清〕段玉裁注：《說文解字注》，第十二篇上，第十七頁，總第592頁。

〔註319〕〔清〕朱駿聲：《說文通訓定聲》，屯部第十五卷，第五十六頁，總第804頁。

〔註320〕《孟子注疏》，北京：中華書局影印〔清〕阮元刻《十三經注疏》本，第十四卷上，第九頁，總第五冊，第6038頁。

〔註321〕〔漢〕劉安著，高誘注：《淮南子注》，《諸子集成》本，1986年，第七冊，第140頁。

〔註322〕〔漢〕劉安著，高誘注：《淮南子注》，《諸子集成》本，第七冊，第140頁。

〔註323〕James Legge, *The Works of Mencius*, p.486.

〔註324〕James Legge, *The She King*, p.441.

慍，恚。隕，墜也。」〔註 325〕朱熹《詩集傳》云：「肆，故今也，猶言遂也，承上起下之辭。殄，絕。慍，怒。隕，墜也。問聞通，謂聲譽也。……言大王雖不能殄絕混夷之慍怒，亦不隕墜己之聲聞。蓋雖聖賢不能必人之不怒己，但不廢其自修之實矣。」〔註 326〕

孟子引用此首詩文，目的是回應貉稽的問題。貉稽對孟子說：「稽大不理於口。」猶言不順於人口，即被別人說得很壞。〔註 327〕孟子的回應就是，止謗不如自修，受到別人批評，並沒有值得擔心之處，孔子與周文王也不能避免被人誹謗，努力修養自己才是正確的做人之道，〔註 328〕張居正《四書集註闡微直解》云：

> 昔貉稽問於孟子，說：「人之譽望顯揚，本賴於眾口，今稽每遭人之訕謗，是於眾口甚無所利賴也，奈何？」蓋未免有尤人之意，而不知自反。故孟子答說：「毀譽由人不可必，修為在我所當盡，雖為眾口所訕何傷乎？夫為士者，道修而不能保其謗之不興，德高而不能必其毀之不來，較之常人，眾口之訕，愈益多耳。試把自古兩個聖人增茲多口的來說。孔子，聖人也。然在當時，上下無交，讒毀時有，或譏其棲棲為佞，或笑其纍纍無依。沮於晏嬰，毀于武叔，且不免見慍，而重為世道憂。那《邶風》上說：『憂心悄悄，慍於群小。』此孔子之謂也。文王，聖人也。然在當時，蒙難正志，明夷利貞，或多忌其文明，或卑訾其柔順，譖於崇侯，拘于羑裡，亦不免見慍，而終不為聖德累，那《緜詩》上說：『肆不殄厥慍，亦不隕厥問。』此文王之謂也。夫以文王、孔子之聖，而多口且如此，況其下者乎？」由是觀之，人患不能為孔子、文王耳。羣小之可憂慍怒之不殄固無傷也。子亦求盡其在我者而已，何以不理于口為病哉！〔註 329〕

孔子與文王都不能避免別人詆譭，孔子云：「人不知而不慍，不亦君子乎。」〔註 330〕此乃孔子的德性修養，孟子的思想是遠承孔子而來。

〔註 325〕《毛詩正義》，北京：中華書局影印〔清〕阮元刻《十三經注疏》本，第十六卷之二，第二十二頁，總第 1100 頁。
〔註 326〕〔宋〕朱熹：《詩集傳》，香港：中華書局，第 180 頁。
〔註 327〕楊伯峻：《孟子譯注》，下冊，第 330 頁。
〔註 328〕傅佩榮：《孟子新解》，下冊，第 328 頁。
〔註 329〕〔明〕張居正：《四書集註闡微直解》，第二十七卷，第十五頁，總第 734 頁。
〔註 330〕〔宋〕朱熹：《四書集註．論語集註》，第一卷，第一頁。

三、引用《文王之什・思齊》考

理氏引用《詩經》解釋《孟子》的引文來自《思齊》。《梁惠王上》第七章十二節：「《詩》云：『刑于寡妻，至于兄弟，以御于家邦』。」〔註331〕

理雅各《孟子》英譯本注云：「For the ode, see the *Shih-ching*, III. i. Ode VI. St. 2. The original celebrates the virtue of king Wan, and we must translate in the third person and not in the first.」〔註332〕理氏意謂，《詩》見《詩經・大雅・文王之什・思齊》，該詩原本是贊美文王的美德，所以在譯文中必須用『第三身』，而不是第一身。

《思齊》一詩，《毛詩》有兩種章句，其云：「思齊，四章，章六句。故言，五章，二章章六句，三章章四句。」〔註333〕但阮刻本分此詩為四章，每章六句。至於朱熹《詩集傳》則云：「思齊五章，二章章六句，三章章四句。」〔註334〕理氏《詩經》英譯本跟隨《詩集傳》之章句。〔註335〕而理氏《孟子》英譯本注所引的詩句，《毛詩》與《詩集傳》都是屬於第二章。

《詩經・大雅・思齊》第二章之詩文云：「惠于宗公，神罔時怨，神罔時恫。刑于寡妻，至于兄弟，以御于家邦。」〔註336〕《孟子》所引者，是第二章四至六句。此詩之《序》云：「思齊，文王所以聖也。」〔註337〕可見此詩是說文王之所以被稱為聖人的美德。《毛傳》云：「宗公，宗神也。恫，痛也。刑，法也。寡妻，適妻也。御，迎也。」〔註338〕鄭玄《毛詩箋》云：

> 惠，順也。宗公，大臣也。文王為政，咨於大臣，順而行之，故能當於神明，神明無是怨恚，其所行者無是痛傷，其將無有凶禍。寡妻，寡有之妻，言賢也。御，治也。文王以禮法接代其妻，至于

〔註331〕《孟子注疏》，北京：中華書局影印〔清〕阮元刻《十三經注疏》本，第一卷下，第四頁，總第五冊，第5808頁。

〔註332〕James Legge, *The Works of Mencius*, p.143.

〔註333〕《毛詩正義》，北京：中華書局影印〔清〕阮元刻《十三經注疏》本，第十六卷之三，第十七頁，總第一冊，第1114頁。

〔註334〕〔宋〕朱熹：《詩集傳》，香港：中華書局，第183頁。

〔註335〕James Legge, *The She King*, p.446~448.

〔註336〕《毛詩正義》，北京：中華書局影印〔清〕阮元刻《十三經注疏》本，第十六卷之三，第十二頁，總第一冊，第1111頁。

〔註337〕《毛詩正義》，北京：中華書局影印〔清〕阮元刻《十三經注疏》本，第十六卷之三，第十一頁，總第一冊，第1111頁。

〔註338〕《毛詩正義》，北京：中華書局影印〔清〕阮元刻《十三經注疏》本，第十六卷之三，第十二頁，總第一冊，第1111頁。

宗族，以此又能為政治于家邦也。《書》曰：「乃寡兄勗。」又曰：「越乃御事。」〔註 339〕

朱熹《詩集傳》云：「言文王順于先公，而鬼神歆之無怨恫者。其儀法內施於閨門，而至于兄弟，以御于家邦也。」〔註 340〕

可見《思齊》此章之主要意思是說文王之禮儀由妻子開始，推而廣之至兄弟與家邦。孟子就用此一道理，勸齊宣王將施於牛隻身上之恩，推而廣之至國家百姓身上。要了解《孟子》引用此詩句的意思，需要把其上下文連讀，茲列出《孟子・梁惠王上》第七章第十二節整節經文云：

> 老吾老以及人之老，幼吾幼以及人之幼，天下可運於掌。《詩》云：「刑于寡妻，至于兄弟，以御于家邦」，言舉斯心加諸彼而已。故推恩足以保四海，不推恩無以保妻子。古之人所以大過人者無他焉，善推其所為而已矣。今恩足以及禽獸，而功不至於百姓者，獨何與？〔註 341〕

孔子曰：「夫仁者，已欲立而立人，已欲達而達人。」〔註 342〕是推己及人的思想。孟子一貫的仁政思想，都強調推己及人，與民同樂的政策，此一政策，可由家中開始推動，然後以至於其他人士，由近而遠的推動到全國各地。孟子的仁政思想可謂上承《詩經》與孔子而發展出來，有其歷史淵源，理氏並未抓緊此點。

四、引用《文王之什・皇矣》考

理氏引用《詩經》說出《孟子》的引述來自《皇矣》。《梁惠王下》第三章第六節：「《詩》云：『王赫斯怒，爰整其旅，以遏徂莒，以篤周祜，以對于天下。』此文王之勇也。文王一怒而安天下之民。」〔註 343〕

理雅各《孟子》英譯本注云：「See the *Shih-ching*, III. I 0de VII. St. 5, where

〔註 339〕《毛詩正義》，北京：中華書局影印〔清〕阮元刻《十三經注疏》本，第十六卷之三，第十二頁，總第一冊，第 1111 頁。

〔註 340〕〔宋〕朱熹：《詩集傳》，香港：中華書局，第 183 頁。

〔註 341〕《孟子注疏》北京：中華書局影印〔清〕阮元刻《十三經注疏》本，第一卷下，第四至五頁，總第五冊，第 5385 頁。

〔註 342〕《論語注疏》北京：中華書局影印〔清〕阮元刻《十三經注疏》本，第六卷，第十頁，總第五冊，第 5808～5809 頁。

〔註 343〕《孟子注疏》，北京：中華書局影印〔清〕阮元刻《十三經注疏》本，第二卷上，第七頁，總第五冊，第 5818 頁。

we have 按 for 遏，and 旅 for 莒。」〔註 344〕理氏意謂《孟子》在此所引者，出自《詩經・大雅・文王之什・皇矣》第五章，但《皇矣》是「按」，《孟子》則作「遏」，《皇矣》是用「旅」《孟子》作「莒」。

茲引《詩經・大雅・文王之什・皇矣》云：「王赫斯怒。爰整其旅，以按徂旅，以篤于周祜，以對于天下。」〔註 345〕《毛詩》把此詩分八章，每章十二句。〔註 346〕朱熹《詩集傳》亦如此分章句。〔註 347〕理氏所分章句亦相同。〔註 348〕

《詩經》與《孟子》之引述，有兩句分別較大，《詩經》是「以按徂旅，以篤于周祜。」《孟子》則是「以遏徂莒，以篤周祜。」「以按徂旅」與「以遏徂莒」在意義上分別不大，循焦《孟子正義》云：「遏，今《詩》作『按』，《釋文》云：『按，本又作遏，此二字俱訓止也。』莒，《詩》亦作『旅』，毛以為地名。趙氏言遏止往伐莒者，是亦以莒為國名。國名地名，義亦相近。」〔註 349〕朱熹《詩集傳》云：「按，音遏。」〔註 350〕可見「按」、「遏」二字意義相通。

《孟子》引用此詩，乃以文王之事為例子，勸齊宣王不要學匹夫之小勇，應該學文王之大勇，趙岐《孟子注》云：「文王一怒而安民，願王慕其大勇，無論匹夫之小勇而已。」〔註 351〕張居正《四書集註闡微直解》云：

> 文王時，密國之人，恃強侵凌阮國，直至共地，文王因舉兵往伐其眾，所以徂旅。……孟子又告齊宣王說：「臣謂大王當以大勇為好，蓋嘗觀於文王之事矣。《詩・大雅・皇矣》之篇有云，密人違拒王命，侵阮而往至於共，王乃赫然奮怒，於是整頓師旅，以止遏密人徂共之眾，使不得侵擾鄰國。」於以抑強扶弱，而篤厚周家之福，於以慰撫天下百姓，而答其仰望之心。《詩》之所言如此。這是興兵

〔註 344〕James Legge, *The Works of Mencius*, p.155~156.

〔註 345〕《毛詩正義》，北京：中華書局影印〔清〕阮元刻《十三經注疏》本，第十六卷之四，第九頁，總第一冊，第 1121 頁。

〔註 346〕《毛詩正義》，北京：中華書局影印〔清〕阮元刻《十三經注疏》本，第十六卷之四，第十六頁，總第一冊，第 1124 頁。

〔註 347〕〔宋〕朱熹：《詩集傳》，香港：中華書局，第 186 頁。

〔註 348〕James Legge, *The She King*, p.448~455.

〔註 349〕〔清〕焦循：《孟子注疏》，北京：中華書局，上冊，第 115 頁。

〔註 350〕〔宋〕朱熹：《詩集傳》，香港：中華書局，第 185 頁。

〔註 351〕《孟子注疏》，北京：中華書局影印〔清〕阮元刻《十三經注疏》本，第二卷上，第七頁，總第五冊，第 5818 頁。

伐密，文王之所以為勇也。文王赫然一怒，除了密人之亂，由是四方諸侯，強不敢凌弱，眾不敢暴寡，而天下之民，都賴之以為安，其勇何如其大哉！〔註 352〕

孟子是接續前面對齊宣王描述仁德者、明智者的作為，是要化解戰爭的威脅。接著齊宣王承認自己有毛病，就是喜歡打仗，希望孟子可以指教。孟子借題發揮，針對齊宣王「好勇」的思想，勸齊宣王好「大勇」，不要好「小勇」。「小勇」就是手按劍柄、怒目而視，只能作一人敵之勇，不能敵萬人之敵之大勇，小勇只是平凡人的勇敢，安定天下才是真正的勇敢。所以孟子希望宣王能將小勇化成大勇，於是引用《詩經・大雅》，裡面提到文王一發怒，天下就能安定，這才是大勇。〔註 353〕

五、引用《文王之什・靈臺》考

理氏引用《詩經》指《孟子》之言出自《靈臺》。《梁惠王上》第二章第三節：「《詩》云：『經始靈臺，經之營之。庶民攻之，不日成之。經始勿亟，庶民子來。王在靈囿；麀鹿攸伏。麀鹿濯濯，白鳥鶴鶴。王在靈沼，於牣魚躍。』」〔註 354〕

理雅各《孟子》英譯本注云：「See the *Shih-ching*, III. i. Ode VIII. St. 1, 2. The ode tells how his people delighted in king Wan. For 鶴 the *Shih-ching* reads 翯於 is read *wû*, an interjection.」〔註 355〕理氏謂此詩見《詩經・大雅・文王之什・靈臺》第一至二章，詩意是說百姓因文王而喜樂。而「鶴」《靈臺》作「翯」，「於」讀「烏」，是感嘆詞。

茲引《詩經・大雅・靈臺》之文云：「經始靈臺，經之營之，庶民攻之，不日成之。經始勿亟，庶民子來，王在靈囿，麀鹿攸伏。麀鹿濯濯，白鳥翯翯，王在靈沼，於牣魚躍。」〔註 356〕

理氏此詩之分章〔註 357〕，完全根據朱熹《詩集傳》之分章方式，朱熹云：

〔註 352〕〔明〕張居正：《四書集註闡微直解》，第十五卷，第九頁，總第 473 頁。

〔註 353〕傅佩榮：《孟子新解》，上冊，第 65～66 頁。

〔註 354〕《孟子注疏》，北京：中華書局影印〔清〕阮元刻《十三經注疏》本，第一卷上，第四至五頁，總第五冊，第 5976～5977 頁。

〔註 355〕James Legge, *The Works of Mencius*, p.127~128.

〔註 356〕《毛詩正義》，北京：中華書局影印〔清〕阮元刻《十三經注疏》本，第十六卷之五，第四至六頁，總第一冊，第 1129～1130 頁。

〔註 357〕James Legge, *The She King*, p.456~457.

「《靈臺》四章，二章章六句，二章章四句。」〔註358〕《毛詩》則分此詩作五章，其云「靈臺五章章四句。」〔註359〕按《毛詩》之分章，理氏所引者乃變成第一至三章。

《孟子》所言：「白鳥鶴鶴」而《詩經》則是「白鳥翯翯」，《毛傳》云：「濯濯，娛遊也。翯翯，肥澤也。」〔註360〕鄭玄《毛詩箋》云：「鳥獸肥盛喜樂，言得其所。」〔註361〕朱熹《詩集傳》云：「濯濯肥澤貌，翯翯潔白貌。」〔註362〕

王先謙：《詩三家義集疏》：

> 「翯作皜，一作鶴」者。《新書．君道篇》：「詩曰：『王在靈囿，麀鹿攸伏。麀鹿濯濯，白鳥皜皜。王在靈沼，於牣魚躍。』文王之澤下被禽獸，及於魚鼈，故禽獸魚鼈攸若攸樂，而況士民乎？」又《禮篇》引《詩》六句，說亦略同。「翯」皆作「皜」。趙岐《章句》：「王在靈囿，麀鹿攸伏。麀鹿濯濯，白鳥鶴鶴。王在靈沼，於牣魚躍。言文王在囿中，麀鹿懷妊，安其所而伏，不驚動也。獸肥飽則濯濯，鳥肥飽則鶴鶴而澤好而已。文王在池沼，魚乃跳躍喜樂，言其德及鳥獸魚鼈。」「翯」一作「鶴」，是魯家兩作皆與毛異。馬瑞辰云：「《說文》：『翯，鳥白肥澤皃。』」音義與確近。《說文》確鳥之白也。何晏《景福殿賦》：「確確白鳥。」趙作：鶴鶴。順《孟子》本文，《新書》作皜皜，並同聲叚借字。〔註363〕

《孟子》與《靈臺》之詩之「翯」、「鶴」不同，蓋《孟子》所引者，未必是《毛詩》之版本，最少，《魯詩》與《毛詩》用字已有所不同。根據朱駿聲《說文通訓定聲》「翯」字下注所講，「翯」、「皜」、「確」、「鶴」都是同聲假借字。〔註364〕

〔註358〕〔宋〕朱熹：《詩集傳》，香港：中華書局，第187頁。

〔註359〕《毛詩正義》，北京：中華書局影印〔清〕阮元刻《十三經注疏》本，第十六卷之五，第七頁，總第一冊，第1131頁。

〔註360〕《毛詩正義》，北京：中華書局影印〔清〕阮元刻《十三經注疏》本，第十六卷之五，第五頁，總第一冊，第1130頁。

〔註361〕《毛詩正義》，北京：中華書局影印〔清〕阮元刻《十三經注疏》本，第十六卷之五，第五頁，總第一冊，第1130頁。

〔註362〕〔宋〕朱熹：《詩集傳》，香港：中華書局，藝文印書館影印本，第十六卷，第二十七頁，總第756頁。〔宋〕朱熹：《詩集傳》，香港：中華書局，第186頁。

〔註363〕〔清〕王先謙：《詩三家義集疏》，下冊，第863～864頁。

〔註364〕〔清〕朱駿聲《說文通訓定聲》，小部第七，第四十八頁，總第324頁。

《孟子》引用此詩，目的是向梁惠王指出與民同樂的重要性。傅佩榮《孟子新解》云：

> 「文王以民力為臺為沼」，為什麼百姓反而很快樂，稱他建築的高臺為「靈臺」，池沼叫「靈沼」呢？原因是他「與民偕樂」。靈臺、靈囿、靈沼含有出神入化、美善之至的意思，由此顯示百姓的虔誠心意，然而真正的重點是在「與民偕樂」，為政之道不外乎此。〔註 365〕

與民偕樂，是《孟子》提倡的仁政思想的重要措施之一，這種政治思想，遠承文王而來，有其歷史淵源。

六、引用《文王之什．下武》考

理氏引《詩經》指《孟子》的引述出自《下武》。《萬章上》第四章第三節云：「孝子之至，莫大乎尊親；尊親之至，莫大乎以天下養。為天子父，尊之至也；以天下養，養之至也。《詩》曰：『永言孝思，孝思惟則』，此之謂也。」〔註 366〕

理雅各《孟子》英譯本注云：「《詩》曰，—— see the *Shih-ching*, III. i. Ode IX. St. 3.」〔註 367〕理氏意謂此詩見《詩經．大雅．文王之什．下武》第三章。

《下武》一詩，《毛詩》與朱熹《詩集傳》同置於《詩經．大雅．文王之什．下武》第九首。〔註 368〕二者的章句都是「下武，六章，章四句。」〔註 369〕

茲引述《詩經．大雅．文王之什．下武》第三章云：「成王之孚，下土之式。永言孝思，孝思維則。」〔註 370〕《孟子》所引是第三章第三至四節：「永言孝思，孝思維則。」這兩節詩句之意義，《毛傳》云：「則其先人也。」〔註 371〕

〔註 365〕傅佩榮：《孟子新解》，南京譯林出版社，上冊，第 10 頁。

〔註 366〕《孟子注疏》，北京：中華書局影印〔清〕阮元刻《十三經注疏》本，第九卷上，第十頁，總第五冊，第 5950 頁。

〔註 367〕James Legge, *The Works of Mencius*, p.353.

〔註 368〕《毛詩正義》，北京：中華書局影印〔清〕阮元刻《十三經注疏》本，第十六卷之五，第七至十頁，總第一冊，第 1131～1132 頁，〔宋〕朱熹：《詩集傳》，香港：中華書局，第 187～188 頁。

〔註 369〕《毛詩正義》，北京：中華書局影印〔清〕阮元刻《十三經注疏》本，第十六卷之五，第十頁，總第一冊，第 1132 頁，〔宋〕朱熹：《詩集傳》，香港：中華書局，第 188 頁。

〔註 370〕《毛詩正義》，北京：中華書局影印〔清〕阮元刻《十三經注疏》本，第十六卷之五，第八頁，總第一冊，第 1131 頁。

〔註 371〕《毛詩正義》，北京：中華書局影印〔清〕阮元刻《十三經注疏》本，第十六卷之五，第八頁，總第一冊，第 1131 頁。

鄭《毛詩箋》云：「長我孝心之所思，所思者，其維則三后之所行，子孫以順祖考為孝。」〔註 372〕朱熹《詩集傳》云：「言武王所以能成王者之信，而為四方之法者，以其長言孝思而不忘，是以其孝可為法耳。若有時而忘之，則其孝者偽耳，何足法哉。」〔註 373〕三后者，太王、王季與文王也。〔註 374〕由此言之，這兩句詩文，是說周武王有孝思之美德，且其所言之孝，是有道統可承，以太王，王季，文王三者為準則，此乃永言孝思之重要意義。

《孟子》引此兩句詩文，目的是向咸丘蒙解釋帝舜孝順其父親瞽瞍的原因，焦循《孟子正義》云：「尊之至，瞽瞍為天子父。養之至，舜以天下之富奉養其親。至，極也。……周武王所以長言孝道，欲以為天下法則，此舜之謂也。」〔註 375〕張居正《四書集註闡微直解》云：

> 孟子又曉咸丘蒙說：「欲知舜無臣父之事，當觀其平日待親之隆。蓋人子能善事父母的，都可以言孝，然或分有所限，未可言至也；若論孝子之至，則莫大乎尊顯其親，而分得以自伸，這才叫作孝之至。人子能崇奉父母的，都可以言尊，然或勢有所拘，未可言至也。若論尊親之至，則莫大乎以天下養，而勢莫與之抗，這才叫作尊之至。今舜尊為天子，即尊瞽瞍為天子之父，是舉天下之名分無復可加其尊，非尊之極至而何。舜富有四海，即養瞽瞍以天下之富，是舉天下之供奉無復可加其養，非養之極至而何？尊養並至。此舜之孝所以為不可及。而天下後世為人子者，莫不以之為法也。《下武》詩說：『人能長言孝思而不忘，即可以為天下法則。』正此尊親養親之至，而舜之所以稱為大孝者也。若謂舜為天子而臣其父，則所以卑親辱親者至矣，舜豈為之哉？」〔註 376〕

根據《孟子》所載，孟子相當推崇帝舜的孝行，認為孝行是舜成為聖人的原因之一。帝舜之孝，是其對頑父仍然孝順無遺，即使貴為天子，仍然尊重父親，即使受過父親的不公平對待，也沒有怨恨。

〔註 372〕《毛詩正義》，北京：中華書局影印〔清〕阮元刻《十三經注疏》本，第十六卷之五，第八頁，總第一冊，第 1131 頁。

〔註 373〕〔宋〕朱熹：《詩集傳》，香港：中華書局，第 187 頁。

〔註 374〕《毛詩正義》，北京：中華書局影印〔清〕阮元刻《十三經注疏》本，第十六卷之五，第八頁，總第一冊，第 1131 頁。

〔註 375〕〔清〕焦循：《孟子注疏》，北京：中華書局，北京：中華書局，下冊，第 641 頁。

〔註 376〕〔明〕張居正：《四書集註闡微直解》，二十二卷，第十六頁，總第 624 頁。

七、引用《文王之什・文王有聲》考

理氏引用《詩經》說明《孟子》的引述來自《文王有聲》。《公孫丑上》第三章第二節：「《詩》云：『自西自東，自南自北，無思不服。』」〔註 377〕

理雅各《孟子》英譯本注云：「For the ode see the *Shih-ching*, III, i. Ode X. st. 6, celebrating the influence of the kings Wăn and Wû.」〔註 378〕理氏意謂，此引述出自《詩經・大雅・文王之什・文王有聲》第六章，此詩稱贊文王與武王的影響。

《毛詩》與《詩集傳》同將此詩置於《文王之什》第十首〔註 379〕。二者分章句都是：「文王有聲，八章，章五句。」〔註 380〕

《孟子》所引是《詩經・大雅・文王之什・文王有聲》第六章，其云：「鎬京辟廱。自西自東，自南自北，無思不服。皇王烝哉！」〔註 381〕

此詩是講述周武王停止了殺伐，為國家帶來良好的影響。其序云：「文王有聲，繼伐也。武王能廣文王之聲，卒其伐功也。」〔註 382〕第六章之意是說武王在鎬京，建立了政治教化之制度，四方服其德行而來歸，《毛傳》云：「武王作邑於鎬京。」〔註 383〕《鄭箋》云：「自，由也。武王於鎬京行辟廱之禮，自四方來觀者，都皆感化其德，心無不歸服者。」〔註 384〕孔穎達《毛詩正義》云：「既言辟廱，即云四方皆服。明由在辟廱行禮，見其行禮，感其德化，故無不歸服也。辟廱之禮，謂養老以教孝悌也。」〔註 385〕朱熹《詩集傳》云：

〔註 377〕《孟子注疏》，北京：中華書局影印〔清〕阮元刻《十三經注疏》本，第三卷下，第一頁，總第五冊，第 5849 頁。

〔註 378〕James Legge, *The Works of Mencius*, p.197.

〔註 379〕《毛詩正義》，北京：中華書局影印〔清〕阮元刻《十三經注疏》本，第十六卷之五，第十至十五頁，總第一冊，第 1132～1135 頁。〔宋〕朱熹：《詩集傳》，香港：中華書局，第 188～189 頁。

〔註 380〕《毛詩正義》，北京：中華書局影印〔清〕阮元刻《十三經注疏》本，第十六卷之五，第十五頁，總第 1135 頁。〔宋〕朱熹：《詩集傳》，香港：中華書局，第 189 頁。

〔註 381〕《毛詩正義》，北京：中華書局影印〔清〕阮元刻《十三經注疏》本，第十六卷之五，第十三至十四頁，總第一冊，第 1134 頁。

〔註 382〕《毛詩正義》，北京：中華書局影印〔清〕阮元刻《十三經注疏》本，第十六卷之五，第十頁，總第一冊，第 1132 頁。

〔註 383〕《毛詩正義》，北京：中華書局影印〔清〕阮元刻《十三經注疏》本，第十六卷之五，第十四頁，總第一冊，第 1134 頁。

〔註 384〕《毛詩正義》，北京：中華書局影印〔清〕阮元刻《十三經注疏》本，第十六卷之五，第十四頁，總第一冊，第 1134 頁。

〔註 385〕《毛詩正義》，北京：中華書局影印〔清〕阮元刻《十三經注疏》本，第十六卷之五，第十四頁，總第一冊，第 1134 頁。

「張子曰：『靈臺辟廱，文王之學也。鎬京辟廱，武王之學也。至此，始為天子學矣。無思不服，心服也。』《孟子》曰：『天下不心服而王者，未之有也。』此言武王徙居鎬京，講學行禮，而天下之服也。」〔註 386〕

《孟子》引用《文王有聲》此章，是解釋「以德行仁者王」的道理。茲將其上文亦一併引述如下：「以力服人者，非心服也，力不贍也；以德服人者，中心悅而誠服也，如七十子之服孔子也。《詩》云：『自西自東，自南自北，無思不服。』此之謂也。」〔註 387〕孟子指出，周文王與武王都有教化天下之制度，這種講學行禮的文化基因，乃是道德教化之根本，武王不是用武力征伐的暴力行為使人屈服，而是用道德倫理的教化方式，使四方諸國之人無不歸服之。

八、引用《生民之什・既醉》考

理氏引《詩經》指《孟子》的引述來自《既醉》。《告子上》第十七章第三節：「《詩》云：『既醉以酒，既飽以德。』言飽乎仁義也，所以不願人之膏粱之味也。令聞廣譽施於身，所以不願人之文繡也。」〔註 388〕

理雅各《孟子》英譯本注云：「《詩》云，—— see the *Shih-ching*, III. Ii. Ode III. St. I. The ode is one responsive from『his fathers and brethren』to the sovereign who has entertained them.」〔註 389〕理氏意謂，《詩》者，見《詩經・大雅・生民之什・既醉》第一章，是一首父兄答謝君王賜予飲食之詩。

《毛詩》與朱熹《詩集傳》都將《既醉》置於《大雅・生民之什》第三首〔註 390〕，二者的章句都是「既醉八章，章四句。」〔註 391〕

茲引述《詩經・大雅・生民之什・既醉》第一章：「既醉以酒，既飽以德。

〔註 386〕〔宋〕朱熹：《詩集傳》，香港：中華書局，第 189 頁。

〔註 387〕《孟子注疏》，北京：中華書局影印〔清〕阮元刻《十三經注疏》本，第三卷下，第一頁，總第五冊，第 5849 頁。

〔註 388〕《孟子注疏》，北京：中華書局影印〔清〕阮元刻《十三經注疏》本，第十一卷下，第十頁，總第五冊，第 5990 頁。

〔註 389〕James Legge, *The Works of Mencius*, p.420.

〔註 390〕《毛詩正義》，北京：中華書局影印〔清〕阮元刻《十三經注疏》本，第十七卷之二，第八至十五頁，總第一冊，第 1153～1157 頁，〔宋〕朱熹：《詩集傳》，香港：中華書局，第 193～195 頁。

〔註 391〕《毛詩正義》，北京：中華書局影印〔清〕阮元刻《十三經注疏》本，第十七卷之二，第十五頁，總第一冊，第 1157 頁，〔宋〕朱熹：《詩集傳》，香港：中華書局，第 195 頁。

君子萬年，介爾景福。」〔註392〕孟子所引者是第一至二句。

《既醉》此章之解釋，《毛傳》云：「既者，盡其禮，終其事。」〔註393〕鄭玄《毛詩箋》云：「禮謂旅醻之屬，事謂惠施先後及歸俎之類。君子，斥成王也。介，助。景，大也。成王女有万年之壽，天又助女以大福，謂五福也。」〔註394〕孔穎達《毛詩正義》云：

> 毛以為成王之祭宗廟，群臣助之，至旅酬而酌酒，終無筭爵而皆醉，言成王既醉之以酒矣。又於祭末見惠施先後歸俎之事差次，二者之德，志意充滿，又是既飽以德矣。君子成王德能如此，當有万年之壽，天又大與汝大福也。〔註395〕

朱熹《詩集傳》云：「德，恩惠也。君子，謂王也。爾，亦指王也。此父兄所以答《行葦》之詩。言享其飲食恩意之厚，而願其受福如此也。」〔註396〕聚眼看來，朱熹之解釋與《毛傳》、《鄭箋》與《正義》有顯著不同，理氏解釋《孟子》引此詩之詩句時，亦隨朱熹之說。

然而，朱熹所謂《行葦》乃是《大雅·生民之什》第二首之詩，朱子解《行葦》之詩云：「疑此祭畢而燕父兄耆老之詩。」〔註397〕是以亦無否定《既醉》一詩乃於成王祭宗廟時，諸父兄作此詩以贊美成王之德行，孔穎達《毛詩正義》云：

> 作既醉詩者，言太平也。謂四方寧靜而無事，此則平之大者，故謂太平也。成王之祭宗廟，群臣助之，至於祭末，莫不醉於酒，猒飽其德，既荷德澤，莫不自脩，人皆有士君子之行焉。能使一朝之臣，盡為君子，以此教民，大安樂，故作此詩以歌其事也。〔註398〕

《孟子》引此詩，乃加上其闡釋，此在《告子上》第十七章第三節有清楚

〔註392〕《毛詩正義》，北京：中華書局影印〔清〕阮元刻《十三經注疏》本，第十七卷之二，第九頁，總第一冊，第1154頁。
〔註393〕《毛詩正義》，北京：中華書局影印〔清〕阮元刻《十三經注疏》本，第十七卷之二，第九頁，總第一冊，第1154頁。
〔註394〕《毛詩正義》，北京：中華書局影印〔清〕阮元刻《十三經注疏》本，第十七卷之二，第九頁，總第一冊，第1154頁。
〔註395〕《毛詩正義》，北京：中華書局影印〔清〕阮元刻《十三經注疏》本，第十七卷之二，第九頁，總第一冊，第1154頁。
〔註396〕〔宋〕朱熹：《詩集傳》，香港：中華書局，第193頁。
〔註397〕〔宋〕朱熹：《詩集傳》，香港：中華書局，第192頁。
〔註398〕《毛詩正義》，北京：中華書局影印〔清〕阮元刻《十三經注疏》本，第十七卷之二，第八頁，總第一冊，第1153頁。

說明，其云：「《詩》云：『既醉以酒，既飽以德。』言飽乎仁義也，所以不願人之膏粱之味也。令聞廣譽施於身，所以不願人之文繡也。」〔註 399〕可見孟子所重者，乃飽乎仁義，《詩經》的解釋家都注重既醉於酒，亦飽於君子之德，此亦是順著《既醉》一詩的意思而來。唯孟子所重者，是仁義過於膏粱之味，膏粱者，楊伯峻解釋云：「韋昭《國語注》云：『膏，肉之肥者。』粱為精細而白色的小米，古代以稻粱為細粱，為有錢之人所食者，不是今日的高粱。」〔註 400〕張居正《四書集註闡微直解》云：

> 夫飽不曰味而曰德者，何哉？蓋言德莫美于仁義，君子戴仁行，抱義而處，則理義悅心，而天下之至味在我矣。若他人之膏粱，人自食之，我何有焉，所以不願人之膏粱之味也。仁義既積於躬，由是令聞昭宣，廣譽四達，實大聲宏，而天下之至榮在我矣。若他人之文繡人自衣之，于我何加焉，所以不願人之文繡也。夫曰飽乎仁義，則知良貴為可貴矣。曰不願膏粱文繡，則知趙孟之貴不足貴矣。人顧有捨良貴而外慕者，何其弗思之甚哉。此章言勢分之貴，無與於己，性分之貴，不資於人，欲人重內而輕外，不可狥物而忘我也。〔註 401〕

可見《孟子》引此詩的目的，是表示人不應以追求外在的飲食和衣裳作為人生目標，應該追求仁義，又藉仁義而使自己聲名遠播。

九、引用《生民之什・假樂》考

理氏引《詩經》謂《孟子》所引詩出自《假樂》。《離婁上》第一章第四節：「《詩》云：『不愆不忘，率由舊章。』遵先王之法而過者，未之有也。」〔註 402〕

理雅各《孟子》英譯本注云：「See the *Shih-ching*, Pt. III. Ii. Ode V. st. 2.」〔註 403〕理氏云見於《詩經・大雅・生民之什・假樂》第二章。

《假樂》一詩，阮刻《詩經》與《詩集傳》都置於《大雅・生民之什》第

〔註 399〕《孟子注疏》，北京：中華書局影印〔清〕阮元刻《十三經注疏》本，第十一卷下，第十頁，總第五冊，第 5990 頁。

〔註 400〕楊伯峻：《孟子譯注》，上冊，第 272 頁。

〔註 401〕〔明〕張居正：《四書集註闡微直解》，第二十四卷，第四十至四十一頁，第 675 頁。

〔註 402〕《孟子注疏》，北京：中華書局影印〔清〕阮元刻《十三經注疏》本，第七卷上，第二頁，總第五冊，第 5909 頁。

〔註 403〕James Legge, *The Works of Mencius*, p.289.

五首。〔註 404〕二者之章句都是「假樂，四章、章六句。」〔註 405〕茲引《詩經·大雅·生民之什·假樂》第二章云：「干祿百福，子孫千億。穆穆皇皇，宜君宜王。不愆不忘，率由舊章。」〔註 406〕

《孟子》所引者，乃是第二章第五至六句：「不愆不忘，率由舊章。」《孟子》所引與《詩經·假樂》的字句無分別。《鄭箋》云：「『愆，過。率，循也。成王之令德，不過誤，不遺失。循用舊典之文章，謂周公之禮法。』」〔註 407〕《孟子》引用此兩句，指出君王若能遵循先王之法度，是不會出現過錯者。張居正《四書集註闡微直解》云：

> 愆，是過差。率由，是遵守的意思。舊章，是先王之成法。孟子承上文說：「徒善既不足以為政」，則先王之法，信不可不遵矣。《詩經·假樂》篇中有云：「不愆不忘，率由舊章。」是說治天下者於政事之間，能無錯誤疏失，皆由遵用先王之舊典故也。可見先王之法中正不偏，纖悉具備，後人惟不能守，所以事有愆忘。若能於發號出令、立綱陳紀，皆以先王之法為準，自然有所持循，而不至於錯誤，有所考據，而不至於疏失矣，乃猶有愆過遺忘，而民不被其澤者無是理也。然則堯舜所行之仁政，寧非後世之所當遵者哉？《書經》上說：「監于先王成憲，其永無愆，正是此意。」蓋先王創業垂統，立為法制科條，傳之萬世，經了多少區畫才得明備周悉，為後世治安之具。後人不能遵守，或參以私意，廢墜典章，或妄有紛更，輕變成法，天下之亂往往由是而作，豈但不能平治而已哉？守成業者所當知也。〔註 408〕

孟子之意，是遵循先王的成法，便有施政的方針與系統，經典所載，都是歷史文獻，把過往的施政與社會所遇到的問題，一一展示出來，先王舊章是經

〔註 404〕《毛詩正義》，北京：中華書局影印〔清〕阮元刻《十三經注疏》本，第十七卷之三，第一至三頁，總第一冊，第 1165～1166 頁，〔宋〕朱熹：《詩集傳》，香港：中華書局，第 195～196 頁。

〔註 405〕《毛詩正義》，北京：中華書局影印〔清〕阮元刻《十三經注疏》本，第十七卷之三，第三頁，總第一冊，第 1166 頁，〔宋〕朱熹：《詩集傳》，香港：中華書局，第 196 頁。

〔註 406〕《毛詩正義》，北京：中華書局影印〔清〕阮元刻《十三經注疏》本，第十七卷之三，第一至二頁，總第一冊，第 1165 頁。

〔註 407〕《毛詩正義》，北京：中華書局影印〔清〕阮元刻《十三經注疏》本，第十七卷之三，第二頁，總第一冊，第 1165 頁。

〔註 408〕〔明〕張居正：《四書集註闡微直解》，第二十卷，第三頁，總第 569 頁。

過實驗證明的措施，相對於孟子時代的各家學說，都是未經試驗的政治理論，遵守先王舊典的差錯機會當然是少而又少了。

十、引用《生民之什・公劉》考

理氏引用《詩經》指出《孟子》的引述源自《鳧鷖》。但實際上，孟子是引《公劉》之詩。《梁惠王下》第五章第四節云：「對曰：『昔者公劉好貨。《詩》云：乃積乃倉，乃裹餱糧，于橐于囊，思戢用光；弓矢斯張，干戈戚揚，爰方啟行。』」〔註 409〕

理雅各《孟子》英譯本注云：

> 公劉, "The duke Liû," was the great grand son of Haû-chî the high ancestor of the Châu family. By him the waning fortunes of his house were revived, and he founded a settlement in 豳（*Pin*）, the present Pin-Châu （邠州）, in Shen-hsî. The account of his doing so is found the ode quoted, *Shih-ching*, III.ii. Ode IV. St.I. For 乃 We have in the *Shih-ching* 迺, and for 戢, 輯. 積, read *ts'ze* in 4th tone, "to store up," "stores." Chû Hsî Explains: —— "stores in the open air."〔註 410〕

理氏意謂，公劉是周的始祖后稷的曾孫，公劉扭轉了周室的暗淡國運，遷徙到豳，即現今的山西邠州。他的事蹟載於《詩經・大雅・生民之什・鳧鷖》。在此詩，乃作迺、戢作輯、積讀第四聲，意為儲存，朱熹解作戶外儲存。

理雅各所說的「*Shih-ching*, III.ii. Ode IV. St. I.」是《詩經・大雅・生民之什・鳧鷖》〔註 411〕，然《孟子》所引乃是《公劉》之篇，理氏所譯《詩經》應在「*Shih-ching*, III. ii. Ode VI. St. I.」〔註 412〕

《毛詩》的《公劉》之篇置於《生民之什》〔註 413〕，朱熹《詩集傳》〔註 414〕亦相同。根據《毛詩》，此詩之章句是「六章，章十句。」〔註 415〕朱熹《詩集

〔註 409〕《孟子注疏》，北京：中華書局影印〔清〕阮元刻《十三經注疏》本，第二卷上，第十四頁，總第五冊，第 5821 頁。

〔註 410〕James Legge, *The Works of Mencius*, p.162~163.

〔註 411〕James Legge, *The She King*, p.479~481.

〔註 412〕James Legge, *The She King*, p.483~489.

〔註 413〕《毛詩正義》，北京：中華書局影印〔清〕阮元刻《十三經注疏》本，第十七卷之三，第四至十五頁，總第一冊，第 1166～1172 頁。

〔註 414〕〔宋〕朱熹：《詩集傳》，香港：中華書局，第 190、196～197 頁。

〔註 415〕《毛詩正義》，北京：中華書局影印〔清〕阮元刻《十三經注疏》本，第十七卷之三，第十五頁，總第一冊，第 1172 頁。

傳》〔註416〕之章句亦相同。

茲引述《詩經・大雅・生民之什・公劉》云：「篤公劉，匪居匪康，迺埸迺疆，迺積迺倉，迺裹餱糧。于橐于囊，思輯用光。弓矢斯張，干戈戚揚，爰方啟行。」〔註417〕

《孟子》所引者乃《公劉》第一章第四至十句。《孟子》之用字與《詩經》有所不同，一是「乃」與「迺」、二是「戢」與「輯」。茲分別論之。焦循《孟子正義》云：「乃，《詩》作『迺』，古字通也。」〔註418〕《爾雅》云：「郡臻仍迺侯乃也。」〔註419〕《說文》：「乃，曳詞之難也，象气出之難也。」〔註420〕《說文》云：「迺，驚聲也。」〔註421〕段玉裁：《說文解字注》於「迺」下注云：「《詩》、《書》、《史》、《漢》發語多用此字作迺，而流俗多改為乃，按《釋詁》曰『仍、迺、侯，乃也。』以乃釋迺則本非一字可知。」〔註422〕朱駿聲《說文通訓定聲》：「乃……經史或以迺為之，迺者驚詞也。是為假借，乃迺得通寫。」〔註423〕又云：「迺……假借為乃。」〔註424〕由此言之，乃迺二字之通假互用，古代經史之書中早已如此。

至於「戢」與「輯」之別，戢者，《說文》云：「戢，藏兵也，从戈，咠聲。《詩》曰：『載戢干戈』。」〔註425〕段玉裁：《說文解字注》：

> 《周頌・時邁》曰：「載戢干戈，載櫜弓矢。」《傳》曰：「戢，聚也。櫜韜也。」聚與藏義相成，聚而藏之也。戢與輯音同，輯者，車輿也。可聚諸物，故毛訓戢為聚，《周南傳》亦云：「揖揖會聚也。」

〔註416〕〔宋〕朱熹：《詩集傳》，香港：中華書局，第196～197頁。

〔註417〕《毛詩正義》，北京：中華書局影印〔清〕阮元刻《十三經注疏》本，第十七卷之三，第五頁，總第一冊，第1167頁。

〔註418〕〔清〕焦循：《孟子正義》，北京：中華書局，上冊，第137頁。

〔註419〕《爾雅注疏》，北京：中華書局影印〔清〕阮元刻《十三經注疏》本，第二卷，第十五頁，總第五冊，第27頁。

〔註420〕〔漢〕許慎著，〔清〕段玉裁注：《說文解字注》，第五篇上，第二十九頁，總第203頁。

〔註421〕〔漢〕許慎著，〔清〕段玉裁注：《說文解字注》，第五篇上，第二十九頁，總第203頁。

〔註422〕〔漢〕許慎著，〔清〕段玉裁注：《說文解字注》，第五篇上，第二十九至三十頁，總第203頁。

〔註423〕〔清〕朱駿聲：《說文通訓定聲》，升部第二第十頁，總第70頁。

〔註424〕〔清〕朱駿聲：《說文通訓定聲》，屯部第十五，第七十一頁，總第812頁。

〔註425〕〔漢〕許慎著，〔清〕段玉裁注：《說文解字注》，第十二篇下，第四十一頁，總第632頁。

《周語》:「夫兵戢而時動，動則威，觀則玩，玩則無震。」戢與觀正相對，故許易毛曰藏，以其字从戈，故曰藏兵。〔註426〕

至於輯者，《說文》云:「輯，車輿也。」〔註427〕段玉裁:《說文解字注》云:「輿之中，無所不居，無所不載。因引申為斂義，《喪大記》、《檀弓》之輯杖輯屨是也。又為和義，《爾雅》:『輯，和也。』《版詩毛傳》同。《公劉傳》曰:和睦也。引申義行，本義遂廢。」〔註428〕朱駿聲《說文通訓定聲》曰:「輯……假借……《公劉》:思輯用光，《傳》訓和睦。《孟子》以戢為之。」〔註429〕可見「輯」引申為聚斂之義，可以通假為戢，因戢亦有聚斂之義。

《孟子》引用《公劉》此章之目的，乃是回應齊宣王之「寡人好貨」之語而論之。《公劉》之詩，乃召康公告誡成王之詩，《詩序》云:「公劉，召康公戒成王也，成王將涖政，戒以民事，美公劉之厚於民，而獻是詩也。」〔註430〕孟子聽到齊宣王自承「好貨」，就藉著這個機會，勸齊宣王與民好貨，即是與民共享生產的成果。孟子舉出《公劉》一詩作例子，講君王愛財是沒有問題的，公劉也擁有很多錢財和物質，最重要的關鍵是與民共享這些財貨，只要做到與民共享，一切施政問題都可以迎刃而解。〔註431〕孟子的與民共享思想，跟其與民同樂的思想是一致的，都是仁政思想。

十一、引用《生民之什・板》考

理氏引用《詩經》指《孟子》的詩句出自《板》。《離婁上》第一章第十節:「《詩》曰:『天之方蹶，無然泄泄。』泄泄，猶沓沓也。」〔註432〕

理雅各《孟子》英譯本注云:「See the *Shih-ching*, III. Ii. Ode X. 2.」〔註433〕

〔註426〕〔漢〕許慎著,〔清〕段玉裁注:《說文解字注》，第十二篇下，第四十一頁，總第632頁。

〔註427〕〔漢〕許慎著,〔清〕段玉裁注:《說文解字注》，第十四篇上，第三十九頁，總第721頁。

〔註428〕〔漢〕許慎著,〔清〕段玉裁注:《說文解字注》，第十四篇上，第四十頁，總第721頁。

〔註429〕〔清〕朱駿聲:《說文通訓定聲》，臨部第三，第五十二頁，總第107頁。

〔註430〕《毛詩正義》，北京:中華書局影印〔清〕阮元刻《十三經注疏》本，第十七卷之三，第四頁，總第一冊，第1166頁。

〔註431〕傅佩榮:《孟子新解》，第81～82頁。

〔註432〕《孟子注疏》，北京:中華書局影印〔清〕阮元刻《十三經注疏》本，第七卷上，第三頁，總第五冊，第5910頁。

〔註433〕James Legge, *The Works of Mencius*, p.291.

理氏謂見於《詩經・大雅・生民之什・板》第二章。

此詩，《毛詩》與《詩集傳》都置於《詩經・大雅・生民之什》第十首。〔註 434〕二者之章句都是「板八章，章八句。」〔註 435〕《孟子》所引者是第二章，茲引《詩經・大雅・生民之什・板》第二章如下：「天之方難，無然憲憲。天之方蹶，無然泄泄。辭之輯矣，民之洽矣。辭之懌矣，民之莫矣。」〔註 436〕《孟子》所引者是第三至四句：「天之方蹶，無然泄泄。」

然而，此兩句之解釋，學者卻有頗多意見。《毛傳》云：「憲憲猶欣欣也。蹶，動也。泄泄猶沓沓也。」〔註 437〕鄭玄《毛詩箋》云：「天斥王也。王方欲艱難天下之民，又方變更先王之道。臣乎女無沓沓然為之制法，度達其意以成其惡。」〔註 438〕陸德明《經典釋文》云：「泄泄，徐以世反。猶沓沓也。《爾雅》云：『憲憲、泄泄，制法則也。《說文》作呭，云多言也。』」〔註 439〕孔穎達《毛詩正義》云：

> 《釋訓》云：「憲憲、泄泄制法則也。」李巡曰：「皆惡黨為制法則也。」孫炎曰：「厲王方虐，諂臣並為制作法令。」此直解詩人言此之意，而不解其狀。故《傳》解憲憲泄泄之義，憲憲猶欣欣，喜樂貌也。謂見王將為惡政，競隨從而為之制法也。蹶動《釋詁》文。〔註 440〕

朱熹《詩集傳》云：「蹶，動也。泄泄，猶沓沓也，蓋弛緩之意。」〔註 441〕

〔註 434〕《毛詩正義》，北京：中華書局影印〔清〕阮元刻《十三經注疏》本，第十七卷之四，第十四至二十二頁，總第一冊，第 1182～1186 頁，〔宋〕朱熹：《詩集傳》，香港：中華書局，第 200～202 頁。

〔註 435〕《毛詩正義》，北京：中華書局影印〔清〕阮元刻《十三經注疏》本，第十七卷之四，第二十二頁，總第一冊，第 1186 頁，〔宋〕朱熹：《詩集傳》，香港：中華書局，第 202 頁。

〔註 436〕《毛詩正義》，北京：中華書局影印〔清〕阮元刻《十三經注疏》本，第十七卷之四，第十五頁，總第一冊，第 1183 頁。

〔註 437〕《毛詩正義》，北京：中華書局影印〔清〕阮元刻《十三經注疏》本，第十七卷之四，第十五頁，總第一冊，第 1183 頁。

〔註 438〕《毛詩正義》，北京：中華書局影印〔清〕阮元刻《十三經注疏》本，第十七卷之四，第十五頁，總第一冊，第 1183 頁。

〔註 439〕〔唐〕陸德明：《經典釋文》，上海：上海古籍出版社，1985 年，上冊《毛詩音義下》，第十二頁，總第 370 頁。

〔註 440〕《毛詩正義》，北京：中華書局影印〔清〕阮元刻《十三經注疏》本，第十七卷之四，第十六頁，總第一冊，第 1183 頁。

〔註 441〕〔宋〕朱熹：《詩集傳》，香港：中華書局，第 201 頁。

毛亨對泄泄並無實際解釋，只是引述《孟子》之言。而鄭玄形容為制法則的情況，但不是解「泄泄」為製作法則，而是形容制法則的狀況。陸德明則指出了兩個解釋，一是引用《爾雅》解「泄泄」為製作法則之意，又引用《說文》解之為多言。而朱熹解「泄泄」作弛緩。孔穎達則順著《爾雅》之解釋，泄泄乃製作法則的意思。馬瑞辰《毛詩傳箋通釋》云：

> 無然泄泄，《傳》泄泄猶沓沓也。瑞辰按：《說文》：「呭，多言也。又詍，多言也。」竝引此詩。《荀子．解蔽篇》曰：「辨利非以言，是則謂之詍。」是泄泄實多言之貌。《說文》：「沓，語多沓沓也。」沓通作誻。《說文》：「誻，言還誻也。」《玉篇》：「言還誻，妄語也。」《荀子．正名篇》曰：「誻誻然。」楊倞注：「誻誻，多言也。」《詩》：「噂沓背憎」，《鄭箋》謂：「噂噂沓沓，相對談語。」是沓沓亦為多言。故《傳》曰：「泄泄猶沓沓」，其義本之《孟子》。《孟子》曰：「事君無義，進退無禮。」言則非先王之道者，猶沓沓也。正以言非先王之道為猶沓沓，與《荀子》訓詍義合。泄泄謂多言妄發，故上文辭輯、辭懌，專以言詞言。《爾雅．釋訓》：「憲憲、泄泄，制法則也。」郭注：「佐興虐政，設教令也。」此詩《箋》云：「臣乎！女無憲憲然、無沓沓然，為之制法度，達其意以成其惡。」其義正本《爾雅》，均與《說文》多言義近。《正義》以泄泄猶沓沓，為競進之意。朱子《孟子集注》又以泄泄沓沓為弛緩之意，均與古義違矣。
>
> 〔註 442〕

據此而言，馬瑞辰認為多言妄語與製作法則並無矛盾，蓋製作法則者，不依從先王舊典，妄自以君王喜好而立法，就變成多言妄語的法則。而朱熹解泄泄作弛緩，似與《孟子》不合。

按《孟子》此章，「堯舜之道」出現了一次，「先王之道」出現了三次，「先王之法」出現了一次。可見其屢次強調依「先王之道」制定行政措施，而《孟子》於此章第十二節對「泄泄」與「沓沓」有進一步解說，其云：「事君無義，進退無禮，言則非先王之道者，猶沓沓也。」〔註 443〕由此言之，臣子按君王之喜好而設定政令，都是多言之行，違反了依「先王之道」的原則，於是臣子

〔註 442〕〔清〕馬瑞辰：《毛詩傳箋通釋》，第 287 頁。

〔註 443〕《孟子注疏》，北京：中華書局影印〔清〕阮元刻《十三經注疏》本，第七卷上，第三頁，總第五冊，第 5910 頁。

進不能正君，退不能潔己，所有計劃，都出於功利考慮，顧慮身家，先王制法的誠善原則都沒有了。〔註 444〕

十二、引用《蕩之什・蕩》考

理氏引《詩經》指明《孟子》所引詩句出自《蕩》。《離婁上》第二章第五節云：「《詩》云：『殷鑒不遠，在夏后之世。』此之謂也。」〔註 445〕

理雅各《孟子》英譯本注云：「See the *Shih-ching*, III. Iii. Ode I. st. 8, an ode of the time of the monarch Lî（厲），intended for his warning.」〔註 446〕理氏謂，此引述見《詩經・大雅・蕩之什・蕩》第八章，此詩是周厲王時代的詩，目的是諷刺厲王。

根據《毛詩》，《蕩》之詩是《詩經・大雅・蕩之什・蕩》第一首詩，其章句是「蕩，八章，章八句。」〔註 447〕《詩集傳》亦將此詩置於《蕩之什》第一首，同是分八章，每章八句。〔註 448〕茲引述《詩經・大雅・蕩之什・蕩》第八章云：「文王曰咨，咨女殷商。人亦有言：『顛沛之揭，枝葉未有害，本實先撥。』殷鑒不遠，在夏后之世。」〔註 449〕《孟子》所引者，是此詩第八章第七和八句，亦是全詩最末兩句，「殷鑒不遠，在夏后之世。」

這兩詩句的意思是說商代以夏代作借鏡，時代距離並不遙遠。鄭玄《毛詩箋》云：「此言殷之明鏡不遠也，近在夏后之世，謂湯誅傑也。後武王誅紂，今之王者何以不用為戒。」〔註 450〕孔穎達《毛詩正義》云：「殷之所鑒鏡者，非遠矣。止近在往前夏后之世，言桀為成湯所誅，紂惡亦當為周人所殺，汝何以君臣同惡，不用典刑也。此意欲令厲王以紂為鑒，改修德教故也。」〔註 451〕

〔註 444〕〔明〕張居正：《四書集註闡微直解》，第二十卷，第七頁，總第 571 頁。

〔註 445〕《孟子注疏》，北京：中華書局影印〔清〕阮元刻《十三經注疏》本，第七卷上，第六頁，總第五冊，第 5911 頁。

〔註 446〕James Legge, *The Works of Mencius*, p.293.

〔註 447〕《毛詩正義》，北京：中華書局影印〔清〕阮元刻《十三經注疏》本，第十八卷之一，第一至七頁，總第一冊，第 1191～1194 頁。

〔註 448〕〔宋〕朱熹：《詩集傳》，香港：中華書局，第 203～204 頁。

〔註 449〕《毛詩正義》，北京：中華書局影印〔清〕阮元刻《十三經注疏》本，第十八卷之一，第七頁，總第一冊，第 1194 頁。

〔註 450〕《毛詩正義》，北京：中華書局影印〔清〕阮元刻《十三經注疏》本，第十八卷之一，第七頁，總第一冊，第 1194 頁。

〔註 451〕《毛詩正義》，北京：中華書局影印〔清〕阮元刻《十三經注疏》本，第十八卷之一，第七頁，總第一冊，第 1194 頁。

朱熹《詩集傳》云:「蘇氏曰:商周之衰,典刑未廢,諸侯未畔,四夷未起,而其君先為不義以自絕於天,莫可救止,正猶此爾。殷鑒在夏,蓋為文王嘆紂之辭。然周鑒之在殷,亦可知矣。」〔註452〕

《孟子》引用此詩,是要人知所效法,學古聖賢之道,行古聖王之法,焦循云:「蓋孟子之學,在習先聖之道,而行先王之法,故言稱堯舜,願學孔子。」〔註453〕而其效法先王、孔子的原因,乃君臣各有其遵守之道,而各守其道所帶來的名聲,可傳之久遠,然一旦不由其道而行,後果就如《孟子》此章第四節所言「暴其民甚,則身弒國亡,不甚,則身危國削,名之曰『幽』、『厲』,雖孝子慈孫,百世不能改也。」〔註454〕據《孟子》此語而言,則人之名聲可傳之百世,惡名既立,亦傳之無窮,雖子孫有好名譽,亦不能為祖先挽回聲譽,張居正《四書集註闡微直解》云:

> 幽、厲,都是不好的諡號,動靜亂常叫作幽,殺戮無辜叫作厲。孟子說:「君道惟在於仁,仁則能以堯之所以治民者治民,而身安國寧萬世稱明矣。若不仁之君,暴虐其民,或橫征厚斂以窮民之財,或嚴刑峻罰以殘民之命,其為虐政多端,然人心既離,禍患立至,甚則身弒國亡,而不能以自存,不甚則身危國削,而不能以自振。蓋惡有大小,則禍有重輕,未有不害於其身,凶于其國者也。然不但身受其禍而已,至於沒身之後,考其行事,定其諡號,或以其昏昧不明,而名之曰『幽』,如周之幽王;或以其殘賊無道,而名之曰『厲』,如周之厲王。這等惡謚,定之一時,傳之百世,雖有孝子慈孫欲為祖宗掩覆前愆,亦有不能更改者矣。夫一不仁,而身前之慘禍,身後之惡名,至於如此。然則欲盡君道者,可不知所鑒哉?」〔註455〕

然而,《孟子》並無說明此語是對何人而言,是以,其引此詩之目的,應該不止對君王而言,亦可以對其弟子而言。所以,不僅君王治理百姓要如此,個人選擇人生途徑也是如此,亦即行仁才可向上提升,不行仁就自取滅

〔註452〕〔宋〕朱熹:《詩集傳》,香港:中華書局,第204頁。

〔註453〕〔清〕焦循:《孟子正義》,北京:中華書局,北京:中華書局,上冊,第492頁。

〔註454〕《孟子注疏》,北京:中華書局影印〔清〕阮元刻《十三經注疏》本,第七卷上,第六頁,總第五冊,第5911頁。

〔註455〕〔明〕張居正:《四書集註闡微直解》,第二十卷,十一頁,第573頁。

亡〔註 456〕，甚且子孫也被人恥笑〔註 457〕。

十三、引用《蕩之什．桑柔》考

理氏一共兩次引用《桑柔》，解釋《孟子》所引述詩句的出處。

（一）

理氏引用《詩經》指出《孟子》的引述來自《詩經．桑柔》。《離婁上》第七章第六節：「今也欲無敵於天下，而不以仁，是猶執熱而不以濯也。《詩》云：『誰能執熱，逝不以濯？』」〔註 458〕

理雅各《孟子》英譯本注云：

> See the *Shih-ching*, III. Iii.Ode III. St. 5. The ode is referred to the time of the sovereign Lî, when the kingdom was hastening to ruin, and in the lines quoted, the author deplores that there was no resort to proper measures.〔註 459〕

理氏意謂，見《詩經．大雅．蕩之什．桑柔》第五章，此詩是指厲王在位時代，國家即將消亡，而所引之詩句，作者譴責其時已無策略恢復正常措施。

《桑柔》一詩，《毛經》與朱熹《詩集傳》俱置於《詩經．大雅．蕩之什》第三首，〔註 460〕二者章句都是「桑柔，八章章八句，八章章六句。」〔註 461〕《孟子》所引是第五章，茲將《詩經．大雅．蕩之什．桑柔》第五章列出云：「為謀為毖，亂況斯削。告爾憂恤，誨爾序爵。誰能執熱，逝不以濯？其何能淑，載胥及溺。」〔註 462〕

《孟子》所引是第五至六句「誰能執熱，逝不以濯？」。《毛傳》云：「濯，

〔註 456〕傅佩榮：《解讀孟子》，臺北：立緒文化事業有限公司，2004 年，第 160 頁。

〔註 457〕傅佩榮：《孟子新解》，上冊，第 317 頁。

〔註 458〕《孟子注疏》，北京：中華書局影印〔清〕阮元刻《十三經注疏》本，第七卷上，第十頁，總第五冊，第 5913 頁。

〔註 459〕James Legge, *The Works of Mencius*, p.298.

〔註 460〕《毛詩正義》，北京：中華書局影印〔清〕阮元刻《十三經注疏》本，第十八卷之二，第一頁至十一頁，總第一冊，第 1203～1207 頁，〔宋〕朱熹：《詩集傳》，香港：中華書局，第 207～210 頁。

〔註 461〕《毛詩正義》，北京：中華書局影印〔清〕阮元刻《十三經注疏》本，第十八卷之二，第十一頁，總第一冊，第 1207 頁，〔宋〕朱熹：《詩集傳》，香港：中華書局，第 210 頁。

〔註 462〕《毛詩正義》，北京：中華書局影印〔清〕阮元刻《十三經注疏》本，第十八卷之二，第四頁，總第一冊，第 1204 頁。

所以救熱也。禮亦所以救亂也。」〔註 463〕鄭玄《毛詩箋》云:「恤亦憂也。逝猶去也。我語女以憂天下之憂。教女以次序賢能之爵,其為之當如手持熱物之用濯。謂治國之道,當用賢者。」〔註 464〕孔穎達《毛詩正義》云:「襄三十一年《左傳》引此詩乃云:『禮之於政,如熱之有濯也。濯以救熱,何患之有,是以濯救熱,喻以禮救亂也。必賢人能行禮,故《箋》云:治國之道,當用賢以申足傳意也。』」〔註 465〕朱熹《詩集傳》云:「執熱,手持熱物也。蘇氏曰:王豈不謀且慎哉,然而不得其道,適所以長亂而自削耳。故告之以其所當憂,而誨之以序爵,且曰:誰能執熱而不濯者,賢者之能已亂,猶濯之能解熱矣。不然,則其何能善哉,相與入於陷溺而已。」〔註 466〕可見解經者都著重此兩句經文之比喻意義,濯能解熱比喻禮能救國,但對「執熱、以濯」語焉未詳。楊伯峻《孟子譯注》解釋較易明白,云:

> 誰能執熱,逝不以濯——見《詩經・大雅・桑柔篇》。逝,語詞,無義。段玉裁《經韻樓集詩執熱解》云:「尋詩意,執熱猶觸熱苦熱,濯謂浴也。濯訓滌,沐以濯髮,浴以灌身,洗以濯足,皆得云濯。此詩謂誰能苦熱而不澡浴以潔其體,以求涼快者乎?《鄭箋》,《孟子趙注》、《朱注》、《左傳杜注》皆云『濯其手』,轉使義晦,由泥於『執』字耳。」〔註 467〕

張居正《四書集註闡微直解》云:

> 《大雅・桑柔》之篇有云:「誰能執熱,逝不以濯。」是說持熱者必以水自濯而後可以解熱,猶立國者必以仁自強,而後可以服人。若不務行仁,而欲無敵于天下,萬無是理也。為人君者可不勉哉!蓋戰國諸侯,地丑德齊,莫能相尚。如齊宣王欲蒞中國,撫四夷,而但知興兵構怨,梁惠王欲雪先人之恥,而不免糜爛其民。孟子皆以仁政告之,而卒不能用。故設為此論,以儆當時之君者如此。〔註 468〕

〔註 463〕《毛詩正義》,北京:中華書局影印〔清〕阮元刻《十三經注疏》本,第十八卷之二,第四頁,總第一冊,第 1204 頁。

〔註 464〕《毛詩正義》,北京:中華書局影印〔清〕阮元刻《十三經注疏》本,第十八卷之二,第四頁,總第一冊,第 1204 頁。

〔註 465〕《毛詩正義》,北京:中華書局影印〔清〕阮元刻《十三經注疏》本,第十八卷之二,第四至五頁,總第一冊,第 1204～1205 頁。

〔註 466〕〔宋〕朱熹:《詩集傳》,香港:中華書局,第 208 頁。

〔註 467〕楊伯峻:《孟子譯注》,上冊,第 169～170 頁。

〔註 468〕〔明〕張居正:《四書集註闡微直解》,第二十卷,第十九頁,總第 577 頁。

《孟子》所強調者，乃行仁政才可以天下無敵。不行仁政的君王，想天下無敵，就如在炎熱之下的人，不懂以水沖身以解苦熱的身體，結果是適得其反。

（二）

理氏引《詩經》說明《孟子》引述的詩句源自《桑柔》。《離婁上》第九章第六節：「《詩》云：『其何能淑？載胥及溺』」〔註 469〕

理雅各《孟子》英譯本注云：「The quotation from the *Shih-ching* is of the two lines immediately following the last quotation in chap. Vii.」〔註 470〕理氏意謂此兩詩句出自《詩經・大雅・蕩之什・桑柔》，緊接著前面《離婁上》第七章引述的詩句。

《孟子》所引述的兩詩句是《詩經・大雅・蕩之什・桑柔》第七章第七至八句：「其何能淑，載胥及溺。」〔註 471〕《詩經》與《孟子》的用字無分別。鄭玄《毛詩箋》云：「淑，善。胥，相。及，與也。女若云此於政事，何能善乎。則女君臣皆相與陷溺於禍難。」〔註 472〕孔穎達《毛詩正義》云：「以其拒諫無謀，故當至於滅亡。」〔註 473〕

《孟子》引述此兩詩句，目的是告誡人君，倘不行仁政，就會國家敗亡，茲將《離婁上》第九章第五至六節列出：「今之欲王者，猶七年之病，求三年之艾。苟為不蓄，終身不得，苟不志於仁，終身憂辱，以陷於死亡。《詩》云：『其何能淑？載胥及溺』」〔註 474〕可見《孟子》引用詩經作例子，解釋其告誡王者行仁政的理論，著重長治久安的政治策略，否則國家就會危在旦夕。張居正《四書集註闡微直解》云：

> 艾，是草名，用以灸病的。詩，是《大雅・桑柔》篇。淑，是

〔註 469〕《孟子注疏》，北京：中華書局影印〔清〕阮元刻《十三經注疏》本，第七卷下，第一頁，總第五冊，第 5918 頁。

〔註 470〕James Legge, *The Works of Mencius*, p.301.

〔註 471〕《毛詩正義》，北京：中華書局影印〔清〕阮元刻《十三經注疏》本，第十八卷之二，第四頁，總第一冊，第 1204 頁。

〔註 472〕《毛詩正義》，北京：中華書局影印〔清〕阮元刻《十三經注疏》本，第十八卷之二，第四頁，總第一冊，第 1204 頁。

〔註 473〕《毛詩正義》，北京：中華書局影印〔清〕阮元刻《十三經注疏》本，第十八卷之二，第四頁，總第一冊，第 1204 頁。

〔註 474〕《孟子注疏》，北京：中華書局影印〔清〕阮元刻《十三經注疏》本，第七卷下，第一頁，總第五冊，第 5918 頁。

善。「載」字，解作「則」字。胥，是相。孟子承上文說：「好仁之君，必能王天下，則欲王者，惟在強仁而已。但今之諸侯，都只以富國強兵，虐害生民為事，積患已深，一旦要起敝扶衰，統一天下，如何可得？須是及早悔悟，汲汲然舉行仁政，以愛養生民，然後人心可收，王業可致。譬如以七年之病，求三年之艾的一般，蓋病至七年，則已沉痼難愈，而艾必三年，然後乾久可用，則治病的人須是從今日畜起，猶或可及。苟不以時畜之，日復一日，便至終身亦不得乾久之艾，而病日益深，死日益迫矣。若今之諸侯不能及時努力，銳然有志於行仁，則與受病已深，而不能畜艾者何異？將見國事日非，人心日去，因循至於終身，惟有憂辱相循，以陷於死亡而已。豈復有能自振拔之理乎？《詩・大雅・桑柔》之篇說：『其何能淑，載胥及溺。』是說人不能為善，則相引以及於沉溺而已。是即不仁之君，終身憂辱，死亡之謂也。」有國家者，誠能鑒往日之愆，圖將來之善，則可以轉弱為強，得民而得天下矣，豈特免於憂辱而已哉！〔註475〕

君主行仁政是長治久安之道，又有預防社會腐化的功能。武力擴張只能用於一時，暴虐殘民更會導致社會混亂。君王如只知用武力鎮壓，而不早日用仁政教化百姓，到百姓無禮義廉恥的行為日見乖張，到時再行仁政就太遲了。

十四、引用《蕩之什・雲漢》考

理氏引《詩經》指《孟子》的《雲漢》一詩的出處。《萬章上》第四章第二節：「故說詩者，不以文害辭，不以辭害志；以意逆志，是為得之。如以辭而已矣。《雲漢》之詩曰：『周餘黎民，靡有孑遺。』信斯言也，是周無遺民也。」〔註476〕

理雅各《孟子》英譯本注云：「《雲漢》之詩，—— see the *Shih-ching*, III. iii. Ode IV. St. 3.」〔註477〕理氏意謂，《雲漢》之詩見《詩經・大雅・蕩之什・雲漢》第三章。

〔註475〕〔明〕張居正：《四書集註闡微直解》，第二十卷，第二十四至二十五頁，總第579～580頁。

〔註476〕《孟子注疏》，北京：中華書局影印〔清〕阮元刻《十三經注疏》本，第九卷上，第十頁，總第五冊，第5950頁。

〔註477〕James Legge, *The Works of Mencius*, p.353.

《雲漢》之詩，《毛詩》與朱熹《詩集傳》同置於《詩經．大雅．蕩之什》第四首，〔註 478〕二者章句都是：「雲漢，八章，章十句。」〔註 479〕

茲將《詩經．大雅．蕩之什．雲漢》第三章引之如下：「旱既大甚，則不可推。兢兢業業，如霆如雷。周餘黎民，靡有孑遺。昊天上帝，則不我遺。胡不相畏，先祖于摧。」〔註 480〕《孟子》所引者乃第五至六句，「周餘黎民，靡有孑遺。」

《孟子》引《雲漢》之詩的兩句，不可以獨立解釋，必須結合上下文，即《雲漢》第三章整章解釋。此章之解釋，《毛傳》云：「推，去也。兢兢，恐也。業業，危也。孑然，遺失也。摧，至也。」〔註 481〕鄭玄《毛詩箋》云：

> 黎，眾也。旱既不可移去，天下困於飢饉，皆心動意懼，兢兢然，業業然，狀有如雷霆近發於上，周之眾民多有死亡者矣，今其餘無有孑遺者，言又飢病也。摧，當作嗺，嗺嗟也。天將遂旱，餓殺我與先祖，何不助我恐懼，使天雨也。先祖之神于嗟乎，告困之辭。〔註 482〕

朱熹《詩集傳》云：

> 推，去也。兢兢，恐也。業業，危也。如霆如雷，言畏之甚也。孑，無右臂貌。遺，餘也。言大亂之後，周之餘民，無復有半身之遺者。而上天又降旱災，使我亦不見遺也。摧，滅也。言先祖之祀將自此而滅也。〔註 483〕

可見，「周餘黎民，靡有孑遺」是一種誇張的手法，說明周民所受的苦難非常嚴重，並不是說周的遺民全部被消滅了，《孟子》亦對此兩句詩批評云：

〔註 478〕《毛詩正義》，北京：中華書局影印〔清〕阮元刻《十三經注疏》本，第十八卷之二，第十二至二十三頁，總第一冊，第 1208～1214 頁，〔宋〕朱熹：《詩集傳》，香港：中華書局，第 210～212 頁。

〔註 479〕《毛詩正義》，北京：中華書局影印〔清〕阮元刻《十三經注疏》本，第十八卷之二，第二十三頁，總第一冊，第 1214 頁，〔宋〕朱熹：《詩集傳》，香港：中華書局，第 212 頁。

〔註 480〕《毛詩正義》，北京：中華書局影印〔清〕阮元刻《十三經注疏》本，第十八卷之二，第十六至十七頁，總第一冊，第 1210～1211 頁。

〔註 481〕《毛詩正義》，北京：中華書局影印〔清〕阮元刻《十三經注疏》本，第十八卷之二，第十六至十七頁，總第一冊，第 1210～1211 頁。

〔註 482〕《毛詩正義》，北京：中華書局影印〔清〕阮元刻《十三經注疏》本，第十八卷之二，第十六至十七頁，總第一冊，第 1210～1211 頁。

〔註 483〕〔宋〕朱熹：《詩集傳》，香港：中華書局，第 211 頁。

「信斯言也，是周無遺民也。」焦循《孟子正義》云：

> 序言：宣王「遇災而懼」，每章首言旱既太甚，知詩人之志在憂旱災也。……然則，「靡有孑遺」乃虛設之辭，謂旱災如此，先祖若不助我恐懼，使天雨，則昊天上帝既不欲使我民有遺留，周餘黎民必將飢饉餓病，無有孑遺也。〔註484〕

《孟子》引用《雲漢》之詩的目的，是說明解釋古代文獻的態度，張居正《四書集註闡微直解》云：「凡文辭，一字叫作文，一句叫作辭。」〔註485〕解說《詩經》的人，不可拘於文字而誤解詞句，也不可拘於詞句而誤解原意。又要切身體會推測作者的本意。〔註486〕

孟子的讀書態度，不單止對《詩經》如此，他對《書經》也有類似的看法，看文獻不能局限於一個字或一個詞，需要顧及整體意義。經文中有些是用了誇飾手法的，就要根據上下文來判斷其意思，不可以完全的按照字面理解。

十五、引用《蕩之什・烝民》考

理氏引《詩經》指《孟子》所引詩出自《烝民》。《告子上》第六章第八節云：「《詩》曰：『天生蒸民，有物有則。民之秉彝，好是懿德。』孔子曰：『為此詩者，其知道乎！故有物必有則，民之秉彝也，故好是懿德。』」〔註487〕

理雅各《孟子》英譯本注云：

> 詩曰，see the *Shih-ching*, III. Pt. III. Ode VI. St. I, where we have 烝 for 蒸, and 彝 for 夷. 有物有則, —— "have things have laws," but the things specially intended are our constitution with reference to the world of sense, and the various circles of relationship.〔註488〕

理氏謂，《詩》曰，見《詩經・大雅・蕩之什・烝民》第一章，而在《烝民》一詩，「蒸」作「烝」、「夷」作「彝」，有物有則即是有事物又有法則，但事物是特指感官世界與及其相關範圍的制度。

《毛詩》與朱熹《詩集傳》都將《烝民》一詩置於《詩經・大雅・蕩之什》

〔註484〕〔清〕焦循：《孟子正義》，北京：中華書局，下冊，第640頁。
〔註485〕〔明〕張居正：《四書集註闡微直解》，第二十二卷，第十四頁，總第623頁。
〔註486〕楊伯峻：《孟子譯注》，上冊，第216頁。
〔註487〕《孟子注疏》，北京：中華書局影印〔清〕阮元刻《十三經注疏》本，第十一卷上，第七至八頁，總第五冊，第5981頁。
〔註488〕James Legge, *The Works of Mencius*, p.403.

第六首，〔註489〕二者章句同是「烝民，八章，章八句。」〔註490〕茲引述《詩經·大雅·蕩之什·烝民》第一章云：「天生烝民，有物有則。民之秉彝，好是懿德。天監有周，昭假于下，保茲天子，生仲山甫。」〔註491〕《孟子》所引者是第一至四句「天生烝民，有物有則。民之秉彝，好是懿德。」

《孟子》的引述，用字與《詩經·烝民》有些不同，《孟子》:「天生蒸民」，《詩經·烝民》作「天生烝民」與詩題用字相同。此外，理氏謂《孟子》:「民之秉彝」《烝民》作「民之秉夷」，這點有討論餘地。

先論《孟子》:「天生蒸民」與《詩經·烝民》「天生烝民」之不同。許慎《說文解字》云：「烝，火气上行也。」〔註492〕又「蒸，析麻中榦也。」〔註493〕是以「烝」與「蒸」二字意義原本不同，但「烝」字的寫法與意義都成為「蒸」之假借字，段玉裁:《說文解字注》烝字下注云:「此烝之本義，引申之則，烝，進也。……又引申之則欠也、眾也。……眾之義，如《東山》:『烝在栗薪』……經典多假蒸為之者。」〔註494〕是以，《烝民》一詩所用是本字，《孟子》所用者是假借字。

至於理氏注解云「夷」作「彝」，是因為理氏所據之《孟子》版本而形成此一講法。據不同版本之《詩經》，「民之秉彝」都用「彝」，如阮元刻《十三經注疏·詩經》〔註495〕，陳奐《詩毛氏傳疏》〔註496〕，方玉潤《詩經原始》〔註497〕，

〔註489〕《毛詩正義》，北京：中華書局影印〔清〕阮元刻《十三經注疏》本，第十八卷之三，第十一至十七頁，總第一冊，第1224～1227頁，〔宋〕朱熹：《詩集傳》，第214～215頁。

〔註490〕《毛詩正義》，北京：中華書局影印〔清〕阮元刻《十三經注疏》本，第十八卷之三，第十七頁，總第一冊，第1227頁，〔宋〕朱熹：《詩集傳》，第215頁。

〔註491〕《毛詩正義》，北京：中華書局影印〔清〕阮元刻《十三經注疏》本，第十八卷之三，第十一頁，總第一冊，第1224頁。

〔註492〕〔漢〕許慎著，〔清〕段玉裁注：《說文解字注》，第十篇上，第四十一頁，總第480頁。

〔註493〕〔漢〕許慎著，〔清〕段玉裁注：《說文解字注》，第一篇下，第四十七頁，總第44頁。

〔註494〕〔漢〕許慎著，〔清〕段玉裁注：《說文解字注》，第十篇上，第四十一頁，總第480頁。

〔註495〕《毛詩正義》，北京：中華書局影印〔清〕阮元刻《十三經注疏》本，第十八卷之三，第十一頁，總第一冊，第1224頁。

〔註496〕〔清〕陳奐：《詩毛氏傳疏》，下冊，第二十五卷第十八頁，總第782頁。

〔註497〕〔清〕方玉潤：《詩經原始》，臺北：藝文印館，下冊，第十五卷第二十五頁，總第1185頁。

王先謙:《詩三家義集疏》〔註498〕,朱熹《詩集傳》〔註499〕,即使理氏的《詩經》英譯本仍然是用「彝」。〔註500〕

至於《孟子》,阮元刻《十三經注疏·孟子》,「民之秉彝」都用「彝」,但據阮元的《十三經注疏校勘記》就指出,有些版本是用「夷」,其云:「閩本同石經,彝作夷。監本、毛本、孔本、韓本、考文古本、足利本同,石經下同。」〔註501〕而朱熹《四書集註·孟子集註》則是「民之秉夷」,〔註502〕理氏的《孟子》英譯本是屬於《四書》的體例,所以其根據的版本是《四書·孟子》,因而有《烝民》「彝」作「夷」的講法。

《詩經·大雅·蕩之什·烝民》第一章第一至四句「天生烝民,有物有則。民之秉彝,好是懿德。」的意思,《毛傳》云:「烝,眾。物、事。則、法。彝,常。懿、美也。」〔註503〕鄭玄《毛詩箋》云:「秉,執也。天之生眾民,其性有物象,謂五行,仁、義、禮、智、信是也。其情有所法,謂喜、怒、哀、樂、好、惡也。然而民所執持有常道,莫不好有美德之人。」〔註504〕朱熹《詩集傳》云:

> 言天生眾民,有是物必有是則。蓋自百骸九竅五藏而達之君臣父子夫婦長幼朋友,無非物也。而莫不有法焉,如視之明、聽之聰、貌之恭、言之順、君臣有義、父子有親之類是也。是乃民之所執之常性,故其情無不好此美德者。……昔孔子讀《詩》至此而贊之曰:「為此詩者,其知道乎。故有物必有則,民之秉彝也。」而孟子引之,以證性善之說。其旨深矣,讀者其致思焉。〔註505〕

其意就是上天覆育萬物有一定的法則與規矩,百姓秉持著永恆的常規,追求這些美好德行。換言之,人生下來,就有求善求美的稟性。

〔註498〕〔清〕王先謙:《詩三家義集疏》,下冊,第967頁。

〔註499〕〔宋〕朱熹:《詩集傳》,第214頁。

〔註500〕James Legge, *The She King*, p.475.

〔註501〕《孟子注疏》,北京:中華書局影印〔清〕阮元刻《十三經注疏》本,第十一卷上,校勘記,第三頁,總第五冊,第5984頁。

〔註502〕〔宋〕朱熹:《四書集註·孟子集註》,影印怡府藏版,第六卷,第六頁。

〔註503〕《毛詩正義》,北京:中華書局影印〔清〕阮元刻《十三經注疏》本,第十八卷之三,第十一頁,總第一冊,第1224頁。

〔註504〕《毛詩正義》,北京:中華書局影印〔清〕阮元刻《十三經注疏》本,第十八卷之三,第十一頁,總第一冊,第1224頁。

〔註505〕〔宋〕朱熹:《詩集傳》,第214頁。

孟子引用此詩句的目的，是要駁斥告子的「性無善，無不善」的理論。王邦雄：《孟子義理疏解》云：

> 孟子在此章最後引古詩來證明性善。他所引的這首詩，孔子曾下評論說：「作這首詩的人真懂得道啊！」作這詩的人有非常深的洞見及形上智慧。天生眾民，每一樣事物都有它的規律，這是指出一切存在皆有其所以然之理，都有實現其存在之規律，那便是形而上的實體而百姓所秉持的常性，是喜好美好的德行。此是說，人的存在，是以喜愛美德為他的常性的，而人這常性，是天之所賦予的。上天賦予百姓常性，使他們喜好美德，所以人都是好善的，而人的為善，方是上天生人的本意。這首詩創作的年代很久遠，可見在孔孟之前數百年已有先哲具有性善的想法。〔註 506〕

張居正《四書集註闡微直解》云：「天生眾民，有物有則，言物與則，皆生理之出于天者也。民秉常性，好此美德，言所秉所好，皆良心之俱於人者也。」〔註 507〕傅佩榮《孟子新解》云：「一個人即使未受教育，但是他保持自己平常而正常的性格，譬如做事全憑良心，那麼自然就會愛好美德。這種說法也有助於闡明人性向善的觀點。」〔註 508〕《孟子》引此詩的目的，是說明人性本善，而且此性是上天所賦予的。

第四節　引用《頌》詩文獻考

一、引用《周頌・我將》考

理氏引《詩經》指明《孟子》所引詩文來自《我將》。《梁惠王下》第三章第三節：「《詩》云：『畏天之威，于時保之。』」〔註 509〕

理雅各《孟子》英譯本注云：「See the *Shih-ching* IV. i. Bk. I. Ode VII. St. 3.」〔註 510〕理氏意謂，參考《詩經・周頌・清廟之什・我將》第三節。

茲引述《詩經・周頌・清廟之什・我將》之文云：「我其夙夜，畏天之威，

〔註 506〕王邦雄：《孟子義理疏解》，第 49～50 頁。

〔註 507〕〔明〕張居正：《四書集註闡微直解》，第二十四卷，第十四頁，總第 662 頁。

〔註 508〕傅佩榮：《解讀孟子》，第 294 頁。

〔註 509〕《孟子注疏》，北京：中華書局影印〔清〕阮元刻《十三經注疏》本，第二卷上，第六頁，總第五冊，第 5817 頁。

〔註 510〕James Legge, *The Works of Mencius*, p.155.

于時保之。」〔註511〕

理氏將此詩分為三章，〔註512〕他所引者是其所分章之第三章。然而按《毛詩》只得一章，分為十句，〔註513〕朱熹《詩集傳》亦同是只得一章分十句。〔註514〕唯兩版本都把此詩分三大段落來看，「我其夙夜，畏天之威，于時保之。」是第八至十句，朱熹又言此二句是「卒章」〔註515〕，即將此三句看成一章，理氏可能據朱熹之言而分此詩為三章，又把這三句當作第三章。

《我將》此詩，是指周室「祀帝于明堂，以文王為之配也。」〔註516〕而此三句之意，鄭玄《毛詩箋》云：「早夜敬天，於是得安文王之道。」〔註517〕朱熹《詩集傳》云：「又言天與文王既皆右享我矣，則我其敢不夙夜畏天之威，以保天與文王所以降鑒之意乎。……卒章惟言畏天之威，而不及文王者，統於尊也。畏天所以畏文王也，天與文王一也。」〔註518〕陳奐《詩毛氏傳疏》：

> 此言天常眷右我周，能保安天命之意。文十五年《左傳》引《詩》而釋之云：「不畏于天，將何能保。」又《孟子．梁惠王篇》云：「樂天者，保天下。畏天者，保其國。」亦引此詩。蓋周公治雒，祀文王，其制禮後，兼祀武王，皆歌此詩。故趙岐《孟子注》云：「言成王尚畏天之威，故能安其太平之道。」此或本三家義，合祭文王於周公致政之年而言之也。〔註519〕

《孟子》引用此詩之目的，是以之作例子，解釋樂天與畏天者的分別，焦循《孟子正義》云：

> 《易繫辭傳》云：「樂天知命，故不憂。」此以知命申明樂天之

〔註511〕《毛詩正義》，北京：中華書局影印〔清〕阮元刻《十三經注疏》本，第十九卷之二，第五頁，總第一冊，第1268頁。

〔註512〕James Legge, *The She King*, p.575~576.

〔註513〕《毛詩正義》，北京：中華書局影印〔清〕阮元刻《十三經注疏》本，第十九卷之二，第三至五頁，總第一冊，第1267～1268頁。

〔註514〕〔宋〕朱熹：《詩集傳》，香港：中華書局，第225～226頁。

〔註515〕〔宋〕朱熹：《詩集傳》，香港：中華書局，第226頁。

〔註516〕〔清〕方玉潤：《詩經原始》，臺北：藝文印館，下冊，第十六卷，第十四頁，總第1250頁。

〔註517〕《毛詩正義》，北京：中華書局影印〔清〕阮元刻《十三經注疏》本，第十九卷之二，第五頁，總第一冊，第1268頁。

〔註518〕〔宋〕朱熹：《詩集傳》，香港：中華書局，第225～226頁。

〔註519〕〔清〕陳奐：《詩毛氏傳疏》，第二冊，第二十六卷，第九頁，總第831～832頁。

義，聖人不忍天下之危，包容涵畜，為天下造命，故為知命，是為樂天。天之生人，欲其並生並育，仁者以天為量，故以天之並生並育為樂也。天道又虧盈而益謙，不畏則盈滿招咎，戮其身即害其國。智者不使一國之危，故以天之虧盈益謙為畏也。而究之樂天者無不畏天，故引周公之頌申明之。畏天為畏天之威，則樂天為樂天之德也。……天生萬物無不蓋，聖人道濟天下無不容，行道者所以樂天也。不知時不可為，則將以所養人者害人，量時者所以畏天也。〔註520〕

樂天者就是行天道的人，畏天者是喪道害人之人，這是兩者最大的分別，這種理論，亦與孟子一貫思想吻合。

二、引用《魯頌・閟宮》考

理氏引用《詩經》指明《孟子》的引述出自《閟宮》。《滕文公上》第四章第十六節：「魯頌曰：『戎狄是膺，荊舒是懲。』周公方且膺之，子是之學，亦為不善變矣！」〔註521〕

理雅各《孟子》英譯本注云：「See the *Book of Poetry*, IV. Ii.Ode IV. St. 6. The two clauses quoted refer to the achievements of the duke Hsî. *Mencius* uses them as if they expressed the approbation of his ancestor Châu-kung.」〔註522〕理氏意謂，此詩見於《詩經・頌・魯頌・閟宮》第六章。所引的兩詩句，是指僖公的貢獻，孟子使用此詩句，用作表示對其祖先周公的贊許。

理氏在此，不用音譯的 *Shih-ching* 而用意譯的 *Book of Poetry*。《閟宮》一詩，《毛詩》之章句是「閟宮八章。二章章十七句，一章十二句，一章三十八句，二章章八句，二章章十句。」〔註523〕朱熹《詩集傳》之章句則是「閟宮，九章。五章章十七句，二章章八句，二章章十句。」〔註524〕二者的分別頗大。理氏的英譯《詩經》是採用《詩集傳》的章句。〔註525〕理氏謂《孟子》此兩詩句是出自《詩經・魯頌・閟宮》第六章，然根據《詩集傳》與及理氏英譯《詩

〔註520〕〔清〕焦循：《孟子正義》，北京：中華書局，上冊，第112～113頁。

〔註521〕《孟子注疏》，北京：中華書局影印〔清〕阮元刻《十三經注疏》本，第五卷下，第五頁，總第五冊，第5885頁。

〔註522〕James Legge, *The Works of Mencius*, p.255~256.

〔註523〕《毛詩正義》，北京：中華書局影印〔清〕阮元刻《十三經注疏》本，第二十卷之二，第十六至十七頁，總第一冊，第1333～1334頁。

〔註524〕〔宋〕朱熹：《詩集傳》，香港：中華書局，第242頁。

〔註525〕James Legge, *The She King*, p.620~629.

經》，實為第五章。《孟子》所引的兩詩句，據《毛詩》是第四章第廿八至廿九句，據《詩集傳》則是第五章第七至八句。

茲據阮刻《十三經注疏・詩經・魯頌・閟宮》第四章第廿八至三十句云：「戎狄是膺，荊舒是懲，則莫我敢承。」〔註526〕《毛傳》云：「膺，當。承，止也。」〔註527〕鄭玄《毛詩箋》云：「懲，艾也。僖公與齊桓舉義兵，北當戎與狄，南艾荊及羣舒，天下無敢禦也。」〔註528〕孔穎達《毛詩正義》云：「車徒既多，甲兵又備，西戎北狄來侵者，於是以此應當之。荊楚羣舒叛逆者於是以此懲創之。軍之所征，往無不克。則無有於我僖公敢禦止之者，由其無敵於天下，故得民庶安寧，土境復故。」〔註529〕朱熹《詩集傳》云：「戎，西戎。狄，北狄。膺，當也。荊，楚之別號。舒，其與國也。懲，艾。承，禦也。僖公嘗從齊桓公伐楚，故以此美之，而祝其昌大壽考也。」〔註530〕可見此詩是贊美僖公之功蹟。

孟子引用此詩之目的，是回答陳相的問題。陳相曾經跟隨「農家」的提倡者許行，認為社會無分貴賤，都應該以個人的勞力自給自足，人人都要下田耕種而食，即使君王也不例外。而孟子則主張勞心者治人，勞力者治於人的理論。勞心者是從事大人之事，勞力者是從事小人之事，治理國家必須有人勞心而行教化，社會應該有分工，許行這種無分工之理論是屬蠻夷之思想，所以孟子引用《閟宮》一詩以說明蠻夷之不可學。

然而，孟子引用《閟宮》之詩，學者有不同之見解。朱熹評之曰：「按，今此詩為僖公之頌，而孟子以周公言之，亦斷章取義也。」〔註531〕但趙岐之解說較為可取：

> 《詩・魯頌・閟宮之篇》也，膺擊也，懲艾也。周家時擊戎狄之不善者，懲止荊之人，使不敢侵陵也，周公常欲擊之，言南蠻之

〔註526〕《毛詩正義》，北京：中華書局影印〔清〕阮元刻《十三經注疏》本，第二十卷之二，第十頁，總第一冊，第1330頁。

〔註527〕《毛詩正義》，北京：中華書局影印〔清〕阮元刻《十三經注疏》本，第二十卷之二，第十頁，總第一冊，第1330頁。

〔註528〕《毛詩正義》，北京：中華書局影印〔清〕阮元刻《十三經注疏》本，第二十卷之二，第十頁，總第一冊，第1330頁。

〔註529〕《毛詩正義》，北京：中華書局影印〔清〕阮元刻《十三經注疏》本，第二十卷之二，第十一頁，總第一冊，第1331頁。

〔註530〕〔宋〕朱熹：《詩集傳》，香港：中華書局，第242頁。

〔註531〕〔宋〕朱熹：《四書集註・孟子集註》，影印怡府藏版，第三卷，第十四頁。

人難用，而子反悅是人而學其道，亦為不善變更矣，孟子究陳此者，所以責陳相也。〔註 532〕

由此而言孟子引用者是《魯頌》之詩，然伐戎狄蠻夷之事，不是由齊桓公與魯僖公開始，周公已有擊之之意。

孟子在《萬章上》第四章曾說過，「故說詩者，不以文害辭，不以辭害志；以意逆志，是為得之。」〔註 533〕其意是說解說《詩經》的人，不應拘於文字而誤解詞句，也不應拘於詞句而誤詩意，用自己切身體會去理解去揣摩詩的意思。〔註 534〕這是孟子的詩論，而其在引用《閟宮》一詩，正是貫徹他的詩論，是取詩意而用之不拘泥於字句及詩句原本的用途，反而在使用時賦予新的意義。孟子其人是充滿革新精神的人，此革新精神亦顯之於其使用《閟官》一詩之方式。後世解詩者，亦將《孟子》所引《閟官》此兩詩句看作是周公所作之事，張居正《四書集註闡微直解》云：

又觀《魯頌》篇中說：「周公輔佐王室，于戎狄則擊而逐之，于荊、舒則伐而懲之，其正夷夏之防如此。」今許行蠻夷之人，畔於聖道，乃周公之所擊也。子乃舍中國之教而從其學，真所謂變於夷者矣，何其變之不善如此耶？即孟子之言觀之，許行並耕之說必不可從，而陳相倍師之罪誠有不容逭者矣。蓋戰國之時，邪說橫行，故孟子極力闢之，至斥為夷狄，其嚴如此。〔註 535〕

觀張居正之解釋，所謂戎狄荊舒乃是比喻孟子時代的橫行邪說，此亦應是孟子引用此詩的目的。

第五節　理雅各引用《詩經》文獻的文學技巧

理氏引用《詩經》解釋《孟子》，也運用了各種文學手法。

一、以朱熹《詩集傳》作底本的文學意義

理氏的《詩經》英譯本，底本是朱熹《詩集傳》，很大可能是收錄在清代

〔註 532〕《孟子注疏》，北京：中華書局影印〔清〕阮元刻《十三經注疏》本，第五卷下，第五頁，總第五冊，第 99 頁。

〔註 533〕《孟子注疏》，北京：中華書局影印〔清〕阮元刻《十三經注疏》本，第九卷上，第十頁，總第五冊，第 5950 頁。

〔註 534〕楊伯峻：《孟子譯注》，上冊，第 216 頁。

〔註 535〕〔明〕張居正：《四書集註闡微直解》，第十八卷，第三十三頁，總第 546 頁。

皇室課本《欽定詩經傳說彙纂》的《詩集傳》。朱熹是用文學角度解釋《詩經》的學者。朱熹《詩集傳序》云：「《詩》者，人心之感物而形於言之餘也。心之所感有邪正，故言之所形有是非。唯聖人在上，則其所感者無不正，而其言皆足以為教。」〔註536〕錢穆認為，朱熹治詩，把經學、史學、文學共冶一罏。〔註537〕朱熹用文學的方法讀《詩經》，《朱子語類》記載不少朱子論讀《詩經》的方法，「讀《詩》，且只將做今人做底詩看，或每日令人誦讀，卻從旁聽之。其詁有未通者，略檢注解看，卻時時誦其本文，便見其語脈所在。」〔註538〕又云：「讀詩正在於吟詠諷誦，觀其委曲折旋之意，如吾自作此詩，自然足以感發善心。」〔註539〕這種吟詠諷誦的讀法，是文學家讀《詩經》的方法，錢穆《朱子學案》云：

> 謂詩全在諷誦之功，此乃文學家讀書法。朱子於詩文有精詣，故能得此中三昧。又謂讀書須是有自得處，此則理學文學皆然。當時理學家鮮能潛心文學，治詩終嫌偏枯。至於博綜漢儒，以訓詁考據發得《詩》之真相，雅鄭邪正，剖辨昭晰，如朱子《詩集傳》之所為，更是前無古人，後無來者。〔註540〕

朱熹以文學家的眼光讀《詩經》，逐詩下諷誦工夫，亦不忽視注解，結果是以文學之自得，解脫經學上的束縛。〔註541〕雖然，理氏的《詩經》英譯本注有些地方不贊同定朱熹《詩集傳》的解釋，但是理氏卻以《詩集傳》而不用《毛詩》作底本，證明理氏也看《詩經》是文學作品，理氏的《詩經》英譯本的「緒論（*prolegomena*）」第三章便討論了《詩經》的文學意義。〔註542〕理氏認為《詩經》的韻與押韻已經說明是韻文。〔註543〕理氏亦認為朱熹《詩集傳》有助理解《詩經》的意思及讀音。〔註544〕理雅各是基督教傳教士，對《聖經》應該相當了解，《聖經．詩篇》是西方的文學巨著，理氏用文學角度探討《詩經》是正常的行為。

〔註536〕〔宋〕朱熹：《詩集傳》，香港：中華書局，《序》，第1頁。
〔註537〕錢穆：《朱子新學案》，臺北：三民書局，1989年，第4冊，第54頁。
〔註538〕〔宋〕朱熹：《朱子語類》，上海：上海古籍出版社，《朱子全書》本，2002年，第拾柒冊，第2756頁。
〔註539〕〔宋〕朱熹：《朱子語類》，《朱子全書》本，第拾柒冊，第2759頁。
〔註540〕錢穆：《朱子新學案》，臺北：三民書局，1989年，第4冊，第59頁。
〔註541〕錢穆：《朱子新學案》，臺北：三民書局，1989年，第4冊，第59頁。
〔註542〕James Legge, "Prolegomena", in *The She King*, pp.96~126.
〔註543〕James Legge, "Prolegomena", in *The She King*, p.96.
〔註544〕James Legge, "Prolegomena", in *The She King*, p.103.

二、審音別義的文學手法

理氏的《孟子》英譯本注解，亦有討論《詩經》一些字義問題，例如《孟子‧盡心下》第十九章：「《詩》云：憂心悄悄，慍于羣小，孔子也。肆不殄厥慍，亦不隕厥問，文王也。」〔註 545〕《孟子》引用《詩經‧大雅‧文王之什‧緜》第八章，理氏根據朱熹《詩集傳》認為「問」等於「聞」字，有報告（report）和聲譽（reputation）兩個意思，〔註 546〕選擇不同字意會影響整首詩的文學理解，對太王與文王的形象也也有大不同的認識。理氏選擇了「聲譽（reputation）」〔註 547〕理順了《孟子》引述與《詩經》原文的關係和意思。

根據這個例子，同時也顯示出，翻譯文學不能缺少注解，理氏將《孟子》的「問」譯成「fame」〔註 548〕，會使西方讀者感到疑惑，西方讀者對中國文字的理解，未必掌握到中國文字的轉注假借的彼此關係。若能利用理氏的注解與譯文互補，大大有助於理解中國文學。

三、新舊注解並存的文學手法

理氏《孟子》英譯《盡心上》第卅二章：「公孫丑曰：『《詩》曰：不素餐兮。君子之不耕而食何也？』」〔註 549〕《孟子》所引之詩是《詩經‧魏風‧伐檀》。理氏是新舊注並用，〔註 550〕所謂新舊二說，新說是朱熹：《詩集傳》，舊說是《毛詩》。《毛詩》的講法，著重政治功能，與《孟子》的說理散文在政治思想上是吻合的。

朱熹《詩集傳》所說：

> 詩人言有人於此，用力伐檀，將以為車而行陸也。今乃寘之河干，則河水清漣而無所用，雖欲自食其力而不可得矣。然其志則以為不耕則不可以得禾，不獵則不可以得獸，是以甘心窮餓而不悔也。詩人述其事而歎之，以為是真不能空食者。後世者如徐穉之流非其力不食，其厲志蓋如此。〔註 551〕

〔註 545〕《孟子注疏》，北京：中華書局影印〔清〕阮元刻《十三經注疏》本，第十四卷上，第九頁，總第五冊，第 6038 頁。

〔註 546〕James Legge, *The Works of Mencius*, p.487.

〔註 547〕James Legge, *The Works of Mencius*, p.486.

〔註 548〕James Legge, *The Works of Mencius*, p.486.

〔註 549〕《孟子注疏》，北京：中華書局影印〔清〕阮元刻《十三經注疏》本，第十三卷下，第五頁，總第五冊，第 6026 頁。

〔註 550〕James Legge, *The Works of Mencius*, p.467.

〔註 551〕〔宋〕朱熹：《詩集傳》，香港：中華書局，第 66 頁。

朱熹著重詩人個人的思想感情，是詩人憤憤不平控訴當時社會的不公義，在這個尸位素餐的時代，潔身自愛的正人君子不受重用，詩人將自己比喻作一部在陸上行走的車，卻被放置在水中。即使不受重用，詩人仍堅持其心志，不會無功受祿。〔註 552〕朱熹的解釋，充滿文學思維，可見詩中充滿關注現實的熱情，也有強烈的道德意識，真誠積極的人生態度，後人稱此作「風雅」精神，這種精神影響無數人的詩歌創作。〔註 553〕

理氏肯定了《詩經》是一部不折不扣的經學作品，但他亦明白《詩經》也是文學作品。在《伐檀》一詩的注解，這種理論清楚的表達出來。《毛詩》與《詩集傳》並存並用，政治與文學相提並論，可見其《孟子》注解的文學意義。

第六節　小結

理氏英譯《詩經》的名稱有三，一是 *Shih-ching*，二是 *The She King*，三是 *Book of Poetry*。理雅各的《詩經》英文譯注本採用朱熹《詩集傳》的體系，依照其篇什的次序，每首詩都沒有小序，可見是用《詩集傳》作底本，而且很可能是收錄在清代皇室課本《欽定詩經傳說彙纂》的《詩集傳》。

理氏引用《詩經》解釋《孟子》的方式，並無直接列出《詩經》整段經文，只是說明是出自《詩經》的卷數與篇數及章數或節數，理氏所指的卷數篇數都是根據他的《詩經》英譯本而言。

理氏一共引用《詩經》二十六首詩，三十五段經文。引用《國風》六首，包括了《柏舟》、《凱風》、《南山》、《伐檀》、《七月》、《鴟鴞》。引用《小雅》七首，《車攻》、《小弁》、《巧言》、《大東》、《北山》、《大田》。引用《大雅》十三首，包括了《文王》、《緜》、《思齊》、《皇矣》、《靈臺》、《文王有聲》、《既醉》、《鳧鷖》、《假樂》、《蕩》、《桑柔》、《雲漢》、《烝民》。引用《頌》兩首《我將》與《閟宮》。引用最多的是《大雅》，共引用十九段經文。其次是《國風》與《小雅》，兩者都引用七次。《頌詩》只引用兩次。引用最多次數是《文王》與《綿》，兩者都引用三次。其次是《南山》與《桑柔》，分別引用兩次。其餘的詩每首只引用一次。

〔註 552〕佚名：《詩經白話新解》，臺北：文化圖書公司，1978 年，第 3 卷，第 33 頁。
〔註 553〕袁行霈主編：《中國文學史》，第 1 卷，第 65 頁。

從其引述中，考察到《孟子》直接稱詩名的有《凱風》、《小弁》兩首，各引述一次。有三十段經文只用「詩曰」而沒有詩名。另外兩段經文則沒有指明詩名，也沒有「詩曰」的經文，出自《南山》及《綿》。出自《閟官》的經文則用《魯頌》為名。

理氏並沒有直接引用經文，但對詩文中有些字眼會加以闡釋，也會對一些詩的意義進行解讀。注解方面則《毛傳》與《詩集傳》都有採用，但以《詩集傳》的引用較多。遇到各家不同的講法，也會簡單說明，然然後作出其個人的判斷。

《孟子》引用《詩經》的方式，現今的人若對《詩經》沒有認識，便不知道《凱風》、《小弁》是何所指，需要經過一番找尋才可以指出是出自《詩經》的篇什。《孟子》以「詩曰」的方式引用《詩經》，但出自哪一首詩？讀者又要做一番考查的功夫。理氏做了一番考查的功夫，指出孟子所引每一首詩的篇名與出處，為西方讀者帶來很大幫助。

理雅各並沒有解釋《孟子》引用詩經的目的，沒有探討《孟子》如何使用所引的《詩經》經文，也沒有研究孟子藉詩經所表達的思想與《詩經》原文的思想上的差異。理氏只停留在詩文來源的探索層面，間或對所引詩加以闡釋。但從這個研究，可以見到《孟子》引用《詩經》，是帶有其辯論目的。

理氏的《詩經》英譯本，以朱熹《詩集傳》作底本，朱熹是用文學角度解釋《詩經》的學者，證實在理氏心目中，《詩經》也是一部文學作品。在個別字義方面，解釋「問」等於「聞」，又英譯作「fame」，清楚表達「審音別義」文學手法。理氏對《毛詩》與《詩集傳》的解釋都相當重視，證明他肯定《詩經》的政治思想，同時也重視《詩經》的文學精神。

理氏引用《詩經》解釋《孟子》，可分個幾個路向，一是人物言行溯源，二是政治思想尋源，三是社會與家庭倫理探索，四是政治制度淵源探討，五是人性論哲學思想探討。